내 삶속의 창세기

회개로 회복과 평강을

내 삶속의 창세기

회개로 회복과 평강을

이정희 장로 지음

코람데오

들어가는 말

지난 35년간 주의 일을 하며 다양한 사람들을 만나고, 제자들을 기르며, 여러 가지 이해할 수 없는 일들도 많이 있었습니다. 기도하고 회개하며 과연 이런 일들의 원인이 무엇이고, 성경에는 무엇이라고 적혀있는지 궁금했습니다. 매일 3시간 이상 회개기도 하고, 3시간 이상 말씀 묵상을 하는 가운데 깨달음이 생기기 시작했습니다. 잘 알고 있다고 생각했던 성경 이야기가 다르게 보이고, 숨어있던 뜻을 조금씩 알게 되었습니다.

이 책은 성경 말씀을 매일 정독해 읽고, 지난 35년 동안 매년 창세기부터 요한계시록까지 수십 번 설교하면서, 매년 새롭게 성령님께서 깨닫게 해 주시는 말씀과 제 삶의 간증이 녹아있는 설교집이라 할 수 있습니다. 성령님께서 깨닫게 해 주시고 알게 된 말씀들은 늘 제 삶에서 다양한 만남과 사건들을 통해 옳은 것을 증명해 주셨습니다. 또한 깨달은 말씀을 듣고 많은 사람들이 은혜를 받았습니다. 그리고 그들의 생활 속에서도 그 말씀을 증명해 주시는 성령님의 놀라운 역사도 경험하였습니다.

성경 10독을 하기 전에는 다른 어떤 신앙서적도 읽지 말라는 저의 선생님의 당부도 있었지만, 저 역시 성경을 읽고 말씀을 전하기 전에 어떤 주석서나 참고 도서도 읽지 않았습니다. 그 이유는 그것들의 권위나 정통성을 부정해서가 아니라, 다른 사람의 관점을 가지고 성경을 바라보고 싶지 않았기 때문입니다. 3시간 이상을 깊이 회개하며 기도하는 가운데, 지혜의 성령님께서 친히 깨닫게 해 주시고, 바른 말씀을 전할 수 있게 해 주실 것이라 믿었기 때문입니다.

창세기 편을 12일 동안 설교한 것을 들으며 은혜를 받고 주변에서 책으로 엮어 보자는 의견이 나왔습니다. 부끄럽지만 저들의 격려에 힘입어 저의 설교를 녹취한 것을 가지고 이번에 책으로 내게 되었습니다. 책의 제목처럼 창세기의 말씀이 먼 옛날에 일어난 나와 상관없는 사람들의 이야기가 아니라, 지금도 그때처럼 내 삶 속에 역사하시는 하나님을 만나고, 그분의 음성을 들을 수 있는 살아있는 말씀이 되기를 바랍니다. 더불어 이 책을 읽는 가운데 하나님께서 각자에게 요구하시는 깊은 회개를 깨달아 삶에 회복과 평강을 이루는 여러분들이 되시기를 간절히 바랍니다.

2018년 2월 20일

기독교대한감리회 양평 대한수도원 이정희 장로

contents

차례

창세기 하루

오늘은 창세기 3장만 설교 하려고 합니다. 제가 깨달은 것을 서두르지 않고 차근차근하게 소개해 보려고 합니다.

창세기 2장 16~17절에서 **"여호와 하나님이 그 사람에게 명하여 이르시되 동산 각종 나무의 열매는 네가 임의로 먹되 선악을 알게 하는 나무의 열매는 먹지 말라 네가 먹는 날에는 '반드시' 죽으리라 하시니라"**하셨습니다.

그런데 3장 2절에 보면 **"여자가 뱀에게 말하되 동산 나무의 열매를 우리가 먹을 수 있으나 동산 중앙에 있는 나무의 열매는 하나님의 말씀에 너희는 먹지도 말고 만지지도 말라 너희가 죽을까 하노라 하셨느니라"**했습니다.

제가 여러분에게 말씀드린 것처럼 말씀은 더하지도 말고 빼지도 말라고 창세기와 요한계시록에 기록되어 있다고 하지 않았습니까? 그런데 그것을 태초로 범한 사람이 바로 하와입니다.

요즘 몇몇 교인들 중에는 말씀을 더하기, 빼기 하는 사람들이 있습니다. 마귀, 귀신, 사탄은 말장난을 합니다. 말과 논리로써 이기려고 하면 믿음이 세워질 수 없습니다. 믿음은 말이나 논리가 아닙니다.

그래서 하나님의 나라는 말에 있는 것이 아니라 능력에 있다고 했습니다. 굉장히 논리적으로 적합해 보이는 것은 세상적인 것입니다. 지식과 학식은 논리적으로 적합해 보입니다. 논리적이 되면 믿음으로 믿을 수 없는 것이 됩니다. 하와도 말을 더하기, 빼기하면서 세상말로 하면 '찰떡'처럼 말을 잘 했습니다. 그런데 여기에 보면 하와가 왜 이렇게 말할 수밖에 없는가 하는 이유가 있습니다. 하나님께서 선악과 열매를 따먹지 말라고 명령한 것은 아담이었고, 하와가 직접 들은 것이 아니기 때문입니다. 그래서 말씀은 준 자와 받은 자 밖에 모릅니다.

전해들은 자는 믿음의 확신이 없는 겁니다. 전해 들었기 때문에 이야기를 자기가 꾸밉니다. 꾸미면서 이야기를 자기에게 좋은 방향으로 끌어가고 기분 나쁜 것은 끊어냅니다. 자신이 받아들일 때 마음에 기분 나쁜 것은 감하고, 기분 좋은 것은 과장해서 받아들이는 겁니다. 직접 들은 것이 아니기 때문에 받아들이는 순간에 더하기, 빼기가 돼 버리는 겁니다.

그러니까 남에게 이야기를 전할 때 바로 전하지 못하고 자기의 이야기를 해 버리는 겁니다. 하나님께 들은 이야기가 아니고 자신이 만든 이야기를 전하는 겁니다.

이야기를 심하게 만들어서 하는 사람이 누구인지 압니까? 치매성이 있는 사람은 이야기를 자신이 만듭니다. 치매성이 있는 사람뿐만 아니라 우리도 지금 이야기를 만들고 있습니다. 우리도 같은 이야기를 오래 듣다 보면 들은 것을 본 것처럼 이야기합니다. "네가 어릴 때 이러저러 했단다." 그런 이야기를 자주 들으면 자기가 본 것처럼 느끼고 인식해 버립니다. 자기가 보지도 않았는데 봤다고 인식하고 그림 그리듯 이야기를 합니다. 이것이 정신학문 분야에도 나옵니다. 얼마나 많고 적으냐 하는 차이 밖에 없습니다.

그래서 예전에 모 집사님 아들을 보면 자기가 다 이야기를 만들어 내고는 실제라고 말하는 겁니다. 누가 자기를 해코지 하려 한다고 합니다. 쉽게 말하면 어떤 사람은 교회에 갔는데 사람들이 전부 자기만 미워한다고 합니다. 왜냐하면 자기가 은혜 받았고, 기도하고, 신령하다고 자기만 미워한다고 착각합니다. 그것은 다른 말로 하면 과대망상이고 피해망상입니다. 경감의 차이는 있지만 우리 모두가 그렇게 생각합니다.

과대망상증과 피해망상증은 우리 모두에게 조금씩 있는 것 같습니다. 없는 사람은 없고 최저 50%는 있다고 생각합니다. 그런데 이것이 51%가 넘어가면 문제가 심각해집니다. 그리고 남에게 누를 끼치는 문제가 생기게 됩니다. 물론 80%가 넘어가면 병원에서 치료를 받아야 합니다.

오늘 하와도 그렇습니다. 하와도 자기가 아담에게 들으면서 좋은 것을 미화시켜서 뱀에게 이야기 하는 겁니다. 3장 2~3절에서는 하와가 직접 들은 것이 아니니까 자기 생각에 좋은 대로 이야기를 합니다.

그 다음에 3장 4절에 보면 뱀이 여자에게 이야기합니다. **"너희가 결코 죽지 아니하리라"**라고 했습니다. 뱀이 하고 있는 이야기는 틀린 말이 아니라 맞는 말입니다. 그런데 이 이야기는 앞뒤에 설명하는 말이 없습니다. 우리가 이야기를 잘 이해해야 합니다. 2장 17절에 보면 하나님이 하신 말씀은 **"선악을 알게 하는 나무의 열매는 먹지 말라 네가 먹는 날에는 반드시 죽으리라 하시니라"**입니다.

이 말씀과 3장 4절의 말씀의 차이점이 무엇입니까? '선악을 알게 하는 나무의 열매를 먹으면 반드시 죽는다'는 조건이 붙어있다는 것입니다. 자세히 보시면 덮어놓고 죽는다는 내용이 아닙니다. 그렇지요?

그런데 뱀은 말의 앞뒤를 떼고 이야기 합니다. 그래서 주로 머리 떼고 꼬리 떼고 이야기 하면 이단입니다. '생명나무'는 먹어도 절대 안 죽습니다. 맞습니다. 그런데 '선악과'라고 한 것은 아니니까 거짓말은 아닌 것 같은데, 뱀은 교묘한 방식으로 말을 하고 있습니다.

제가 다른 사람과 이야기 하다보면 제 말이 맞는 것 같은데 틀린 것처럼 말하는 경우가 있습니다. 지금 그 상황이 아닌 것 같은데 그 말만 가지고 보면 '딱' 맞는 말 이예요. 그래서 할 말은 없는데 마음은 아닌 것 같습니다. 이렇게 말하는 게 누구 입니까? 바로 뱀입니다.

쉽게 말하면 정확하게 "이것은 이러하니까 그렇기 때문에 그렇게 하면 안 된다"라고 말해 줘야 합니다. 그러니까 뱀이 "결코 반드시 죽지 않는다"라고 말한 것은 맞는 말입니다. 생명나무를 먹으면 결코 안 죽습니다. 하지만 정확한 말이 아닙니다. 우리는 말을 분명하게 합시다. 남 헛갈리게 말하지 말고 분명하게 말합시다. 헛갈리게 말하는 것은 이단입니다. 그래서 사람들이 이단에 끌려갑니다. 헛갈리게 말하고, 머리 떼고 꼬리 떼고 말하니까 이단 말이 다 맞는 것 같습니다. 맞긴 맞는 데 실상은 맞지 않습니다. 무슨 말인지 아시겠습니까?

이단들이 하는 말이 다 맞는 것 같지요? 맞는 것 같으니까 홀려 갑니다. 그런데 이야기 전체를 알고 보면 다 틀린 말입니다. 하나님께서 "너희가 선악을 알게 하는 나무의 열매를 먹으면 반드시 죽으리라"고 하셨잖아요. 그런데 여기서 뱀은 은근슬쩍 앞에 이야기를 다 떼고 '결코 죽지 않는다'고 한 거예요. 이런 것들이 다 문제가 됩니다. 그러니까 은근 슬쩍 유도합니다. 마귀가 은근 슬쩍 속이면서 이야기 하는 것을 알 수 있습니다.

다시 한 번 3장 2절에서 직접 듣지 않은 이야기는 준 자와 받은 자 밖에 알지 못하는 비밀입니다. 여러분도 제 설교를 듣고 각자가 은혜를 받아야 합니다. 여러분이 각자 기도하고 경험해야 합니다. 제 설교만 들어서도 안 됩니다. 제 설교를 듣고 예습, 복습을 해야 믿음이 좋아집니다. 왜냐하면 여러분이 각자 받은 것이 있어야 합니다.

그래서 구약 시편 119편에 **"내 소유는 이것이니"** 했습니다. 여러분 각자가 경험해서 받은 말씀의 소유가 있어야 합니다. 그러니까 3장 2절에서 자기가 이야기를 직접 들은 것이 아니니까 사탄의 유혹에 약해서 흔들릴 수밖에 없습니다. 유혹하면 다 넘어 갑니다.

사탄이 유혹하면 넘어간다는 얘기는 각자가 소유한 확실한 믿음이 없다는 얘기입니다. 그러니까 마귀에게 미혹됩니다. 그래서 말씀을 읽지 않는 사람은 이단에 빠집니다. 자기가 경험한 것 받은 것이 없기 때문에 흔들리고 마귀에게, 이단에게 끌려가는 거예요. 자기가 받은 것이 없고, 복음이 없으면 이단에 갑니다.

주로 은혜를 사모하는 사람들이 이단에 많이 갑니다. 결론적으로 보면 우리 교인 중에서 성경을 일독도 안한 사람들이 이단에 갔습니다. 제가 성경 10독 하라고 그렇게 이야기 했는데도 1독도 안한 그런 사람이 한 사람 있었습니다.

다시 돌아가서 3장에 보면 우리는 유혹에 약합니다. 유혹에 약해서 끌려갑니다. 사탄이 오라고 해도 따라가고, 저승사자가 오라고 해도 따라갑니다. 자기가 직접 받은 것이 아닌 것은 확신이 없고, 자기가 만든 이야기니까 그 말에 빨려 들어갑니다. 그래서 우리는 준 자와 받은 자 밖에 모르는 비밀의 말씀이 있어야 됩니다. 정 안되면 자기가 성령 받고 은혜 받은 경험이 있어야 됩니다.

3장 5절에 보면 사탄은 야비합니다. **"너희가 그것을 먹는 날에는 너희 눈이 밝아져 하나님과 같이 되어 선악을 알 줄 하나님이 아심이니라"**했습니다. 뱀이 하나님을 자기처럼 사람처럼 생각 한다고 말하고 있습니다. 하나님은 거룩한 분입니다. 하나님은 교만하지 않습니다. 그냥 신(神)이십니다. 그런데 사람은 교만합니다. 이 뱀도 자기가 하나님이 되고 싶어 합니다. 누구든지 남을 그러하다고 말 하는 것은 결국은 자기 이야기입니다. 자기가 그러니까 남도 그렇다고 말하는 겁니다.

제가 어디 가서 비타민C를 하나 샀습니다. 합심기도를 마치고 식탁에 대여섯 명이 앉아서 이야기를 하는데 뜯겨있는 비타민C병을 보고 각자가 이야기를 합니다. 누구는 "거기에 병균이 들어있을 지도 모르니 사지마세요"라고 하고, 그 옆 사람은 "기분 나쁘고 찝찝하니 사지마세요"라고 하고, 저는 '뜯겨 진 것은 괜찮은데 혹시 누가 몇 개 먹은 것이 아닌가, 그래서 값을 깎아야 하는 것 아닌가'라고 생각했습니다. 모두들 각자의 생각이 다르다고 합니다. 모두들 봉함이 뜯겨 있었기 때문에 찝찝하다고 하는데 저는 개수가 모자랄 까봐 걱정을 하는 겁니다. 사람은 각자가 자기의 생각대로 바라봅니다.

마귀도 역시 그렇게 생각합니다. 마귀는 자기가 하나님보다 높아지고 싶어서 남들이 치고 올라오면 밟습니다. 그것이 마귀의 습성입니다. 하나님은 모든 자들이 올라가길 원합니다. 뱀이 '하나님이 네가 이것 먹으면 하나님처럼 될까 싶어서 못 먹게 한다'고 하니까 사람도 그렇게 생각하고 괜히 하나님을 비난하고 있습니다. 은근슬쩍 마귀가 하나님을 나쁜 신을 만들었습니다.

오늘 성경을 보니 정말 재미있었습니다. 깨달은 것을 적으니까 너무 재미가 있었습니다. '이 뱀이 웃기는 구나, 하나님을 짓밟고 있구나' 싶었습니다. 하나님을 자기처럼 생각하고 인간도 자기식대로 생각하고 있습니다. 우리가 그러니까 하나님도 그러려니 추측하게 하는 것이 바로 이단입니다. 이단의 모습이 많이 나옵니다.

뱀은 하나님의 죄성(罪性)을 지적합니다. 하나님은 죄가 없으신 분입니다. 6절에 보면 **"여자가 그 나무를 본즉 먹음직도 하고 보암직도 하고"** 했습니다. 내 속에 예쁜 것 좋아하고 내 속에 먹는 것을 좋아하면 그것으로 각각 죄를 짓습니다. 내 속에 있는 욕심 때문에 죄를 짓습니다.

"보암직도 하고" 즉 '아름답다'고 했습니다. 누가 "네 얼굴이 요즘 왜 그러니?"라고 하면 화가 납니다. 그렇게 안 보이려고 씻고 난리가 납니다. 그렇지요? 그리고 "그것 정말 맛있어"라고 하면 집에 가서 꼭 해 먹습니다. 맛있는 것, 먹는 것을 즐기고 좋아하는 사람은 먹는 이야기하면 그것을 꼭 사먹으려고 합니다. 그래서 '먹음직도 하고 보암직도 하다'고 하니까 죄를 짓는 겁니다.

먹고 싶은 것에 의욕이 있는 사람은 먹는 것에, 예쁜 것 좋아하는 사람은 예쁜 것에, 명예 좋아하는 사람은 명예 때문에 죄를 짓습니다. 예쁜 것을 좋아하는 사람이 그것에 문제가 생기면 화가 나는 겁니다. 그것에 관심이 없으면 아무리 못생겼다고 해도 화가 안 납니다. 치즈에 관심이 없으면 아무리 어떤 치즈가 맛있다고 해도 관심 없습니다. 그런데 그것을 좋아하는 사람은 맛있겠다고 하면서 침을 흘립니다.

자기 속에 죄가 있으면 어떤 환경에서도 화를 내게 하고 속상하게 합니다. 죄를 짓게 합니다. 옆에 어떤 일이 있어도 자기 속에 욕심이 없고 죄가 없으면 화가 나지 않습니다. 하와는 뱀이 유혹을 했을 때 여자니까 아무래도 미를 추구했겠지요. 하와는 예쁜 것을 좋아한 모양입니다. 그리고 잘 먹은 것 같아요. 그러니까 이 두 가지 죄에 딱 걸리는 겁니다.

보통 음식 광고를 보면 빨간 찌개가 보글보글 끓는 장면이 나옵니다. 그러면 여러분은 어떻습니까? 먹고 싶게 보이지요? 저는 맛없게 보입니다. 벌건 것이 보글보글 올라오면 저는 속이 느끼해 지고 맛없게 보입니다.

내 속에 있는 성격에 의해, 내가 추구하는 것에 의해, 내 죄성(罪性)에 의해 죄를 짓게 됩니다. 아무리 예쁜 것을 가져다 놓아도 내가 좋아하지 않으면 예쁜 것 때문에 죄를 짓지 않습니다. 그러니까 하와가 그것에 대한 죄성이 있었습니다. 여자니까 예쁜 것을 좋아합니다. 하와의 이런 모습이 우리 여자들에게 많이 있습니다. 하나님이 두 번째 만든 사람인 여자 하와에게 미를 좋아하는 마음이 2% 있었는데 그것이 발동했는지도 모릅니다.

죄가 있으면 죄의 유혹에 넘어갑니다. 욕심이 있으면 욕심에 넘어갑니다. 사기꾼에게도 내가 관심이 없으면 당하지 않습니다. 6절 하반부에 **"따먹고 자기와 함께 있는 남편에게도 주매 그도 먹은지라"**라고 했습니다. 남자의 습성은 여자 말을 잘 듣는 것입니다. 그래서 어떤 사람들은 "이 바보 같은 여자야, 그 남편 하나도 못 고치냐?"라고 합니다. 남편은 여자의 말을 다 듣게 되어있습니다.

최초의 아담부터 듣기 시작한 것을 알 수 있습니다. 그래서 예수 잘 믿는 여자가 예수 잘 믿는 남편을 만듭니다. 그런데 예수 잘 믿는 남자도 예수 안 믿는 여자 데리고 오면 결국 교회에 안 갑니다.

여러분 주위에 그런 일들 많이 보지요? 그러니까 남자는 여자의 말을 듣게 되어있습니다. 여기에서 문제가 생깁니다. 말을 듣기는 듣되 가정의 평화를 위해서 듣는 것은 좋은데, 가끔 잘못 들어서 문제가 생기는 경우가 있습니다. 정작 하나님으로부터 들은 말을 안 듣고 사람인 여자의 말을 들었습니다.

여기에서 문제가 생깁니다. '하나님 말을 듣지 않는다'를 다른 말로 하면 '불순종'입니다. '사람의 말을 듣는다'는 인정(人情)입니다. 만약에 그 여자가 믿음의 이야기를 한다면 들으면 참 좋습니다. 그래서 믿음 좋은 여자를 택하는 것이 좋습니다. 믿음 좋은 여자, 성령 받은 여자가 최고 좋습니다. 그런데 문제가 뭐냐 하면 하나님에게서 확실히 들은 말씀은 져버리고 여자의 음성을 들은 것이 죄가 됩니다. 하나님 말씀을 불순종 한 것이 죄입니다. 다시 말해 사람의 말을 들은 것이 죄가 됩니다.

죄에 대한 내용을 조금 더 소개하면 7절에서 선악과를 따먹어서 눈이 밝아 졌습니다. 눈이 밝아 져서 자기 몸이 벗은 줄을 알고 무화과나무 잎을 엮어서 입었습니다. 여기에서 '눈이 밝아 졌다'는 부분에 대해 이야기를 좀 하겠습니다.

눈이 밝아지면 좋을까요? 나쁠까요? 죄를 짓고 생긴 거니까 이건 나쁜 겁니다. 죄를 짓고 눈이 밝아 졌으니 이건 나쁜 겁니다. 죄 짓는 눈이 밝아졌습니다. 죄에 대한 감각이 밝아진 겁니다. 죄에 대한 감각이 밝아졌으니까 7절에 **"자기들이 벗은 줄을 알고"** 했습니다. 그 눈이 밝아져서 벗은 줄을 알게 되었습니다. 죄를 짓지 않았으면 벗은 줄을 몰랐을 겁니다.

그래도 이것은 다행입니다. 죄를 더 많이 짓고 계속해서 지으면 벗은 것조차도 모릅니다. 그래서 여기 창세기 말씀과 연결해서 마지막 요한계시록 3장 17절에서는 **"너희가 벌거벗은 것을 알지 못하는도다"**라고 했습니다. 성경을 연결해 보면 정말 재미있습니다.

미국의 마피아 단에 머리 좋은 사람들은 죄를 짓는 일에 머리가 좋습니다. 죄에 대한 감각이 뛰어난 겁니다. 죄를 지으면 죄 쪽으로 자꾸 가는 겁니다. 그래서 우리는 영의 눈이 밝아져야지 죄의 눈이 밝아지면 안 됩니다. 죄를 지으면 '눈이 가리워졌다'라고 해야 하는데 왜 '밝아졌다'고 하느냐면 그것은 죄에 대한 감각의 눈이 밝아졌다는 겁니다. 왜냐하면 7절에 그들의 눈이 밝아졌는데 본 것이 무엇입니까? '벗은 것'을 보았습니다. 죄를 지었으니 죄의 양상들이 나타납니다. 눈이 밝아졌는데 벗은 것을 보았으니 이 눈은 안 밝아져야 합니다. 이때까지 벗고 있었는데 눈이 밝아지고 갑자기 벗은 것을 봤습니다. 이것은 눈이 밝아 졌는데 문제가 되는 쪽으로 밝아진 겁니다.

그러니까 안하던 짓을 합니다. 죄를 지으니 피곤하게 무화과나무를 엮어서 치마를 만드는 수고를 합니다. 벗고 다니면 편하고 좋을 텐데 만드느라 수고하고, 입고 다닌다고 고달픕니다. 옷 입고 다니면 힘듭니다. 옷 벗고 다니면 편합니다. 그렇지요? 혼자 있으면서 속옷만 입으면 편한데 구색 다 갖추어 입으려면 힘이 듭니다.

한동안 유행한 바지도 몸에 붙여 입어야 하고, 윗옷도 붙여 입어야 하고, 결국 붙다가 붙다가 너무 힘드니까 요즘에는 몸에 안 붙는 헐렁한 옷이 다시 유행합니다. 옷이 붙으면 붙을수록 불편합니다. 실컷 붙여서 날씬해 보이려고 하니까 한계가 있어서 다시 헐렁하게 입어서 날씬하게 보이자, 뚱뚱한 걸 감추자 이렇게 되는 겁니다. 뚱뚱한 것을 감추는 것이나 무화과나무 잎으로 감추는 것이나 둘 다 '감추다' 입니다.

8절로 넘어가겠습니다. 동산에 거니시는 여호와 하나님의 소리를 듣고 아담과 하와가 무엇을 했습니까? 낯을 피해 동산사이에 숨었습니다. 죄를 지으면 보이는 양상입니다. '숨었다'를 다른 말로 표현하면 무엇이 됩니까? 죄를 지으면 담력이 없어집니다. 두려움이 생깁니다.

죄를 지으면 담대함이 약해지고 하나님 앞으로 나아가는 길이 막힙니다. 두려워서 못 갑니다. 하나님 앞에 오라고 해도 무서워서 못 갑니다. '오지 마라'고 해도 가야하는데 오라고 해도 피하는 겁니다. 이것이 죄의 양상입니다. 여러분 은혜 받으러 오라고 해도 안 오는 것은 죄 때문입니다. 여러분 회개하고 사모해야 올 수 있습니다. 오라고 한다고 다 올 수 있는 것도 아닙니다. 자기의 죄 때문에 여기에 오지 못합니다.

처음 와서 기도받으라고 하면 무서워서 벌벌 떨고 기도 안 받습니다. 왜냐하면 자기 죄가 드러날까 봐 무서워서 아이들도 울고불고 난리가 납니다. 어린 아이를 데리고 올 때 한번 보십시오. 처음에 기도받으라고 하면 울고불고 난리가 납니다. 그냥 우는 것이 아니라 악을 쓰면서 웁니다. 왜냐하면 그 속에 있는 귀신이 무서워서 그럽니다. 한번 기도 받고 나면 괜찮아집니다. 그러니까 그 다음에 또 받지요.

9~10절에 보면 죄를 지으면 두렵게 되고 숨게 됩니다. 8절과 9절이 같은 말인데 죄를 지은 사람은 두려움이 생기고 숨게 됩니다. **"네가 어디 있느냐"**고 하니까 **"두려워하여 숨었나이다"** 했습니다. 성경 구절에 있는 단어를 보십시오. 죄를 지으면 두렵습니다. 죄를 지으면 자꾸 숨게 됩니다. 도둑이 제 발이 저려서 자꾸 도망가는 것을 알 수 있습니다.

10절에 보면 죄가 더 많이 쌓이기 전에는 죄를 지으면 자기가 자기의 죄를 압니다. 어떤 거짓말을 했는데 회개를 많이 하다보면 자기 죄를 조금씩 압니다. 자신의 죄를 아는 것은 그것을 회개 했거나 죄가 적을 때 입니다. 자기가 벗은 것을 압니다. 그래서 부끄러워합니다. 부끄러움은 죄 입니다. 부끄러움이 많은 것은 얌전해서가 아니라 조상 죄가 많아서 입니다.

사실 제가 여기에서 부끄러움이 제일 많습니다. 죄가 많아서 그런가 봅니다. 그런데 지금은 부끄러움이 좀 없어졌습니다. 보통 나이가 들면 부끄러움이 없다고 하지요? 제가 주님의 일을 하는데 나이가 드니까 참 좋습니다. 옛날에는 자꾸 남의 눈치가 보였습니다. 젊은 여자가 남자에게 손 올리고 기도한다고요. 그래서 그때는 정말 고달팠는데, 지금은 남자에게 안찰을 하든지, 등을 만지든지, 어깨동무를 하든지, 날 업으라고 하든지 아무렇지도 안습니다. 그래서 좋습니다.

이런 부끄러움이 없어지는 것은 나이가 들어서 뿐만이 아닙니다. 나이가 들어도 제가 소심하고 여성적인데 다 없어지겠습니까? 그래도 조금 남아 있지요. 그런데 믿음 때문에 담력이 생겨서 안 부끄럽고 뻔치가 생겼습니다. 그러니까 담대하게 할 말도 하게 되었습니다. 옛날 같으면 제가 누구 책망할 일이 있어도 책망을 못했습니다. 그런데 지금은 자꾸 회개하니까 누구에게도 "하지마라"라고 말하게 됩니다.

이것이 죄를 회개하고 가는 저의 모습입니다. 여러분도 회개했거든 남에게 "그건 아니다"라고 할 수 있을 정도로 회개해야 합니다. "그건 아니다"라고 못하잖아요. 그렇게 말하면 '저 사람이 내 돈 줄인데' 싶기도 하고, 아니면 '저 사람이 나를 오해할까, 동네에 소문낼까' 싶어서 못하는 거 있지 않습니까? 내가 "그건 아니다"라고 했다가 그 사람이 나를 미워할까봐 못 하는 것 있지 않습니까? 오해할까 미워할까 싫어서 "그건 아니다" 소리를 못 하지 않습니까?

덮어놓고 혈기와 육정으로 "그건 아니다"하면 안 됩니다. 온유한 심령으로 할 수 있을 때 해야 합니다. 반드시 온유한 심령으로입니다. 육의 혈기로 하는 자가 되지 말고 온유한 심령으로 할 수 있거든 "그것은 아닙니다"라고 말할 수 있는 자가 되어야 합니다. 그것을 못하는 것은 아직 회개를 더 해야 한다는 것을 알 수 있습니다.

12절에서 아담이 하나님께 핑계를 댔습니다. 13절에는 하와도 핑계를 댔습니다. 제가 여기에서 죄를 두 가지로 나누어 보았습니다. 남을 유혹하는 죄와 남에게 책임을 전가하는 죄. 각각의 죄에 대한 벌이 있습니다. 이미 창세기 3장의 내용을 알고 있으니까 답이 나올 겁니다. 그런데 성경을 자세히 보면 더 많이 나옵니다. 다음 시간에 살펴보겠습니다.

기도하시겠습니다.

영광과 존귀와 찬양을 받으시기에 합당하신 내 아버지 하나님. 오늘도 이렇게 창세기에서 아담과 하와, 뱀과의 관계를 놓고 그 죄성(罪性)을 다시 한 번 생각해 보았습니다.

아버지 하나님이여, 우리에게 은혜위에 은혜 되게 하셔서, 우리 자신의 모습을 거울에 비춰보는 말씀이 되게 하시고, 이 말씀을 잣대로 나를 재어보는 말씀이 될 수 있도록 도우시고 역사하여 주셔서, 내 속에는 화가 들었는가, 내가 먹는 것을 좋아하는가, 내 속에는 예쁜 것을 좋아하는가, 내 속에는 자존심이 있는가, 내 속에는 명예를

좋아하는가를 찾아서, 내가 언제 화를 내는가, 무엇 때문에 화를 내는가를 확인해서, 이런 때 화를 내는구나, 나는 이런 마음이 있구나, 그래서 이것을 회개하면 되겠다, 회개거리를 찾을 수 있는 우리 모두가 되게 도우시고 함께 해 주실 것을 믿사옵고, 예수님의 이름으로 감사하고 기도드리옵나이다. 아멘.

창
세
기

이틀

창세기 3장 12~13절에서 **"아담이 이르되 하나님이 주셔서 나와 함께 있게 하신 여자 그가 그 나무 열매를 내게 주므로 내가 먹었나이다 여호와 하나님이 여자에게 이르시되 네가 어찌하여 이렇게 하였느냐 여자가 이르되 뱀이 나를 꾀므로 내가 먹었나이다"**하고 아담은 하나님께 핑계를 대고, 하와는 뱀에게 핑계를 댑니다. 핑계 대는 죄와 미혹하는 죄, 이 두 종류의 죄를 구분하기 위해 성경을 여러 번 보았습니다.

아담은 두 가지 죄를 지었습니다. 하나님이 하신 말씀을 순종하지 않았고, 하나님께 '하나님이 주신 하와' 때문이라고 하나님 탓을 했습니다. 아담은 하나님이 주신 하와 때문에 그랬다고 했고, 하와는 뱀이 그랬다고 했고, 뱀은 하와를 유혹한 죄 종류가 조금씩 다릅니다. 그러니까 벌도 조금씩 달라집니다.

하와부터 예를 들어 보겠습니다. 하와가 핑계 대는 것에 대해서 첫째는 임신하는데 고통을 크게 더하고 수고하여 자식을 낳게 합니다. 그래서 '고통과 수고'라고 되어있습니다. 그리고 회개할 거리가 생겼습니다. 뱀의 머리를 상하게 한다고 되어 있습니다. 다음에는 남편을 사모해야 하고 복종하는 일이 생깁니다. 하와는 남편을 핑계 댔기 때문에 그렇게 됐습니다.

남편은 여자의 말, 즉 하와의 말을 들었으니까 하와를 먹여 살려야 하는 책임을 집니다. 그리고 땅이 저주를 받습니다. 죄를 지은 것에 벌이 딱 맞지 않습니까? 그리고 영생을 잃어버립니다. 그리고 또 근원을 갈아야 합니다. '근원을 간다'는 말은 우리 인생과 마음, 내 삶을 갈아야 한다는 겁니다. 매년 근본적으로 땅을 갈아야 합니다. 또 영생의 길이 막혔습니다. 영생을 잃어버리면서 길이 막혔습니다.

죄를 지으니까 영생하지 못하고 원래대로 돌아갑니다. 원래대로 돌아가는 것이 뭡니까? 흙에서 왔으니 흙으로 돌아가는 겁니다. 만약에 아담과 하와가 흙으로 돌아가리라고 명을 받지 않았으면 그러지 않았을 텐데, 흙으로 돌아가라고 했으니까 흙으로 돌아갑니다. 또 남자는 땀을 흘려야 합니다. 쉽게 말해서 평안에서 쫓겨났습니다.

그리고 뱀 이야기입니다. 남을 꾀어서 죄 짓게 하는 사람과 마음이 약해서 꼬임을 당하는 사람도 죄 값을 치러야 합니다. 남을 꾀고 자꾸 권유해서 죄 짓게 만드는 사람은 더욱 저주를 받습니다. 그리고 뱀에게 내려진 벌처럼 흙을 먹어야 합니다.

옛날 제 친구 하나가 큰어머니, 큰아버지와 함께 자랐는데, 그 분들을 어머니, 아버지라고 부르면서 늘 불평을 했습니다. 그런데 그 애가 늘 창틀 밑에 흙을 파서 먹었답니다. 아이들 중에 영양분이 부족해서 흙을 먹는 아이들이 있답니다. 그래서 그 친구도 뭔가가 부족해서 먹는다고 생각했는데 오늘 성경을 보니까 그것이 아닙니다. 사람이 흙을 먹는 것은 저주입니다.

TV 프로그램에 중국에 흙을 먹고 사는 아이가 있었습니다. 그 아이는 저주 받은 인생입니다. 조상이 남을 많이 괴롭혔거나 남을 죄짓게 했을 겁니다. 영양분이 부족해서 라고 하지만 영양분이 부족한 자체가 이미 저주를 받았기 때문에 흙을 먹게 되는 겁니다. 옛날 친구 생각이 나서 흙 먹는 사람도 있구나하고 대수롭지 않게 생각했는데 그것이 아니고 흙을 먹게 되는 것이 죄입니다.

며칠 동안 제가 화장실을 잘 가지 못했습니다. 아무리 음식을 많이 먹어도 변이 나오지 않으니까 이것도 죄 값이고 회개해야 할 것이 있습니다. 장이 나쁘다는 것은 남의 말을 많이 했다는 것입니다. 잠언에 남의 말을 하면 뱃속 깊이 들어간다고 했습니다. 배속 깊은 곳에 대장이 있지 않습니까? 그래서 남의 말 많이 한 것 회개해야 합니다.

무엇이든지 병이 생기는 원인은 죄 때문입니다. 제가 통풍이라는 병을 앓은 적이 있는데 통풍 앓으면서 회개를 많이 했습니다. 통풍, 당뇨, 혈압과 같은 병은 '먹지 마라'고 하는 것이 많이 있습니다. 그래서 통풍이 심하면 제일 처음에 육류 먹지마라고 합니다. 조금 낳으면 어패류는 먹는데 물고기는 먹지마라고 합니다. 또 조금 낳으면 물고기는 먹으라고 합니다.

또 어떤 병에 걸리면 신 것 먹지 말고, 커피 먹지 말고, 기름기 먹지 말고, 병원에서 먹지 말라고 하는 것이 참 많습니다. 어쨌든 이런 것들 먹지 못하는 것이 죄입니다. 회개하면 이것을 먹어도 되고, 저것을 먹어도 됩니다.

하나님께서 다 먹도록 허락해 주셨는데, 성인병은 '먹지마라'가 많지 않습니까? 모든 병이 죄에서 온 것이니까 당뇨병 환자, 혈압 환자, 통풍 환자, 모든 성인병 환자들은 회개해야 합니다. 모든 병이 회개하면 먹지 말라고 했던 것들을 조금씩 먹을 수 있게 됩니다.

다시 뱀 이야기로 돌아가서, 뱀이 유혹한 사람이 여자입니다. 여자와 친하게 대화했던 뱀이 여자를 죄짓게 해서 서로 원수가 됩니다. 그 후손까지도 원수가 됩니다. 여러분의 삶 속에 적용해 본다면 구체적으로 이렇게 생각하면 됩니다. 내 속에 '그 인간 꼴도 보기 싫어'라고 하는 마음이 있으면, 그 조상들이 이런 관계의 죄를 지어서 그 후손들이 서로를 미워합니다.

쉽게 이야기해서 '나는 욕심 부리는 사람이 꼴 보기 싫어, 잘난 척하는 사람 꼴 보기 싫어'라고 하는 사람은 그런 종류의 사람이 우리 조상과 싸웠거나 무슨 관계가 있습니다. 유혹 당해서 죄를 지었거나, 그 사람 때문에 내가 가난해 졌거나, 내가 건강을 잃었거나 하는 문제가 있습니다. 그런 문제가 있기 때문에 그 후손이 이유도 없이 미워지는 겁니다. 여러분도 자랄 때 '난 그런 사람과 안 놀아' 하는 사람이 있었지요? 그것은 다 내가 미혹당해서 죄 짓고 손해 봤거나, 그것 때문에 하나님께 징벌 받고 내가 가난해 졌거나, 뭔가 문제가 있는 영적인 관계가 있으면 미워지고 원수가 됩니다. 자세히 회개거리를 찾으려고 하면 찾을 수 있습니다. 회개하면 다 풀립니다.

그리고 남을 미혹해서 죄 짓게 하는 사람은 배(腹)로 기어 다닙니다. 다른 말로 하면 낮아지는 것입니다. 아주 비천하게 낮아지는 형편에 처하게 되는 죄 값입니다.

그리고 3장 15절에 **"여자의 후손은 네 머리를 상하게 할 것이요"**에서 '머리를 상하게 한다'는 것을 무슨 뜻일까요? 머리를 다치거나, 머리에 병이 생기거나, 머리에 장애가 생기는 것을 말합니다. 남을 미혹했던 것 회개 많이 하면 우리 자녀들은 절대 머리에 장애나 지능에 문제가 생기지 않습니다. 그런 사람 출생도 안하고 생기지도 않습니다. 태어나면서부터 그런 것도 문제지만 살면서 점점 머리가 나빠지거나 하는 것도 죄 때문입니다. 그래서 우리는 남을 유혹해서 죄를 짓게 하는 것을 철저하게 회개해야 합니다.

창세기 3장에 보면 여자들의 일감과 남자들의 일감이 다릅니다. 여자들의 일은 뱀의 머리를 치는 것이고, 남편을 사모하는 것이 일입니다. 집에서 하루 종일 남편 사모하고 기다리는 것이 일입니다. 회개 많이 하면 사모 안 해도 사랑 받습니다. 남편 사랑 받으려고 예쁜 짓하고, 남편 비위 안 건드리려고 노력하는 것이 일입니다.

요즘 여자들은 남편이 아침밥 달라고 하면 간 큰 남자라고 합니다. 이것은 잘못된 겁니다. 그렇게 하면 머지않아 그 여자가 당합니다. 제가 아는 어떤 사람은 시집가서 처음에 남편에게 큰 소리 치다가 이제는 큰 소리 당하고 삽니다. 왜냐하면 하나님 보시기에 그것이 죄이기 때문입니다. 그래서 우리가 그런 죄를 안 지으려면 회개 많이 하면 됩니다.

남편에게 '오늘 뭐 드실래요? 맛있는 거 해 드릴까요?' 해야 합니다.

남편이 기분 나빠 하면 '기분이 안 좋으세요?' 해야 합니다. '뭐, 너만 기분 나쁘냐, 나도 기분 나쁘다' 이렇게 해서는 될 일이 아닙니다. 이것은 하나님의 말씀에 위반 됩니다. 남편을 사모하고 남편에게 복종해야 합니다. 그것이 여자의 일이고 성경적입니다.

제가 어떤 아가씨 시집보내 주고 "평생 밥 먹여 주고 취직시켜 줬잖아"라고 했습니다. 시집가는 것은 취직입니다. 취직하면 사장이 누구입니까? 남편이 사장입니다. 사장님에게 "예" 하고 복종해야 합니다. 이것이 여자입니다. 근본적으로 죄 때문에 왔기 때문입니다. 그런데 회개하면 이것이 없어집니다. 회개하면 집에서 여자가 사장이 됩니다. 그런데 회개도 안 하고 자기가 사장이 되면 머지않아 당합니다.

보통 젊은 여자들이 집에서 자기가 사장을 합니다. 중년쯤 가보십시오. 다 당합니다. 보기 싫은 것은 말할 것도 없고 인생을 살다 보면 문제가 생깁니다. 남편이 사장입니다. 그래서 복종해야 합니다. 사라가 남편 아브라함에게 하나님께 하듯이 경외했다고 합니다. 그것이 성경적입니다. 그것이 특별한 것이 아니고 원래 기본이고 그렇게 되어야 합니다.

그러니까 남편은 다스리고 여자는 복종하고 우리가 이렇게 하는 것이 말씀적이고 원칙입니다. 그런데 회개를 많이 하면 이것을 안 해도 저절로 평강이 이루어집니다. 이것은 여자들이 해야 할 일입니다.

요한계시록 22장 18~19장에 보면 **"내가 이 두루마리의 예언의 말씀을 듣는 모든 사람에게 증언하노니 만일 누구든지 이것들 외에 더하면 하나님이 이 두루마리에 기록된 재앙들을 그에게 더하실 것이요 만일 누구든지 이 두루마리의 예언의 말씀에서 제하여 버리면 하**

나님이 이 두루마리에 기록된 생명나무와 및 거룩한 성에 참여함을 제하여 버리시리라"고 되어 있습니다. 창세기 3장 2~5절을 한번 봅시다. 가만히 보니 하와와 뱀이 이야기를 많이 안했습니다. 말을 두 번 주고받았는데 그런 엄청난 사건이 생겼습니다.

3장 1절에 보면 **"그런데 뱀은 여호와 하나님이 지으신 들짐승 중에 가장 간교하니라"**고 했습니다. 창세기 1장을 보면 짐승과 가축을 구분했습니다. 여기서는 가축이 아니고 짐승입니다. 가축과 짐승의 의미가 다릅니다. 그런 것처럼 창세기에서도 하나님께서 지으실 때 분리 했습니다. 그것을 설명하려면 시간이 기니까 일단 이 정도만 하고 어쨌든 뱀은 짐승입니다. 짐승이면 가축이 아니기 때문에 먹으면 안 됩니다.

"뱀은 여호와 하나님이 지으신 들짐승 중에 가장 간교하니라 뱀이 여자에게 물어 이르되 하나님이 참으로 너희에게 동산 '모든 나무의 열매'를 먹지 말라 하시더냐" 고 했습니다. 이 내용 중에서 더하기, 빼기된 것을 찾아보십시오. **"동산 모든 나무의 열매"**라고 했습니다. 뱀이 참 간교해서 사람을 헛갈리게 합니다. **"모든 나무의 열매"**는 아닌데 '아니 나무의 열매를 먹으라고 하기는 먹으라고 했다' 이렇게 말하다 보면 은근 슬쩍 말에 휘말려 들어가서 죄짓게 됩니다. 그렇지요? 이것이 미혹입니다.

"동산 모든 나무의 열매를 먹지 말라 하시더냐" 했더니 2절에 보면 하와가 "여자가 뱀에게 말하되 동산 나무의 열매를 우리가 먹을 수 있으나 동산 중앙에 있는 나무의 열매는 하나님의 말씀에 너희는 먹지도 말고 만지지도 말라 너희가 죽을까 하노라 하셨느니라" 하고 대답 했습니다. 여기에서 더하기, 빼기 된 것을 찾아보십시오.

여기도 거짓말을 했는데, 뱀이 정확하게 말을 안 하니까 하와도 정확하게 말을 안 하는 겁니다. **"동산 중앙에 있는 나무"**가 아니라 나무 중에 '선악과'라고 정확하게 말해야 하는데 **"동산 모든 나무"**라고 '모든'을 더하기를 했습니다. 그렇지요? 그 다음에는 무엇을 더하기 했습니까? **"만지지도 말라"**를 더하기 했습니다. 언제 만지지 말라고 했습니까? 창세기 2장 17절에 **"선악을 알게 하는 나무의 열매는'먹지 말라'네가 먹는 날에는'반드시 죽으리라'하시니라"**고 했습니다.

그 다음에는 말씀을 뺏습니다. **"죽을까"**로 바꾸었습니다. 하와가 한 짧은 한 절 안에서 이렇게 더하기, 빼기를 많이 합니다. 우리가 그냥 한 마디 툭 던지는 말에도 더하기, 빼기하는 말이 많이 들어갑니다. 하와는 한절인데도 이렇게 많지 않습니까?

그 다음 4절에 보면 **"뱀이 여자에게 이르되 너희가 결코 죽지 아니하리라"** 했어요. 이것은 더하기 입니까 빼기 입니까? 두루뭉술하게 더했습니다. 왜냐하면 선악과를 먹으면 죽지만, 생명나무를 먹으면 죽지 않는다는 말을 안 하고, 두 내용을 섞어서 이야기 하고 있습니다.

이것은 경상도 사람들이 말하는 스타일입니다. 경상도 사람은 두리뭉실하게 섞어서 말합니다. 정확하게 집어서 하나하나 말하지 않고 그냥 다 섞어서 말합니다. 어느 집사님 딸이 영국 유학중인데 영국 사람들은 딱딱 집어서 말하고, 정확하게 "이것은 네가 모른다, 이것은 네가 안다"고 한답니다. 그냥 어렴풋이 아는 척 하면 "너 그거 모르고 있다, 이 책 봐라"고 한답니다.

우리 경상도 사람은 두리뭉실해요. 제가 서울에 살아보니까 경상도 사람인 제가 촌사람 입니다. 서울 사람은 날카롭게 아닌 것은 아니고 맞는 것은 맞는 건데, 우리는 맞는 것을 말할 때 아닌 것도 맞는 것에 넣어서 말합니다. "그래도 그 사람 그건 좋잖아" 하면서 다 섞어 갑니다. 뭐라고 해서 고치거나 아니면 "그것은 잘못했다"는 소리는 안하고 "됐다, 됐다, 좋은 게 좋은 거야" 하면서 경상도 사람은 다 섞어서 말합니다. 경상도 사람은 하와 같은 기질이 있기 때문에 절대 정신 차려야 합니다.

제가 제일 처음 서울에서 내려왔을 때 죄를 지적하니까 사람들이 싫어했던 것 같습니다. 서울에서 살다가 서울 물 조금 먹고 와서 "네가 이거 잘못했다, 저거 잘못했다" 하니까 나만 가지고 미워한다고 삐치고 시험에 드는 겁니다. 미워서 그런 것이 아닌데, "너는 이것은 좋고, 이것은 나쁘다"고 가르쳐 주는 겁니다. 지금도 혹시 여러분 나쁜 점을 지적하면 그것만 빼고 나머지는 다 좋다고 생각하면 됩니다. 차라리 그렇게 생각하십시오. 나쁜 점을 지적하는 것은, 그것만 고치면 다 좋아 질 텐데 그것 때문에 다른 복 받을 것도 못 받을까봐 그러는 겁니다. 그래서 경상도는 '좋은 게 좋다, 됐다, 됐다' 하면서 두루뭉수리입니다.

5절은 어제 이야기 했지만 다시 한 번 이야기 합니다. **"너희가 그것을 먹는 날에는 너희 눈이 밝아져 하나님과 같이 되어 선악을 알 줄 하나님이 아심이니라"**고 했습니다. 여기서는 무엇을 더하기, 빼기 했습니까? 앞에서는 **'선악과'**라고 했는데 선악과라는 말은 안하고 그냥 덮어 놓고 **'그것'**이라고 말하고 있습니다. 이것도 두루뭉수리 하게 더하기 했습니다. **"그것을"** 서로 뭐라고 생각하며 말했겠습니까? 하와는 '그것'이라고 할 때 '선악과'로 알아듣고, 뱀은 '그것'이라고 할 때 다른 것을 놓고 말하는 겁니다. 선명하지 않고 확실하지 않는 말은 남을 지레짐작하게 만들어서 죄 짓게 합니다.

'두루뭉수리'는 창세기의 창조 때에 혼돈하고 공허한 모습입니다. 이런 스타일은 흑백이 두루뭉수리하게 섞인 겁니다. 그러니까 창세기에 천지창조하기 직전에 흑암과 어둠이 두루뭉수리하게 섞여 있었으니까 무슨 색깔이었겠습니까? 진한 회색입니다. 빛과 어둠이 섞이면 혼돈하고, 혼돈하면 공허해 집니다. 성경을 자세히 보다보면 깨달음도 있고 정말 재미있습니다. 재미있어서 제가 오히려 은혜를 받습니다.

이것도 참 재미있습니다. 이것이 바로 혼돈이라는 것입니다. 방금 깨달았는데 말을 할 때 선명하지 못하게 "그건 아니야, 이거 말이야" 하고 말하지 않는 것은 죄입니다. 분명하게 말하지 못하는 것은 그 속에 남을 죄짓게 유혹하는 것이고 그 자체가 죄입니다. 옳은 것은 옳다고 하고 나쁜 것은 나쁘다고 할 줄 알아야 합니다. 아닌 것은 '아니다' 할 줄 알아야 하고 맞는 것은 '맞다'고 할 줄 알아야 합니다. 그래서 TV 광고에 보면 모두가 다 "예" 할 때 나 혼자 "아니요"라고 할 수 있고, 다 앞으로 갈 때 나는 뒤돌아 설 수 있다는 광고가 있습니다. 그것은 확실히 구분되는 겁니다.

그래서 **"죽을까 하노라"** 이것도 뭡니까? 이것도 혼돈입니다. 제가 설명하는 것을 듣고 나서 여러분 삶 속에서 '내가 지금 혼돈한 대화를 하고 있는가, 혼돈한 말을 듣고 있는가, 아니면 사물을 혼돈하게 생각하고 있는가'를 찾을 수 있어야 합니다. 찾아서 회개하고 분리해야 합니다. 내 속의 죄를 찾아야 합니다. '좋은 게 좋은데 뭘 그래' 하면서 그것 때문에 죄를 못 골라내면 안 됩니다. 골라내서 회개해야 합니다.

내 속의 혼돈된 언어 속에서 내 죄를 찾아내야 합니다. 내가 인정(人情)이 있는가, 아니면 내 허물을 덮으려고 하는가, 아니면 옳고 그름을 몰라서 무식해서 그러는가, 그것을 찾아내야 합니다. 내가 무엇이 혼돈돼서 그렇게 말하고 있는지, 자기가 자기 말을 알아 볼 수 있어야 합니다. 그래야 회개를 찾을 수 있습니다. 그것은 여러분의 몫이고, 이렇게 가르치는 것은 제 몫입니다. 제 설교를 듣고 회개를 찾고, 생활에 접목시키는 것이 여러분의 몫 입니다. 여러분 몫을 잘 감당해야 합니다.

혼돈하게 되면 공허해 집니다. 그리고 창세기 1장 1~2절에 뭐라고 했습니까? **"흑암이 깊음 위에"** 있다고 했습니다. **"깊음"**이 무엇입니까? 음부(陰府)가 아닙니까? 흑암이 음부위에 있는 겁니다. 그러니까 혼돈은 별거 아닌 것 같은데 살펴보면 흑암은 아주 깊은 겁니다.

사람들이 회색 거짓말은 괜찮다고 합니다. 그런데 실상을 보고 그 속에 깊이 가보면 죄에서 나오는 것이 회색 거짓말 입니다. 새하얀 거짓말도 그 속 깊은 곳 수렁에서 나오는 거짓말입니다. 오늘 창세기에서 대박을 건졌습니다. 저는 이런 깨달음을 '대박'이라고 합니다. 장사해서 대박이 아니고, 하나님의 비밀을 깨닫는 것이 '대박'이라고 생각합니다.

어제 소개한 것처럼 5절에 뱀은 하나님을 '부정한 신, 불의하고 정결하지 않는 신, 사리사욕을 살피는 신'으로 은근히 비추고 있습니다. 3장 6절에서 죄를 찾아봅시다. **"여자가 그 나무를 본즉 먹음직도 하고 보암직도 하고 지혜롭게 할 만큼 탐스럽기도 한 나무인지라 여자가 그 열매를 따먹고 자기와 함께 있는 남편에게도 주매 그도 먹은지라"** 했습니다. 여기에는 죄가 더하기, 빼기가 된 것이 있습니까? 없습니까? 무엇입니까? 사실은 이것도 혼돈입니다. 왜냐하면 예쁜 것이다 하니까 예쁘게 보이고, 맛있는 것이다 하니까 맛있게 보입니다.

TV 프로그램에서 어떤 음식이 맛있는 거다 하면 맛있게 보입니다. 어제 TV를 보는데 전라도에 함초를 초절임하고, 민어를 쪄서 사람들이 먹고 있는 겁니다. 보통 아나운서나 현장의 리포트들이 음식을 먹을 때 어떻게 합니까? '캬' 하고 감탄하는 표현을 많이 합니다. 그런데 그 프로그램에 나온 여자는 아무런 행동을 안 하는 겁니다. 그래서 "저 여자는 민어 찜이 맛이 없는 가보다. 얼굴이 민어 찜 맛없는 모양이다"라고 생각 했습니다. 그런데 알고 보니 그 여자가 화가였어요. 동양화가와 퉁소를 부는 두 사람이 음식기행을 하면서 촬영하는 프로그램이었습니다. 그러니까 그 여자는 진행자도 아니고 리포터도 아니니까 맛있는 척을 안 합니다.

또, TV 프로그램 '오늘은 뭐 먹지?'에 나오는 두 남자를 보면 사람들이 그 음식을 다 먹고 싶게 만듭니다. 음식을 목에 넘기는 것이 둘 다 먹는 연기에 과장을 더해서 그 사람들이 하면 다 맛있어 보입니다. 그러니까 제 말의 결론은 그 맛있게 보이게 하는 역할을 뱀이 한 겁니다. **"먹음직도 하고 보암직도 하고 지혜롭게 할 만큼 탐스럽기도"** 하다는 것이 다 과장법입니다.

이것이 혼돈입니다. 먹으면 안 되는 것이라 '저것 먹으면 절대 안 돼' 이렇게 두려움을 줘야 하는데, 맛있게 보이고 탐스럽게 보이게 한 겁니다. 그래서 6절에 보면 뱀이 '먹음직도 하고 보암직도' 하도록 더하기를 했습니다. 그런 생각을 가지도록 더하기를 했습니다.

그리고 또 뭐가 있었지요? 거기에서 남편에게 준겁니다. 꼬셔서 먹게 했는데 그 남자가 먹었습니다. 이 남자가 하나님께서 먹지 말라고 한 말을 잊어버리고 먹었습니다. 2장 16절에 **"여호와 하나님이 그 사람에게 명하여 이르시되"** 아담에게 명령한 겁니다. 그냥도 아니고, 부탁도 아니고 '명령'하셨습니다. 명령한 것을 잊어버리고 옆에 있는 하와가 하는 말에 넘어가서 그냥 먹어 버린 겁니다.

역시 남자는 여자의 말을 잘 듣게 되어있습니다. 그래서 여자가 죄짓는 데 남자를 꾀지 말고 믿음으로 가도록 꾀면 잘 되게 되어있습니다. 남자는 여자 말을 다 듣게 돼있습니다. 왜 들을까요? 여자가 자기 몸이니까요. 자기 몸을 사랑하기 때문에 자기 몸의 말을 듣는 겁니다.

여러분도 자신의 몸의 말을 들을 줄 알면 건강합니다. 몸이 여러분에게 말하고 있습니다. 열이 나면 몸이 어디에 염증이 생겼다고 말하고, 허리가 아프면 허리뼈가 어디 안 맞으니까 '맞혀주세요'라고 말하고, 뼈가 부러지면 '뼈가 부러졌어요, 고쳐주세요' 하고 말하고 있습니다. 머리가 아프면 피가 머리까지 안 올라와서 '빨리 빈혈약 좀 먹어주세요' 하고 몸이 내게 말을 합니다. 몸의 소리를 잘 들을 수 있으면 우리가 건강할 수 있습니다.

그런데 몸의 소리를 듣는 것이 아니고 오랜 입맛에 즉, 혀가 맛 들인 입맛에 내 몸이 따라가면 병이 나는 겁니다. 몸이 먹고 싶은 것을 먹어야 하는데 어릴 적 혀에 길들여진 맛을 따라가면 몸에 병이 납니다. 그래서 우리는 몸의 소리를 들을 수 있어야 합니다. 다른 말로 하면 사람의 소리를 듣지 말고, 하나님의 소리를 더 들을 수 있어야 합니다. 몸의 소리를 들을 수 있는 사람은 하나님의 소리를 들을 수 있습니다.

다시 돌아가서 아담이 하나님의 소리를 잊어버리고 자기 몸즉, 하와의 소리를 들었습니다. 아담이 여자를 **"이는 내 뼈 중의 뼈요 살 중의 살"**이라 했지 않습니까? 그 말은 내 살을 사랑하고 내 몸을 사랑한다는 말입니다. 제일 큰 죄가 나를 사랑하는 죄, '나 신(神)'이 제일 문제입니다. 내 몸을 사랑한 죄가 제일 큰 문제입니다. 그래서 아담이 선악과를 먹은 이유는 '내 몸이 말하는 것을 들었다' 이렇게 이해하면 됩니다. 아담은 여자를 좋아할 수밖에 없습니다. '내 뼈 중의 뼈고 살 중의 살'이니까 아담은 여자를 자기 소유로 굉장히 좋아했습니다.

너무 좋아해서 하와가 뭐라고 말하면 오냐오냐 몸의 소리를 다 들은 겁니다. 그렇게 내 몸이 아무리 원하는 것이 있어도 하나님 법칙을 먼저 지켜야 합니다. 그것이 성경적이에요. 아담이 하와의 말은 들은 이유는 하나님 말을 잠깐 잊어버리고 그냥 자기가 좋아하는 몸의 소리를 들은 것뿐입니다. 우리 모두 다 자기 몸의 소리를 듣고 삽니다. '좀 더 자자, 좀 더 먹자, 좀 더 쉬자, 좀 더 눕자' 이런 내 몸의 소리를 듣고 삽니다. 그 소리를 이기고 먼저 기도를 해야 합니다. 그것을 이기고 우리가 봉사를 해야 하는 겁니다.

정리하겠습니다. 어제는 5절 까지 했고, 오늘은 6절까지 했습니다. 한 절 했습니다. 이 정도했는데 한 시간이 넘었습니다. 그래서 창세기 1, 2, 3장 까지만 잘 알아도 성경 전체를 알 수 있습니다. 창세기 5장 까지만 알아도 성경 전체의 내용이 잘 요약되어 있습니다. 창세기 1장에서 15장 까지만 알아도 성경 내용이 거의 다 들어 있다고 생각하면 됩니다.

하나님께서 왜 창세기에 성경의 전체 내용을 다 써 놓았냐하면 우리가 작심삼일이라는 것을 잘 아십니다. 연 초마다 '올해 성경 하루에 3장씩 읽고 일독 해야지'하는 그 작심삼일을 아시고 삼일 안에 다 넣어 놨습니다. 작심삼일이나 혹은 작심오일 안에 다 넣어 놓았습니다. 많이 읽으면 오 일까지 는 읽지 않습니까? 하루 읽고 치우면 하루에 몇 장 읽습니까? 신년이 되어서 작심하고 성경 일독해야지 하고 하루는 실천할 것 아닙니까? 하루 실천하면 몇 장까지 보지요? 창세기 3장까지 봅니다. 창세기 3장 안에 어느 정도는 다 들어 있습니다. 조금 더 읽어서 3일 읽으면 9장 안에 다 들어 있습니다. 제가 생각하기에 15장 까지는 거의 다 내용이 요약되어 있습니다.

그러니까 설교할 때 창세기 3장을 가지고 성경 전체를 풀 수 있어야 합니다. 창세기 1, 2, 3 장을 가지고 계시록 까지 성경 전체를 풀 수 있어야 합니다. 내용이 다 들어 있으니까요. 그래서 여러분이 성경을 많이 읽어서 이렇게 전체를 알고 있어야 제가 풀 수가 있습니다. 전체를 모르는데 어떻게 인용해 옵니까? 성경을 많이 정독 하시고, 회개 많이 하셔서 회개할 때 마다 말씀이 생각나는 저와 여러분이 다 되시기 바랍니다.

기도하시겠습니다.

영광과 존귀와 찬양을 받으시기에 합당하신 내 아버지 하나님. 오늘 창세기 3장을 어제 이어서 다시 한 번 소개했습니다.

아버지여, 제가 생각해도 어찌 말씀은 듣고 들어도, 깨닫고 깨달아도 모르는 것이 또 있습니까?

아버지 진실로 고맙고 감사합니다. 오늘도 우리가 말씀을 내 삶 속에 접목해서 어떻게 처신을 할 것인가, 이럴 때는 무엇을 회개할 것인가, 내 생각과 언어 속에 있는 혼돈한 것을, 남의 말 속에 있는 혼돈을 찾아서 회개 잘 할 수 있도록 도우시고, 회개를 잘 찾을 수 있는 우리들 되어서 찾은 것을 회개하므로 우리의 삶이 빛으로 바뀌게 하여 주실 것을 믿사옵고, 예수 이름으로 감사하고 기도드리옵나이다. 아멘.

창세기 사흘

창세기 3장 7절에 **"이에 그들의 눈이 밝아져"**라고 했습니다. 여자가 그 나무를 보니 먹음직하고 보암직하고 지혜롭게 할 만큼 탐스럽다고 했습니다. 그런데 그것을 먹자마자 뱀이 말하고 자기가 생각했듯이 눈이 밝아졌습니다. 눈이 밝아져서 벗은 것을 알고 무화과나무 잎을 엮어 치마를 삼았습니다. 어제 이야기 한 것처럼 무화과나무를 엮어 입는 수고, 즉 답답한 수고를 한다고 했습니다. 그런데 여기 보면 '눈이 밝아졌다'는 의미는 다른 모양입니다.

우리의 '영의 눈이 밝아졌다'는 이야기가 아니고 다른 뜻 입니다. 죄에 대해 눈이 밝아진 겁니다. 예를 들면 미국의 마피아 단들은 머리가 정말 좋은 사람들입니다. 그런데 그 사람들은 죄 짓는데 머리가 발달되었습니다. 장사꾼들은 돈 길이 보인다고 합니다. 여기서 '눈이 밝아졌다'는 의미는 죄의 양상이 보여 지는 겁니다. 이 '눈이 밝아지는 것'은 좋은 것이 아닙니다. 하나님이 눈이 좋게 밝아질 것 같으면 왜 선악과를 못 먹게 했겠습니까? 죄에 대해 눈이 밝아진 겁니다. 예수님이 이 땅에 오셨을 때 죄에 대해서는 어린아이가 되고 의에 대해서는 장성하라고 하셨습니다. 죄에 대해서는 약하고 어린아이처럼 무능하고 몰라야 합니다.

그런데 죄에 대해, 세상에 대해 눈이 밝아져 버린 겁니다. 눈이 밝아지니까 지금까지 몰랐던 것, 즉 죄 때문에 자기 몸이 벗어진 것이 보인 겁니다. 이것이 문제가 되는 겁니다. 옷을 안 입고 있는 것을 몰랐는데 선악과를 따먹자마자 벗은 것을 알았습니다.

그러니까 죄를 지으면 부끄러움이 생깁니다. 부끄러움은 죄입니다. 자기 몸이 벗은 것을 보고 부끄러워서 가렸습니다. 선악과를 안 먹을 때는 부끄럽지 않았습니다. 그렇지요? 그래서 이 '눈이 밝아졌다'는 얘기는 '죄에 대해서 밝아졌다'는 얘기입니다. 즉, 부끄러움이나 죄에 대한 인식이 생겼다는 얘기지, 좋은 현상이 아닙니다.

우리가 보통 눈이 밝아졌다고 하면 좋다고 생각할 수 있습니다. 그런데 여기서는 좋은 것이 아니고 오히려 죄지은 자들이 부끄러움을 알게 되어서 그 부끄러움을 가리기 시작한 역사가 시작된 것을 알 수 있습니다. 여기서부터 사람의 수고가 생기기 시작했습니다.

8절에 보면 **"그들이 그 날 바람이 불 때 동산에 거니시는 여호와 하나님의 소리를 듣고"**라고 했습니다. 그래도 아직 하나님의 소리를 듣는 것은 죄가 크지 않은 겁니다. **"아담과 그의 아내가 여호와 하나님의 낯을 피하여 동산 나무 사이에 숨은지라"**라고 합니다. 죄를 지으면 부끄러움이 생기고 담력을 잃습니다. 빛 가운데 옳은 일 앞에 담대히 나아갈 수 있는 마음이 없어져 숨어야 합니다. 그래서 두려움에는 징벌이 따르지만 담대하면 상이 있다고 했습니다. 7절에는 부끄러워하는 모습이고 8절에는 담력이 없는 모습입니다. 빛 앞에 나아가고 의 앞에 나아가는 용기가 떨어진 겁니다.

죄를 지으면 하나님 앞에 나아갈 용기, 빛 앞에 나아갈 용기, 공의의 심판 앞에 나아갈 용기를 잃어버립니다. 그래서 우리가 자꾸 교회 오라고 해도 안 오는 사람들은 이 죄 때문에 못 오는 겁니다. 기도하러 오라고 해도 안 오는 사람들은 이 죄 때문에 못 옵니다. 특히 우리에게 회개하라고 하니까 사람들이 두려워서 겁나서 잘 못 옵니다.

9절을 보겠습니다. **"여호와 하나님이 아담을 부르시며 그에게 이르시되 네가 어디 있느냐"** 하십니다. 이 이야기는 우리가 지금 있는 자리가 굉장히 중요하다는 이야기입니다. 하나님께서 우리들에게 **"네가 어디 있느냐"** 한 번 물어 보시면 우리는 어디에 있어야 합니까? 하나님이 정해주신 자리에 있어야 합니다. 내가 원하는 곳이 아니고 하나님이 원하는 곳에 있어야 합니다. 하나님이 원하는 곳에 있지 않으면 그때부터 문제가 생깁니다.

그래서 하나님께서 가다가 가다가 "네가 어디 있느냐? 네가 지금 무엇을 하느냐? 네가 왜 두려워하느냐?" 하고 물으십니다. 성경에 보면 하나님께서 인생들에게 하시는 여러 가지 질문이 있습니다. "네가 지금 무슨 생각을 하고 있느냐?" 하나님께서 우리에게 그런 것들을 가끔씩 물어 보십니다.

10절에 보면 **"이르되 내가 동산에서 하나님의 소리를 듣고 내가 벗**

었으므로 두려워하여 숨었나이다” 했습니다. 두려워한다고 되어있습니다. 죄를 지으면 두려워서 담력을 잃습니다. 하나님 앞에 못 나아갑니다. 하나님을 피하게 됩니다. 하나님 앞에 나아오라고 해도 못 나아갑니다. 담대함이 약해지니까 결국 주님 앞에 못 나아가고 피하게 됩니다. 죄를 지은 양상은 지금 내가 겁이 나는지, 두려운지 그것을 보면 압니다.

양평 철야를 가니 어떤 사람이 저에게 기도 받으러 왔습니다. 그래서 제가 “너 이때까지 내가 어떻게 살았는지 봤잖아. 너 내가 어떻게 살았는지 알잖아. 많은 사람에게 핍박 받고, 욕먹고, 그래도 묵묵히 왔더니 지금은 그래도 남 앞에 욕먹지 않고, 남 앞에 좋아 보이고, 따라가고 싶은 사람이 됐지 않느냐. 그러니까 목숨 걸고 떨어지지 말아라. 네 자리 꼭 지키고 붙어 있어라. 그리고 인내하고 기도하고 열심히 회개해라. 낮아진 자리에서 요동치 말아라. 그러면 좋은 날을 볼 것이다” 그렇게 기도를 해 주었습니다.

심방 가서 이야기를 들었는데 요즘 교회 안에서도 성령 운동하면 싫어한답니다. 저도 회개 운동하면서 은혜자들에게 이때까지 핍박 받고 눌려 살았고, 교회에서도 그랬고, 사람들에게나 친척들에게나 인정받지 못하고 살아 왔습니다. 지금 제가 경제적으로 좋아진 것도 아니고 명예가 높아진 것도 아니지만 제 마음이 조용하고 괜찮습니다.

제 마음이 담대합니다. 돈이 없어도 아무렇지도 않고, 욕먹어도 아무렇지도 않고, 누가 비난해도 제 마음이 요동하지 않습니다. 그 말은 이 마음이 부자란 말입니다. 제 마음이 담대하다는 말입니다. 그러니까 아무것도 문제가 안 되는 겁니다. 돈이 없어도 문제가 안 되고, 욕먹어도 문제가 안 됩니다.

내가 평안하면 돈도 생길 것이고 욕도 안 먹을 겁니다. 오늘 말씀에 보면 내가 죄를 지으면 어떤 환경 때문이 아니라 내 자신 때문에 핍박받는 것 같고, 욕먹는 것 같고, 나만 뭐라고 하는 것 같고, 나만 힘든 것 같고, 나만 고생하는 것 같은 마음이 드는 겁니다. 그것은 내 마음이 힘든 겁니다. 그런데 믿음이 생기고, 회개를 많이 하다 보니까 이제는 내 마음에 힘이 들지 않습니다.

'돈이 없어도 꼭 필요하면 주시겠지, 안 주시면 없이 살면 되겠지, 가다보면 되겠지' 이런 마음이 생기기 때문에 없는 것이 문제가 안 됩니다. '어떤 욕먹는 상황이 생길 때 욕먹으면 상이 많겠지, 욕먹으면 내가 옛날에 지은 죄가 있으니 욕을 먹겠지'라는 생각이 들어서 욕먹는 것이나 비난 받는 것이나 환란 받는 것이 아무 문제가 안 됩니다. 오히려 그것 때문에 은혜가 됩니다. 나의 회개거리를 찾게 되고 안 그러면 '내가 상 받으려고 그러는가 보다, 꾹 잘 참자' 이런 생각이 드니까 마음이 요동하지 않습니다. 그래서 죄를 회개했는지 안 했는지 알 수 있습니다.

여러분도 추석이나 설이 되면 시댁이나 어디에 가지 않습니까? 시어머니, 시아버지 앞에 가거나 동서끼리 모였을 때 자기의 마음을 한번 달아 보세요. 담대한가 아니면 기죽는가, 아니면 자꾸 꾸중 들어서 자존심이 상하는가 그것을 보면 압니다. 같이 모이면 자꾸 기죽습니까? 자꾸 조심스럽습니까? 아니면 욕먹으면 기분 나쁩니까? 여러분을 깔보면 화가 납니까? 그러면 이것은 근본적인 죄 문제를 더 회개해야한다는 겁니다.

시댁에 가서 친척이 모여서 누가 뭐라고 해도, 누가 금반지를 샀느니 금목걸이를 했느니 해도, 내 마음이 아무렇지도 않으면 자신이 회개가 조금 된 겁니다. 그런 소리 들으면 '우리 신랑은 나에게 금목걸이도 하나 안 해주고, 남들은 체인 목걸이 열 돈짜리 하는데 나는 한 번도 해 본적도 없고, 부끄럽고 자존심 팔리고, 동서보고 두고 봐라, 나는 이십 돈짜리 목걸이 할 거다'라고 한다면 이것은 회개가 안 된 겁니다.

집안 식구들이 모였을 때, 친구가 모였을 때, 아니면 밖에서 사람들을 만났을 때 여러분을 체크해 보세요. 여러분 모습을 보고 주눅이 든다든지, 기분이 나빴다든지 아니면 자존심이 상했다든지 하면 회개가 덜 됐다는 겁니다.

그리고 죄를 못 이길 것 같으면 차라리 모임에 가지 않는 것이 낫습니다. 거룩한 생활을 위해서 당분간 능력을 입히울 때 까지 이 성에 머물라고 하셨으니까, 능력 입을 때 까지는 친구를 안 만나는 것이 원칙입니다. 능력 입히울 때 까지는 만나면 안 됩니다.

내가 화 안 낼 수 있는 능력이 있으면 친구 만나십시오. 내가 아직도 화내고 있거든 친구 만나면 안 됩니다. 만나고 돌아와 신세한탄을 하며 집에서 더 화를 내는 것은 자신이 아직 그 영향을 받는 겁니다. 그들은 기도 안 해도 잘 사는데, 나는 초라해 보이고, 나는 언제쯤 되는가 싶어서 급해지는 겁니다. 이것은 제 이야기가 아니라 성경적입니다. 그러니까 내가 능력을 입히울 때 까지 이 성에 머물라는 겁니다. 어느 정도 회개가 될 때 까지는 만나지 말란 말입니다. 그래서 누구는 5년 동안 만나고 다니다가 하나 있는 아들 잃어 버려 회개하고 혼이 났습니다.

여러분의 근본적인 문제가 되는 것을 찾아내야 됩니다. 내가 어떤 모임에 갔을 때 기죽거나 아니면 기분이 나쁘거나 아니면 피하고 싶거나, 길가다가 누구 만나면 도망가고 싶으면, 그리고 마음이 약해지고 담력이 떨어졌다면 내 죄를 아직 더 회개해야 겠구나 생각하시면 됩니다.

그래서 10절에 숨게 되었습니다. 그러니까 9절에 하나님이 **"네가 어디 있느냐?"** 하고 물으셨으면 바른 대답을 하면 얼마나 좋습니까? 바른 대답을 하면 좋겠는데 우리는 대답을 간접적으로 합니다. 신앙을 직접적으로 고백하지 못하고 있습니다. **"네가 어디 있느냐?"** 하면 "하나님이 먹지 말라고 한 선악과를 따먹어서 무서움이 생겨서 숨었습니다." 이래야 합니다. 선악과 따먹었다는 것은 싹 감추고 그냥 숨었다고만 하는 겁니다. 그러니까 하나님의 질문이 안 끝납니다. 질문을 또 하십니다. 11절에 안되니까 할 수 없어서 **"내가 네게 먹지 말라 명한 그 나무 열매를 네가 먹었느냐?"** 하고 바로 물으십니다.

이 말이 나오기 전에 먼저 고백하면 얼마나 좋습니까. 그래서 저는 아담과 하와가 실패작인가 하는 생각을 했습니다. 하나님의 형상을 따라 만들었다고 하는데 왜 이렇게 변명을 합니까? 하나님의 말씀도 순종하지 않고, 말씀을 더하거나 빼지 말라고 하셨는데도 지키지 않습니다. 하여튼 하지 말라고 한 것은 다 한 겁니다. 말을 지독히도 안 들었습니다.

그리고 하나님처럼 되고 싶은 마음도 갖고 있었습니다. 하나님의 형상을 따라 지었다고 하는데 왜 이런 양상이 나타날까요? 그래서 제가 아담과 하와는 하나님의 실패작인가 이렇게 생각했는데 오늘 15, 16장을 쭉 넘어가니까 그 답이 나옵니다. 그 답은 조금 있다가 소개하겠습니다.

여러분도 잘 아시다시피 어제 죄의 종류에 따라 받는 벌을 소개를 했는데 여기에 나옵니다. 아담이 **"하나님이 주셔서 나와 함께 있게 하신 여자"**가 주었다고 했습니다. 아니, 차라리 '내 뼈 중에 뼈요 살 중에 살인 여자가 먹으라고 해서 먹었습니다'라고 했다면 얼마나 좋았겠습니까? '하나님이 줬잖아요, 그 여자가 먹으라고 해서 먹었다니까요?' 이러는 겁니다.

그러면 이것이 무슨 말입니까? 하나님 탓으로 돌리고 있습니다. '하나님이 안 주셨으면 내가 안 먹었지'라는 생각 입니다. 왜 하필 **"하나님이 주셔서"**를 붙입니까? 차라리 '내 뼈 중의 뼈요 살 중에 살인 여자가'라고 하던지, '내가 좋아하는 여자가'라고 하든지, '여자가 옆에서 꾀니까 내가 먹었습니다'라고 하면 될 텐데 **"하나님이 주셔서 나와 함께 있게 하신 여자 그가 그 나무 열매를 내게 주므로"**라고 했습니다.

아담이 대답하는 것을 보면 머리가 참 좋습니다. 이런 아담의 대답은 세상에서 조사를 받든지, 선생님이 질문할 때 이렇게 대답하면 정말 머리 좋게 잘 대답 하는 겁니다. 그러면 선생님은 이 사람에게 100점을 줘야 합니다. 그리고 교수에게 이런 답안지를 쓰면 꼭 A플러스를 줍니다. 세상적으로는 머리가 참 좋습니다.

그런데 이것이 문제인 겁니다. 그냥 어린아이처럼 단순하라고 했는데 너무 꾀를 쓰고 머리를 쓰는 겁니다. 여기에서부터 남을 탓하는 죄성(罪性)이 나옵니다. 남 탓 하는 것, 핑계 대는 것, 말 안 듣는 것 그리고 내가 하나님 보다 높아지고 싶은 마음, 지혜로워 지고 싶은 마음, 예뻐지고 싶은 마음 이것들이 다 죄성 때문인 겁니다. 이런 인간이 가진 죄성이 아담과 하와에서부터 나타났습니다. 선악과를 따먹으면서 부터 나타난 것을 알 수 있습니다.

22절에 보면 **"여호와 하나님이 이르시되 보라 이 사람이 선악을 아는 일에 우리 중 하나 같이 되었으니 그가 그의 손을 들어"** 사람은 선악을 알게 되면 악을 행하는 모양입니다. **"생명나무 열매도 따먹고 영생할까 하노라 하시고"** 했습니다. 왜 하나님은 우리가 영생하는 것을 싫어하실까요? 앞의 뱀 이야기와 똑 같습니다. '너희가 지혜로운 것 하나님이 싫어하신다'와 똑같은 이야기입니다. 그런데 하나님의 마음과 우리의 마음과 다르십니다. 우리 인간들이 생각하는 **"우리 중 하나 같이"**될까 하고는 생각이 다르십니다.

선악을 알면서 영생하면 TV 드라마에 나오는 '밤을 걷는 선비'처럼 흡혈귀가 되는 겁니다. 사람을 죽이고 사람에게 해를 끼치면서 천년 이천년 동안 죽지 않는 겁니다. 악을 알고 영생하면 그것이 문제입니다. 흡혈귀가 영생하면 문제가 됩니다.

그러니까 선악과를 먹고 난 다음 생명나무를 따 먹으면 안 되는 겁니다. 악을 모를 때 생명나무를 먹고 영생해야 합니다. 만약에 동산 중앙에 있는 생명나무를 먼저 따 먹었다면 얼마나 좋았을까요? 성경에 생명나무를 따 먹지 말라는 이야기는 없습니다. 따먹으라는 것은 안 따먹고, 따먹지 말라는 것은 따먹는 행동이 청개구리입니다. 죄라는 죄는 다 여기에 있습니다.

'청개구리' 노래를 누가 지었는지 몰라도 잘 지었다고 생각합니다. 우리가 바로 청개구리입니다. 죽고 나서야 겨우 말 듣는 청개구리 말입니다. 다시 말해서 우리처럼 선악을 알고 영생하는 것을 원하지 않으십니다. 악을 버릴 줄 알고 선을 취할 줄 아는 사람이 영생해야 합니다.

생명나무 열매를 안 따먹었는데도 이 세상에는 악이 더 성합니다. 아담과 하와가 낳은 첫 번째 사람이 누구입니까? 가인이지요? 가인이 장수했습니다. 성경에 보면 악이 성합니다. 안 그래도 악이 성한데 생명나무까지 먹고 영생하면 선은 이 땅에 살아남지도 못합니다. 의인은 살아남을 수가 없어요. 모조리 흡혈귀, 뱀파이어에게 물려서 다 악인이 됩니다. 저는 드라마를 보면서 '마귀에게 한 번 물리면 그 사람도 죄인이 되고 다 악인이 되는구나. 살인자가 되고 도둑놈이 되는구나'라는 생각이 들었습니다.

한번 안 물리면 되는데 우리는 벌써 수십 번 수백 번 물렸습니다. '밤을 걷는 선비'를 보면 한 번 뱀파이어에게 물리고 얼마나 힘들어합니까? 이빨이 나오다가도 저건 사람이니까 먹으면 안 된다고 고통스러워합니다. 저는 그것을 보면서 성경적으로 생각해 보았습니다. 우리가 악을 한번 행했던 사람은, 즉 악을 한번 맛보았던 사람은 그것을 안 하려고 하면 고통스럽습니다. 남을 놀려 먹고 재미를 본 사람은, 남 놀리는 행동을 하지 않으려고 하면 자기 온 몸의 젖 먹었던 힘까지 내야 그것을 안 할 수 있습니다.

쉽게 말하면 우리가 죄를 짓고 살았는데, 성령 받고 죄를 안 지으려고 하니까 몸을 쳐서 '육이 죽고'가 되는 겁니다. 죽을 만큼 쳐서 복종해야 죄를 안 짓는 겁니다. 자랑하지 말라는데 자랑합니다. 남의 말 하지 말라는 데 남의 말 합니다. 남 흉보지 말라는데 흉봅니다. 그 행동을 안 하려고 해도 또 하고 싶은 겁니다. 흡혈귀처럼 한번 피 맛을 본 겁니다. 피 맛을 봤으니까 피 냄새만 나면 발동이 되고 못 견디는 겁니다. 드라마를 볼 때 그렇게 보십시오. 그렇게 보면 정말 재미가 있습니다. 그 선비도 백 년 동안이나 사람피를 안 먹고 살려고 너무 고통을 겪었습니다.

우리가 '밤을 걷는 선비'처럼 고통 가운데 죄를 이겨야 합니다. 죄를 이기려고 하면 나를 쳐서 복종시키고 내가 죽을 만큼 힘들고, 젖 먹던 힘까지 다 써야 죄를 이길 수 있습니다. 그것 참 맞는 말입니다. 그렇게 해석하니까 그 드라마가 성경적입니다. 죄 맛을 한번 보고, 남 놀려 먹는 재미 한번 보고, 훔쳐 먹는 맛 아는 사람은 그 맛 때문에 못 견디는 겁니다. 남 놀려 먹고, 내가 남 밟고 일어서는 쾌감을 본 사람들은 자꾸 남을 깔아뭉개야 합니다.

그러니까 이런 죄성(罪性)을 우리 몸이 가지고 있기 때문에 이 죄성을 죽을 만큼 쳐서 복종 시키지 않으면 죄를 또 짓습니다. 연속극이 정말 우리에게 많은 도움을 줍니다. 그래서 22절에 주님께서 우리가 악을 알면서 영생하기를 원하지 않으십니다.

23절에 **"여호와 하나님이 에덴동산에서 그를 내보내어 그의 근원이 된 땅을 갈게 하시니라"**고 했습니다. **"근원이 된 땅"**이라고 할 때 그 '근원'이 무엇입니까? 사람 몸을 흙으로 만들었습니다. 우리의 몸과 마음을 갈고 닦지 아니하면 안 됩니다. 갈고 닦아도 또 잡초가 나고, 내 마음을 쳐서 복종시켜도 또 악한 생각이 납니다. 끊임없이 땅을 흘리면서 죽을 만큼 우리의 심령을 갈아엎어야 합니다. 그러지 않으면 우리 육체는 자꾸 잡초가 나고 엉겅퀴, 가시가 납니다. 그러니까 갈고 예수피로 닦지 않으면 안 됩니다.

그리고 24절에 **"이같이 하나님이 그 사람을 쫓아내시고 에덴 동산 동쪽에 그룹들과 두루 도는 불 칼을 두어 생명 나무의 길을 지키게 하시니라"**고 했습니다. 생명나무를 지키는 것이 아니라 '그 길'을 지킨다고 했습니다. 생명나무를 먹을 수 있는 자격이 요한 계시록 22장 14절에 있다고 늘 소개 했습니다. 어떤 자가 생명나무의 길로 나아갈 수 있는 권세를 얻는다고 했습니까? 맞습니다. 어린 양의 피에 두루마리를 빠는 흰옷 입은 사람 즉, 회개한 사람만이 갈 수 있습니다. 선과 악이 있는데 악을 예수피로 닦은 자만이 갈 수 있습니다. 그래야 생명나무에 갈 수가 있습니다. 그것이 에덴동산의 처음으로 돌아가는 겁니다.

처음에 에덴동산의 중앙에 나무 두 그루가 있었습니다. 선악과는 따 먹으면 안 되고, 생명나무를 따 먹으려면 악이 없는 자만 먹을 수 있습니다. 그런데 악이 있는 자가 먹으면 얼마나 골치 덩어리겠습니까? 이렇게 해서 요한 계시록의 마지막 장은 창세기를 찾아 봐야 하고, 창세기 처음은 요한 계시록을 봐야 합니다. 그러면서 전체를 봐야 합니다.

지금 성경 전체 이야기는 생명나무 이야기입니다. 생명나무를 잃어버렸으니까 어떻게 하면 찾을 수 있는가 하는 이야기입니다. 생명나무를 먹게 하는 자가 되게 하려고, 지금 생명나무에서 쫓겨난 우리들을 생명나무에 다시 나아갈 수 있는 사람으로 만드는 이야기입니다.

성경은 에덴동산에서 쫓겨난 우리들이 에덴동산에 다시 들어 갈 수 있는 사람이 되기를 원합니다.

단추가 처음부터 잘못 끼워지면 다 풀고 처음부터 다시 끼워야 합니다. 이 단추가 잘못 끼워지고 순서가 바뀐 겁니다. 여기에 보면 그룹들은 천사들입니다. 생명나무의 길을 가까이 못하게 하려고 천사들이 지키는 겁니다. 생명나무를 보면 먹음직하고 영생할 만한 열매라서 껌뻑 넘어가는 모양입니다. 그러니까 악을 제하지 않은 악인들이 오지 못하게 **"두루 도는 불 칼"**로 지키는 겁니다.

이것을 보고 저는 화산 폭발이 아닌가 생각을 했습니다. 만약에 회개 하지 않은 자들이 그것을 본다면 불타 죽어도 뛰어 들어서 먹으러 갈 겁니다. 아마 불타 죽어도 먹는 순간에 살아난다고 생각해서 뛰어들 겁니다. 그러면 난리법석 아니겠습니까? 그러니까 아예 생명나무를 보지도 못하게 한 것 같습니다.

나무만 지킨 것이 아니라 보지도 못하게 동산 먼 길까지, 들어가는 입구도 가지 못하게 해 놓았을까 생각을 했습니다. 왜 생명나무를 지키는 것이 아니라 거기에 가는 길까지 지킬까요? 보통 동화책에 보면 나무를 지키지 않습니까? 길을 지킨다고 하니까 '나무를 보면 안 되는가 보다, 보지도 못하게 하려고 그러시는가, 우리가 볼 자격도 없구나'라는 생각을 했습니다.

그래서 이 성경 말씀을 보는 자가 복 있습니다. 생명나무를 보는 것 즉, 성경책이 생명책 아닙니까? 이 책을 보는 자가 복이 있습니다. 이해가 됩니까? 생명나무를 보는 자가 복이 있습니다. 복 없는 사람들, 죄인들은 안 보이고 볼 수도 없습니다. 그런데 우리들이 성경책을 볼 수 있다는 것은 뭡니까? 복 있는 자입니다.

성경책이 생명책이니까 생명나무라고 합시다. 이 생명책을 보는 자가 복 있습니다. 읽는 자가 복 있습니다. 지켜 행하는 자가 복 있습니다. 지켜 행하는 것은 눈으로 봐서 알아야 지킵니다. 보는 것이 복이 있고, 듣는 것이 복이 있는 겁니다.

지금 생명나무를 상상해 봅시다. 실제 생명나무의 열매를 먹지는 않았지만 우리는 생명나무의 열매를 먹은 자입니다. 성령 받은 자는 생명나무를 먹은 자입니다. 우리 속에 생명의 씨앗이 있습니다.

그래서 23절에서 우리가 '에덴 동산을 잃었다, 근원을 갈아야 된다'고 하는 말은 하나님이 주신 원래의 모습을 잃어버렸다는 이야기입니다. 근원의 기능을 잃어버렸다는 말 아닙니까? 근원의 기능을 잃어버렸으니까 우리는 잃은 근원의 기능을 찾아야 합니다. 내 육체에, 뼈 속에, 살 속에, 심장 속에 근원을 다 잃어 버렸습니다. 죄로 오염이 되었습니다. 그 잃었던 것을 우리가 다시 찾아야 합니다.

우리는 조상대대로 내려오고 내려오다가 다 잊어 버려서 우리의 진짜 모습이 무엇인지 모릅니다. 하나님이 태초에 아담과 하와를 만들었을 때의 진짜 모습도 모르고, 태어났을 때의 여러분의 모습도 지금 다 잃어버렸습니다. 제가 누구 보고 기도하면서 "네가 4살, 5살 때는 이 모습이 아니다. 네가 빨리 그 모습을 회복해라"고 말했습니다. 근원을 잃어 버렸고, 태어날 때 모습도 잃어 버렸고, 창조 시에 만든 그 모습도 잃어 버린 겁니다.

그때 까지는 못 찾더라도 내가 태어났을 때 모습은 찾아야 합니다. 잃어버린 근원을 잊어 버려서 뭐가 뭔지 그 자체도 모릅니다. 원래 아담과 하와는 어떤 마음이었고, 어떤 행동을 했고, 어떤 삶을 살았는지 그 자체가 상상이 안 됩니다. 우리가 근본을 다 잃어버려서 그렇습니다.

'근본을 잃어 버렸다'에서 '근본'은 땅을 가는 것이 근본된 삶입니다. '근본을 잃었다'는 것은 어떻게 사는가를 잊어버린 겁니다. 우리의 삶의 근본 목적과 살아야 할 이유를 잊어버린 겁니다. 회개하면 삶의 근본 목적을 찾게 됩니다.

제가 어제 심방을 가서 '나는 죽을 목숨인데 하나님께서 살려 주셨기 때문에 지금부터 기도할 때 안 졸고, 성경 볼 때 안 조는 것을 목표로 해야 겠다' 이런 꿈을 한번 가져봤습니다. 꿈은 이루어진다고 했습니다. 여러분도 뭔가 하나 '밤에 철야 할 때 안 졸겠다'는 목표를 가지십시오. 이런 목표들을 가지고 노력하면서 우리가 근원을 찾아가야합니다.

삶의 목적 즉, 하나님이 우리에게 생기를 불어 넣으셨는데 생기가 해야 할 일을 우리가 상실해 버렸습니다. 그 본질을 찾는 일은 회개했을 때 알 수 있습니다. 삶의 목적, 즉 내가 내 몸을 어떻게 써야 하는가 하는 것을 알 수 있습니다.

창세기 6장 9절로 가겠습니다. 6장 9절에 **"이것이 노아의 족보니라 노아는 의인이요 당대에 완전한 자라 그는 하나님과 동행하였으며"** 라고 했습니다. 이 노아는 참 위대한 자입니다. 아담과 하와 때 다 본질을 잃어 버렸고, 근원을 잃어 버렸는데 이것을 노아가 회복하고 살았습니다. 피 맛을 보고, 죄 맛을 보고도 이렇게 살 수 있다고 하면 정말 죽을만큼 노력하지 않고는 살 수가 없습니다. 그래서 노아가 의인이고 위대한 겁니다.

노아의 방주를 보니까 므두셀라 이야기를 먼저 해야겠습니다. 노아의 이름 뜻이 무엇입니까? 성경 관주(冠註)에 보면 '안위하다, 위로하다, 휴식하다'라고 적혀 있습니다. 므두셀라 의 이름 뜻은 무엇입니까? '심판' 입니다. 참 재미있습니다. 제가 연도수를 다시 적어 드리겠습니다. 므두셀라는 창세기 5장 25절에 870세에 라멕을 낳았습니다. 그리고 782년을 살다가 969세에 죽었습니다. 그 다음에 28절에 라멕은 182세에 노아를 낳고 595년을 살다가 777세에 죽었습니다. 그 다음 32절에 노아는 500세에 셈, 함, 야벳을 다 낳았습니다. 그리고 노아가 몇 년을 살고 몇 살에 죽었습니까?

므두셀라가 187세 때에 라멕을 낳았고, 라멕이 182세 때에 노아를 낳았습니다. 그러면 므두셀라가 369세 입니다. 노아는 500살에 셈, 함, 야벳 셋을 낳았습니다. 그러면 더하기 500을 하면 므두셀라가 869세 입니다. 노아의 방주를 언제 지었냐 하면 셈을 낳기 20년 전부터 지었습니다. 그리고 셈, 함, 야벳을 낳고 100세 되던 해 즉, 자녀들 셈, 함, 야벳이 100세 되던 해에 노아 홍수가 시작되었습니다. 그러니까 869 더하기 100 하면 됩니다. 쉽게 말하면 120년 동안 노아가 방주를 만들었습니다. 셈, 함, 야벳이 100세 때에 홍수가 났습니다.

제가 가만히 생각해 보니까 므두셀라가 홍수가 나고 노아 가족이 배에 들어가는 것을 보고 죽었는지, 들어가자마자 죽었는지 좀 궁금했습니다. 오늘 아침 성경을 보면서 '므두셀라는 하나님의 위로를 봤다. 하나님이 인생들을 살리는 위로를 봤다'는 생각을 했습니다. 노아가 '하나님의 위로하심'이고, 므두셀라의 손자입니다. 손자가 나를 '위로한다, 안위하다, 내가 쉬겠다, 이제 쉰다'는 뜻입니다.

므두셀라도 기도를 많이 한 의인 인 것 같습니다. 그런데 홍수가 나는 해에 죽었습니다. 방주 안에 들어갔다는 얘기가 없어서 방주에 들어가서 죽었는지, 아니면 '너희들은 들어가라, 나는 여기서 죽겠다'고 했는지는 모르겠습니다. 하여튼 비가 오는 것은 확인한 것 같습니다. 그것이 위로가 되지 않겠습니까?

제가 오늘 이것을 계산하다가 시간이 얼마나 가는지 갑자기 20년이 안 맞아서 성경 뒤쪽을 읽으면 나오는데 여기 5장에서 맞추려고 하니까 아무리 해도 맞지 않는 겁니다. 그래서 나중에 뒤에 가니 홍수 이야기가 나왔습니다. 그것이 몇 장이냐 하면 9장 28~29절에 나옵니다.

"홍수 후에 노아가 삼백오십 년을 살았고 그의 나이가 구백오십 세가 되어 죽었더라" 홍수 후에 삼백오십 년이니까 500(셈, 함, 야벳 출생) + 100(홍수 시작) + 350(홍수 이후) = 950세가 됩니다. 이 말은 수백 년을 사는 동안에 노아가 얼마나 의로웠던가를 상상할 수 있습니다. 그가 상상이 안 될 정도로 얼마나 비난받고 어렵게 살았겠습니까? 저도 그랬습니다. 이제는 비난 받고 욕먹어도 마음이 크게 요동하지 않습니다. 노아도 그랬던 것 같습니다. 처음에는 비난받고 어려웠겠지만 그가 믿음이 커지고 난 다음에는 사람들에게 비난받는 것이 그의 마음에 아무런 요동이 없었던 것 같습니다. 그러니까 사람들이 미쳤다고 하거나 말거나 산꼭대기에 120년 동안 배를 만들었습니다. 다 늙은 500살의 할아버지가 배를 만들었습니다.

그런데 참 재미있는 것은 이렇게 늙어서 배를 만들고, 비난 받으면서 1~2년도 아니고 꾸준히 120년을 만들었습니다. 그래서 노아가 그만큼 '당대의 의인'입니다. 아담과 하와도 죄를 지었는데 노아는 그렇지 않았습니다. 노아는 그 악한 시대, 땅을 물로 쓸어버리려고 했던 시대에서 의인이었습니다. 악이 흉흉한 때에, 악인들이 많았던 그 때에 의인이었다고 하면 정말 어려운 겁니다. 그래서 노아가 위대하다는 겁니다. 계산해 보십시오. 500살 때 셈, 함, 야벳을 낳고, 셈이 몇 살에 아들을 낳았다는 얘기는 안 나오지만 노아는 홍수가 끝나고 350년을 살았으니까 증손자까지 봤을 겁니다. 500세에 아들들을 낳고 손자를 보면서 하나님과 동행했다는 겁니다. 증손자들을 보고 행여 바가지를 긁는 부인이 있었는데도 불구하고 하나님과 동행하면서 살았습니다. 그래서 정말 노아가 훌륭하다는 말입니다. 우리는 혼자 살아도 속으로 이런 저런 죄를 짓는데, 혼자 사는 것 보다 가족들과 같이 살면서 죄를 짓지 않는다는 것은 더 어렵지 않겠습니까?

창세기 6장 3절에 보면 **"여호와께서 이르시되 나의 영이 영원히 사람과 함께 하지 아니하리니 이는 그들이 육신이 됨이라 그러나 그들의 날은 백이십 년이 되리라 하시니라"**고 했습니다. 그때부터 사람의 수명이 120년이 되었습니다. 실제로 미국 과학계에서 연구를 했는데 사람 수명이 120년이 된답니다. 110년도 아니고 130년도 아니고, 왜 하필 120년이겠습니까? 이것이 성경적입니다. 이것이 사람의 기본 수명인 겁니다. 우리가 죄를 지어서 수명이 짧아 진겁니다.

그 외에 기본적으로 알아야 할 것을 소개하겠습니다. 7장 1절에 보면 **"여호와께서 노아에게 이르시되 너와 네 온 집은 방주로 들어가라 이 세대에서 네가 내 앞에 의로움을 내가 보았음이니라"**고 하셨습니다. 하나님이 인정할 정도로 노아가 의로운 사람이었습니다. 그래서 신약에서 의인을 지칭할 때는 꼭 노아가 나옵니다. 그러니까 이 노아라는 사람을 잘 알아 놓으시기 바랍니다. 라멕의 아들 노아입니다.

전에도 이야기 했지만 7장 2절에 보면 정결한 짐승은 일곱 쌍, 부정한 짐승은 두 쌍 씩 데려오라고 했습니다. 악은 성해서 두 쌍이라도 살아남지만, 정결한 것은 일곱 쌍이라도 다 살아남을 씨가 될 수 없습니다. 종자가 될 만큼 암수 한 쌍 남기가 어렵다는 말입니다. 그만큼 순한 것은 생명력이 약하고, 악한 것은 독하다는 이야기라고 할 수 있습니다.

8장 20절에 보면 노아가 홍수 후에 제단 즉, 번제 단을 쌓는 장면이 나옵니다. **"노아가 여호와께 제단을 쌓고 모든 정결한 짐승과 모든 정결한 새 중에서 제물을 취하여 번제로 제단에 드렸더니"** 했습니다. 멋있지 않습니까? 죽음에서 살아나서 제사를 드리는데 그냥 정결한 것이라고 다 드리는 것이 아니라, 정결한 것 중에서도 또 골라서 하나님께 드렸단 말입니다. 그만큼 노아의 생각과 사상이 의로운 것을 알 수 있습니다.

야곱이 에서를 속인 장면에서도 그렇게 나오는데 여기도 그런 것이 나옵니다. 8장 21절에 보면 **"여호와께서 그 향기를 받으시고 그 중심에 이르시되 내가 다시는 사람으로 말미암아 땅을 저주하지 아니하리니 이는 사람의 마음이 계획하는 바가 어려서부터 악함이라 내가 전에 행한 것 같이 모든 생물을 다시 멸하지 아니하리니"**라고 하십니다. 사람들이 어려서부터 마음의 계획이 악하답니다. 그리고 하나님이 받으시는 모든 것을 향기로 표현합니다.

사람이 어려서부터 악하다는 것 말고 또 6장 13절에 보면 **"하나님이 노아에게 이르시되 모든 혈육 있는 자의 포악함이 땅에 가득하므로 그 끝 날이 내 앞에 이르렀으니 내가 그들을 땅과 함께 멸하리라"** 고 하십니다. 짐승이나 사람이나 혈육 있는 모든 것은 포악하다고 했습니다. 여기에 보면 아담과 하와 이후에 노아의 시대에 사람이 다 악한 것으로 나옵니다. 그래서 하나님이 인간을 지은 것을 후회하셨습니다. 후회하셨다는 것이 완전히 100% 안 지을 것을 지었다는 뜻은 아니랍니다.

6장 6~7절을 보면, **"땅 위에 사람 지으셨음을 한탄하사 마음에 근심하시고 이르시되 내가 창조한 사람을 내가 지면에서 쓸어버리되 사람으로부터 가축과 기는 것과 공중의 새까지 그리하리니 이는 내가 그것을 지었음을 한탄함이니라 하시니라"** 했습니다. 신학자들이 이야기 하는 '한탄함'은 '괜히 지었다, 안 지을 걸 지었다' 는 의미가 아니랍니다. 여러분이 자식을 낳았는데 자식이 말을 안 들으면 '저 놈의 자식, 안 낳았으면 좋았겠다' 싶지만, 그래도 자식 때문에 속상하고 미워서 '죽었으면 좋겠다, 없어졌으면 좋겠다' 하고 생각하지는 않습니다. 마찬가지로 하나님께서도 사람 지은 것을 한탄하시고 속상해 하시긴 하시는 데, '짓지 말걸' 이런 말은 아니란 말입니다.

다만 하나님께서는 '언제쯤 착해 질까, 죄 문제는 어떻게 해결할까' 생각하시고, 이 방법 저 방법으로 제사장을 세워도 안 되니까 나중에 인간의 죄 문제를 해결하시기 위해 독생자 예수님까지 보내서 인간을 구원하려고 하십니다. 그만큼 우리를 사랑하십니다.

오늘은 이정도만 하겠습니다. 오늘은 맥은 없고 요약은 없지만 여러분이 성경적으로 알아야 할 것, 이해해야 할 것을 각각 절수로 소개해 드렸습니다. 우리가 다시 한 번 근본된 땅을 갈아야 합니다. 우리의 근본을 잃어버렸습니다. 근원을 잃어버렸습니다. 이 근원이 회복되어야 합니다. 그것을 신학자들은 무엇이라고 하냐면 구속의 은혜와 기쁨을 잃어버린 것을 찾으라고 합니다. 구속의 기쁨까지는 아니더라도 근본된 땅의 본질, 나의 본질을 찾아야 합니다.

주님이 "네가 어디 있느냐? 네가 무엇을 하느냐?" 물으시고, 가인에게도 "네가 무엇을 하였느냐?" 물으셨습니다. 순간적으로 우리의 생각과 생활을 수정하려고 주님이 우리에게 질문하실 때, 우리를 바르게 수정하려고 부르시는 것이지 정말 우리가 한 짓을 몰라서 묻는 것이 아닙니다. '네가 어디 있느냐?'고 몰라서 묻겠습니까? 우리의 입으로 고백하기를 바라시는 겁니다.

그렇게 물어도 대답을 똑바로 안 하니까 할 수 없이 질문을 다시 고쳐서 '네가 그것 먹었냐? 내가 먹지 말라고 한 것 먹었냐?' 그러십니다. 오죽 답답하면 그러시겠습니까? 하나님은 우리를 모르시는 것이 아니고 우리를 수정하려고 '네가 어디 있느냐? 네가 나를 사랑하느냐? 네가 무엇을 하느냐?' 물으십니다. 주님은 우리가 근원된 삶, 근본된 삶, 주님께서 지정해 주신 삶을 살기를 원하십니다. 삶의 존재의 가치, 존재의 이유를 알고 살기를 원합니다.

우리의 존재가치가 뭡니까? 예수님을 위해서 사는 겁니다. 우리는 죽고 없습니다. 예수님 피로 우리가 살아났습니다. 주님은 우리가 주님이 원하시는 목적을 따라서 사는 자가 되기를 원하시는데, 자꾸 안 되니까 때리고 수정하고 계십니다. 처음에는 말로 질문해서 수정하려고 하다가, 안 되면 찔러서 수정하고, 안 되면 때려서 수정하십니다. 결국은 우리를 수정하실 것 아닙니까? 그래서 우리가 주님 앞에서 주님을 기쁘시게 하고, 주님 앞에 나아가는 데 손색이 없는 우리 모두가 되기를 바랍니다.

기도하겠습니다.

영광과 존귀와 찬양을 받으시기에 합당하신 내 아버지 하나님. 하나님께서 우리를 사랑하셔서 이 세상 만물을 우리에게 주셨는데, 세상에게 잡아먹히고 사는 우리들입니다.

아버지여, 세상의 모든 두려움에 우리가 삼킴을 당하고 사는 우리입니다.

아버지, 하나님 아들의 권세를 잃어버리고 사는 우리들이 하나님께서는 아들의 권세를 가지고 살기를 원하시는 아버지가 아니겠습니까? 그래서 네가 무엇을 하느냐? 어디 있느냐? 무슨 짓을 했느냐? 물어보실 때 마다 내 죄를 고백함으로 근본된, 근원된 땅을 갈 수 있는 우리들이 되게 도우시고 역사하여 주실 것을 믿고 감사드리면서, 아버지, 이 성경말씀은 생명나무 이야기입니다. 우리가 살기를 원하는 하나님의 뜻이 기록된 책입니다.

이 성경책을 읽는 자가 복 있고, 생명책을 읽는 자가 복 있고, 듣는 자가 복 있고, 행함으로 복이 있는 우리들이 다 되게 도우실 것을 믿사오면서 예수님 이름으로 감사하고 기도드리옵나이다. 아멘.

창세기 나눔

*창세기 7장 1절에 하나님께서 노아를 보시*고 **"네가 내 앞에 의로움을 내가 보았음이니라"**하셨고, 5절에 **"노아가 여호와께서 자기에게 명하신 대로 다 준행하였더라"** 그리고 6장 9절에서는 "**노아는 의인이요 당대에 완전한 자**"라고 했고, 그 전에 창세기 6장 5~7절에 보면 인간의 악함을 이야기 하시면서 바로 8절에서 "**노아는 여호와께 은혜를 입었더라**"라고 되어있습니다.

그래서 은혜를 입지 아니하면 의인이 될 수 없습니다. 6장 5~7절에 사람들이 악하여 하나님이 창조하신 인간을 쓸어버리기로 작정 하셨는데, 이런 모든 악함과 죄악 속에서도 노아는 하나님께 은혜를 입었던 것을 알 수 있습니다. 그래서 우리가 아무리 악한 세상에 살더라도 하나님께 은혜를 입으면 된다는 것을 알 수 있습니다.

8장 20~21절에 보면 **"노아가 여호와께 제단을 쌓고 모든 정결한 짐승과 모든 정결한 새 중에서 제물을 취하여 번제로 제단에 드렸더니 여호와께서 그 향기를 받으시고 그 중심에 이르시되 내가 다시는 사람으로 말미암아 땅을 저주하지 아니하리니 이는 사람의 마음이 계획하는 바가 어려서부터 악함이라"** 했습니다. 노아가 방주에서 나와서 예배를 드리고 난 다음에 하나님께서 그것을 향기로 받았다고 했습니다.

21절에 보면 상대적인 이야기가 나와 있는데, 노아의 예배를 향기로 받으시는데, 땅에 있는 사람들은 마음의 계획하는 바가 악하다고 대칭적으로 이야기하고 있습니다. 그것은 시대의 악함 속에서 하나님의 은혜를 받지 않고는 절대로 믿음을 지킬 수가 없다는 것입니다.

지금도 말세라서 우리가 믿음을 지키기가 어렵습니다. 너무 세상적이고, 물질적이고, 자기중심적이기 때문에 신앙을 지키기가 어렵습니다. 그렇다고 '요즘에 의인이 어디 있나?' 이런 말을 하면 안 되고, 하나님께서 함께 하시고 하나님이 은혜를 주시면 우리가 긍휼을 입고 의인의 모습으로써 삶을 살 수가 있는 겁니다.

우리는 하나님의 신들을 모신 자라고 했고, 마음속에 하나님의 성령이 있는 것은 우리가 은혜를 받은 것을 의미합니다. 그런 은혜를 입은 우리가 말세지말(末世之末)에 이 땅에 살면서 의를 행하면서 살기를 주님은 너무나 원하고 계십니다.

그래서 우리가 남들과 달리 조금만 잘못해도 하나님께서 때리시는 이유는 특별히 이 말세지말에 우리를 향해서 거룩하고 의인의 모습을 가지고, 당대의 의인까지는 아니지만, 의롭게 사는 우리가 되기를 원하기 때문입니다.

시대적으로 보면 의인들이 나옵니다. 요셉도 '그는 의인이라' 되어 있고, 우리 국사나 세계사를 보아도, 모든 시대가 영웅을 만든다고 합니다. 시대가 영웅을 만든다는 것은 난세에 영웅이 생기는 겁니다. 아무리 어려운 시대라도 하나님의 은혜를 입으면 우리가 의인이 될 수 있고 거룩한 하나님의 모습을 지킬 수가 있습니다. 하지만 은혜를 입지 않으면 아무리 좋은 세상이라도 의롭게 살 수가 없는 것을 알 수 있습니다.

9장 1절에 보면 **"하나님이 노아와 그 아들들에게 복을 주시며 그들에게 이르시되 생육하고 번성하여 땅에 충만하라"**하시며 하나님께서 노아와 아들들에게 복을 주셨습니다. 그리고 2절에 **"땅의 모든 짐승과 공중의 모든 새와 땅에 기는 모든 것과 바다의 모든 물고기가 '너희를 두려워하며 너희를 무서워하리니' 이것들은 너희의 손에 붙였음이니라"**고 했습니다. 이것을 자세히 읽어 보면 우리가 두려우면 지는 것입니다.

무사들이 칼싸움할 때 두려우면 진다고 합니다. 그 말은 두려움이 있으면 자기 실력을 발휘 못 하고 진다는 이야기입니다. 두려움은 죄 때문에 생기는 겁니다. 그러니까 죄를 지으면 질 수 밖에 없습니다. 죄를 지으면 하는 일이 안 될 수밖에 없습니다. 그래서 회개하면 하는 일이 잘 될 수밖에 없습니다.

하나님께서 사람들이 이미 이 세상을 이길 수 있도록 만들어 놓으셨습니다. 모든 짐승과 모든 새와 모든 동물들은 사람을 향해 두려움을 갖도록, 아무리 그들이 우리보다 힘이 세고, 독이 있고, 사납다고 할지라도 우리에게 지게 되어 있습니다. 우리는 뱀도 굉장히 무서워하고 짐승도 무서워하는데, 옛날 속담에 호랑이에게 물려가도 정신만 차리면 된다고 했습니다. 그것이 바로 이런 성경 구절 때문에 나온 것이 아닌가 생각됩니다.

사람들이 뱀을 굉장히 무서워하는데 뱀을 연구하는 사람들은 사람들에게 뱀을 무서워하지 말라고 합니다. 뱀을 먼저 해치지 않으면 절대로 뱀이 먼저 공격을 안 한다고 합니다. 왜냐하면 뱀도 우리를 보면 두려운 존재인겁니다. 뱀의 몸에 먼저 닺거나 우리가 무엇을 하려고 하면 무는 겁니다. 먼저 몸에 닺거나 해치지 않으면 공격을 안 하고 뱀이 피해간다고 합니다. 성경이 맞습니다. 성경은 모든 짐승이 사람을 두려워하게 되어 있다고 합니다.

쉽게 말해서 두려워하면, 우리가 먼저 겁을 내면 벌써 짐승이 공격해 옵니다. 이 땅에 살면서 하나님의 형상을 따라 만든 사람인데 짐승에게 해코지 당하도록 하나님이 만들지 않았습니다. 우리의 먹거리로 만들어 놓은 것이기 때문에 우리가 먼저 뭔가를 하지 않으면 절대로 짐승에게 해를 입지 않습니다. 두렵다는 것은 '손에 붙였다', '전쟁에 졌다' 이런 뜻입니다. 우리가 누구를 만날 때, 예를 들면 면접을 하거나 어떤 모습으로 나아갈 때 두려운 마음으로 가지 않으면 우리가 이기게 되어있습니다.

3절에 보면 **"모든 산 동물은 너희의 먹을 것이 될지라 채소 같이 내가 이것을 다 너희에게 주노라"** 했습니다. 창세기에는 '짐승과 동물'인데 노아 홍수 이후 에는 '동물'로 바뀌었네요.

7절에 보면 **"너희는 생육하고 번성하며 땅에 가득하여 그 중에서 번성하라 하셨더라"**고 합니다. 하나님은 어쨌든 '생육하고 번성하라, 살고 번식해라'고 하십니다. 그래서 모든 짐승과 모든 것들은 암수가 있습니다. 꽃도 암수가 있고, 은행나무도 암수가 있습니다. 다른 모든 채소도 암수가 없으면 절대로 열매를 맺지 않습니다. 그것들의 존재 목적은 번성입니다.

이 땅의 모든 것은 번성해야 할, 종족을 남겨야 할 사명과 책임을 가지고 태어났습니다. 모든 나무나 식물, 동물들은 번성이 그들의 사명입니다. 그러면 우리 인간의 사명은 무엇입니까? 창세기를 보면 '다스리고 정복하는 것'이 우리의 사명입니다. 우리가 해야 할 일입니다. 다스리고 정복해야 합니다. 정복 못하면 그냥 풀, 나무, 짐승 밖에 안 됩니다. 그러니까 인간이 정복할 수 있도록 그들에게 두려움을 줬습니다. 이길 수 있도록 줬는데도 못 이긴다고 하면 그것은 문제가 되는 겁니다.

또 우리가 믿음의 담대함을 가지고 악인들을 이기게 되어 있습니다. 내가 죄를 짓지 않으면 반드시 이기게 되어있습니다. 많은 인간관계 속에서 우리가 죄가 있으면 지는데, 죄가 없으면 모든 사람들과의 관계에서 하나님이 우리의 편을 들어 주십니다. 우리 모두의 이야기입니다만 우리는 점점 갈수록 좋아질 거예요. 어떤 제자가 "장로님, 이 문제는 어떻게 하면 될까요? 이때까지 하나님께서 풀어 주셨는데 전보다 어렵지는 않겠지요?"라고 했습니다. 언제나 점점 더 좋아져 갔기 때문에 지금은 너무나 상황이 어렵고 불가능해 보여도 연단을 많이 받은 후에는 '뒤로 물러가거나 어렵지 않겠지'라고 인식이 되었습니다. 지나고 나면 그 문제 때문에 풀어지고 풀어져서 점점 갈수록 좋아지지 나빠진 적은 없었습니다. 우리 모두가 그럴 거예요. 자꾸 낮추시고 난 다음부터는 다시 점점 좋아지는 겁니다. 낮출 때는 그냥 확 낮추시지만 다시 더 좋아지게 만드십니다.

우리의 마음이 담대하게 점점 강해져야 합니다. 어떤 환경과 조건에도 내 마음이 평안하면 그 때는 되기 시작하는 겁니다. 여러분의 모든 땅의 문제가 여러분의 마음에 있다고 했습니다. 믿음은 내 마음에 있어요. 요한복음 11장에 **"네가 믿으면 하나님의 영광을 보리라"** 했습니다. 내가 믿으면 영광을 봅니다. 내가 믿으면 내 믿음대로 됩니다. 네가 믿으면 영광 볼 좋은 일이 생기고, 믿으면 형통하다는 얘기입니다. 안 믿으면 안됩니다. 그러니까 그 말은 믿음의 담력입니다. 담력을 잃으면 두려움이 생기고 두려우면 지는 겁니다. 두려우면 안 되는 겁니다. 담대하면 이기는 것을 알 수 있습니다.

11장을 간략하게 보고 넘어 가려고 합니다. 11장 2절에 보면 **"그들이 동방으로 옮기다가 시날 평지를 만나 거기서 거류"**했다고 했습니다. 이것을 보면 이스라엘 나라에서 동방이 어느 쪽 입니까? 우리 쪽입니다. 그들이 동방으로 옮기다가, 물론 자기 땅 안에서의 이야기지만 그래도 자꾸 동쪽으로 갑니다. 우리나라 사람도 그렇고 모든 사람들이 동쪽을 흠모해요. 해 뜨는 동쪽에 뭔가를 흠모해서 다들 동쪽으로 갑니다. 그래서 도마가 동쪽으로 와서 동방예의지국인 우리나라에 복음을 전파했습니다.

욥기서 1장에도 **"이 사람은 동방 사람 중에 가장 훌륭한 자"**라고 했지요. 여기 내용 요약한 것을 관주에서 읽어보니까 '이 책은 욥이라는 고대 동방의 세계에 살던 아주 부유하고 하나님을 사랑한 한 인물이 어느 날 갑자기 자신이 가진 모든 것을 잃어버리고 심한 병까지 걸리게 되는 슬픈 줄거리를 갖고 있다. 욥은 이해할 수 없는 고통과 환란에 대해서 왜 하나님께서 자신에게 그렇게 끔찍한 재앙을 내리셨는지 그 원인을 알기 위해 몸부림친다'라고 되어 있습니다. 그러니까 동방 세계에 살던 아주 부자였습니다.

유대인들이 동쪽을 어떤 동방 세계라고 이야기하고 있습니다. 동방은 흠모하는 곳입니다. 빛이 있는 곳, 뭔가 잘 될 것 같은 땅, 그래서 동방이라고 했습니다.

11장 3절에 보면 돌 대신에 벽돌을 사용했고, 진흙 대신에 역청을 사용했습니다. 이 말은 그들의 문명이 발달되었다는 것입니다. 돌 대신에 벽돌을 구워서 사용했고, 진흙 대신에 역청을 발라서 더 튼튼하고, 더 오래 높이 쌓을 수 있도록 했습니다. 각이 진 벽돌로 집을 지어서 얼마든지 높이 쌓을 수 있는 것으로 볼 때, 그들은 지능이 발달되었다는 것을 알 수 있습니다.

4절에 보면 참 재미있습니다. 이때까지 제가 스쳐 지나갔던 부분인데 **"또 말하되 자, 성읍과 탑을 건설하여"**라고 했습니다. 성읍도 건설하고 탑도 건설합니다. 높은 탑 바벨탑만 건설한 것이 아니라 성읍도 건설했습니다. 5절 중간에 보면 **"그 성읍과 탑을 보려고"** 하나님의 신이 내려왔습니다. 탑만 지은 것이 아니고 성읍도 장엄하게 지은 것 같습니다. **"그 탑 꼭대기를 하늘에 닿게 하여 우리 이름을 내고 온 지면에 흩어짐을 면하자"** 했어요. 오늘 이 부분을 조금 소개해 보겠습니다.

'이름을 내고 흩어짐을 면하자'는 생각과 사상은 하나님이 좋아하지 않는 겁니다. 내 이름을 내고, 우리 이름을 내고, 우리가 똘똘 뭉치고 커져서 힘이 커지는 것을 싫어하십니다. 그래서 하나님은 수에 있지 않고 능력에 있습니다. 하나님의 능력은 수에 있지 않습니다. 수가 많은 것은 아무 소용이 없습니다. 하나님은 능력으로 역사하시는 것을 알 수 있습니다.

6절 읽겠습니다. **"여호와께서 이르시되 이 무리가 한 족속이요 언어도 하나이므로 이같이 시작하였으니 이 후로는 그 하고자 하는 일을 막을 수 없으리로다"** 했습니다. 여기에서 '그 하고자 하는 일'이 뭡니까? 이름을 내는 것이고, 흩어짐을 면하는 것입니다. '이름을 내자, 흩어짐을 면하자'는 것에 대해서 하고자 하는 일을 막을 수 없기 때문에 하나님께서 그냥 안 두시고, 7절에 **"자, 우리가 내려가서 거기서 그들의 언어를 혼잡하게 하여 그들이 서로 알아듣지 못하게 하자 하시고"** 언어를 혼잡하게 하셨습니다.

지금 현 세대를 한번 봅시다. 우리가 주로 말하는 것이 '글로벌 시대니, 지구촌 이니, 우리는 하나'다 그럽니다. 신앙 안에서 하나가 아닌 것들은 하나님이 안 좋아하시는 것 같습니다. 신앙이 아니고 하나가 되고 자꾸 뭉치면 뭐가 됩니까? 무엇이 이루어지지요? 힘이 형성돼요. 힘이 강해질수록 사람들은 어떻게 합니까? 교만해서 하나님을 대적하게 됩니다. 그것을 싫어하십니다. 사람이 힘을 의지합니다. 힘을 의지하고 힘을 자랑합니다. 그래서 하나님은 이것을 굉장히 싫어합니다. 하나님을 의지하고 하나님을 자랑해야 하는데 자기 힘을 의지하고 자기 실력을 의지하고 자기를 자랑하게 됩니다. 이것을 하나님은 싫어합니다.

바벨탑 시대에만 그런 것이 아니라 지금도 그렇습니다. 지금도 이름 내는 것 싫어하시고, '흩어짐을 면하자' 하고 자꾸 뭉쳐서 하나 만들려고 모이는 것 싫어하십니다. 신천지들 모이고, 여호와의 증인들 모여서 힘자랑하면서 막 커지잖아요.

그래서 언어를 혼잡하게 하셨습니다. 지금 제일 실력 있는 사람이 누구인지 압니까? 5개 국어 하는 사람이 최고 실력자로 쳐줍니다. 언어가 혼잡해져서 언어 소통이 잘 되는 사람이 최고입니다. 이것이 창세나 세말(世末)이나 같은 이야기입니다. 5개 국어 하는 것 좋습니다. 주를 위해서 언어 소통을 하면 좋아요. 내 힘을 과시하고, 내 능력을 과시하고, 어떤 물리적인 힘을 쓰게 되면 그것이 '나'신이 됩니다.

그리고 **"흩어짐을 면하자"**고 했잖아요. 우리나라에 1%들이 모이는 클럽이 있답니다. 아이큐가 160이 넘는 사람들, 재력이 있는 사람들, 학교는 옥스퍼드나 하버드 이상 나온 사람들, 그런 사람들만 모이는 클럽이 서울에 있답니다. 거기는 돈만 있다고 못 들어갑니다. 머리도 좋아야 하고, 학벌도 좋아야 하고, 가문도 좋아야 하고, 돈도 있어야 합니다. 그런 모임은 뭡니까? '나는 난데' 아니겠습니까? 머리도 보통 비상한 것이 아니라 아주 비상하답니다. 그런 사람들이 모이는 1% 클럽이 있대요. 그 사람들은 머리가 좋으니까 클럽 이름도 외국말로 합니다.

외국어를 잘 하는 것은 언어에 대해서 내가 능하다는 거지요. '언어가 능통하다, 나는 모든 것이 힘이 있다'는 이런 모임이 선교모임이

나 성경 공부를 하면 하나님이 좋아할 겁니다. 안 그러면 그 모임을 안 좋아합니다. 모여서 서로 실력 다툼, 재력 다툼, 머리 좋다는 다툼을 눈에 안 보이게 할 겁니다. 눈에 안 보이게 겉으로는 웃으면서 알력 다툼을 할 겁니다.

지금 자꾸 하나로 뭉치자는 것은 이단들이 그렇습니다. '이름을 내려고 하는 것, 흩어짐을 면하자'고 하는 것에 대해 하나님이 언어를 혼잡하게 하신 이유는, 사람의 힘만 과시하고, 하나님을 의지하고, 하나님을 자랑하고, 하나님을 사랑하는 일에서 벗어나서 그렇습니다. 하나님은 우리의 머리를 갑자기 멍하게 하셔서 언어를 다 잊어버리게 만드세요. 머리가 굉장히 좋은 사람도 갑자기 멍해서 말을 잊어버리는 거 압니까?

제가 비슷한 경험을 했습니다. 저는 머리는 안 좋은데 마귀가 너무 설치니까 어떤 집에 가서 예배드릴 때 사도신경을 세 번이나 했어요. 생각이 안 나는 거예요. '전능하사 천지를 만드신 하나님' 다시 하겠습니다. '전능하사 천지를 만드신 하나님 아버지를' 다시 하겠습니다. 이것을 세 번이나 했다니까요. 마귀가 얼마나 역사를 하는지 머리에 생각이 나지 않아요.

잠결에도 외울 수 있는 것이 사도신경, 주기도문 아닙니까? 그것을 못 외우겠는 거예요. 그래서 심방을 가보면 그 집에 마귀가 얼마나 역사를 하는 지 알 수 있어요. 그 때는 제가 정말 당황했는데 지금 생각하면 당황은 되는데 웃지도 않고, 부끄러워하지도 않고 당당하게 "다시 하겠습니다"를 세 번 했습니다.

우리의 지혜를 잘난 척 하면 마귀들은 끊임없이 지혜를 순간적으로 빼앗아 가서 반푼이가 되게 합니다. 지혜를 잃어버리고 멍하게 된 사람이 보면 주로 머리가 좋은 사람들입니다. 머리가 너무 좋은 사람이 머리가 돌아요. 너무 용량이 넘쳐서 도는지, 너무 욕심을 피워서 그런지 모르겠지만, 머리를 좀 쉬는 것도 좋습니다.

그래서 주님은 제 칠일을 쉬게 해 놓으셨습니다. 우리 몸도 그렇고, 머리도 그렇고 좀 쉬어야 해요. 기계도 계속 돌면 문제가 생겨요. 저희 집에 커피 볶는 기계는 한 번 볶고 일부러 식혀요. 식히지 않고 볶으면 기계가 저절로 돌다가 불이 꺼져 버려요. 꺼져 버리면 기계 속에 바구니하고 받침대를 다 꺼내 놓고 뚜껑을 확 열고 코드도 탁 빼놓고 식힙니다. 다 식히고 다시 꽂아서 불이 들어오면 그때 다시 써요. 기계도 계속 돌면 가열되어서 꺼져버립니다. 그런데 우리 머리는 얼마나 정교하고 좋은데도 30년을 계속 써도 안 꺼지는 것이 하나님의 은혜입니다.

예수를 믿지 않는 사람들은 바벨탑 때처럼 언어를 잘 하는 것이 행복하지요. 영어를 통달하면 행복해 지는 거예요. 다른 언어로 외국인과 소통한다는 것이 즐거움 이예요. 그런데 그것이 삶의 목적이 되면 안 됩니다. 전도의 목적이고, 선교의 목적이고, 주를 위해 쓰는 목적이 되면 됩니다.

창세기 13장으로 가겠습니다. 13장 7절에서부터 18절까지 소개를 하면, 7절에 **"그러므로 아브람의 가축의 목자와 롯의 가축의 목자가 서로 다투고 또 가나안 사람과 브리스 사람도 그 땅에 거주하였는지라"**하고 다툼이 생겼잖아요. 아브라함과 롯의 일꾼들이 장소가 좁아서 즉, 땅이 적어서 싸웠지요. 다툼의 배경에는 지경을 넓혀야 할 시기가 되었다는 말이에요. 지경을 넓히고, 땅 덩어리가 넓혀져야 할 과도기가 되었다는 말입니다.

우리도 아이들이 크면 집을 넓히잖아요. 자녀가 시집갈 때 되면 진짜 집을 넓히잖아요. 시집가고 나면 집을 좀 줄입니다. 그러니까 시기적으로 넓혀야 할 때에 다툼이 생겼고, 이것을 과도기라고 할게요. 이 과도기에 11절에 보면 **"그러므로 롯이 요단 온 지역을 택하고 동으로 옮기니 그들이 서로 떠난지라"**하고 롯이 지경을 옮겼지요. 10절에 **"이에 롯이 눈을 들어 요단 지역을 바라본즉 소알까지 온 땅에 물이 넉넉하니 여호와께서 소돔과 고모라를 멸하시기 전이었으므로 여호와의 동산 같고 애굽 땅과 같았더라"**롯이 눈을 들어 보니까 땅이 어땠지요? 보니 에덴동산 같아서 선택했지요. 이것이 안목의 정욕입니다.

가만히 보면 이것이 문제가 돼요. 사람들이 '안목이 좋다, 안목이 있다'고 하지요. 그 안목을 주를 위해 써야 하는데 그 안목을 탈취하는데 쓰면 안 되는 겁니다. '야, 저거 참 좋다, 저거 꼭 내가 해야지. 저거 참 마음에 든다. 어떻게 하든 나에게 달라고 해야지' 이런 것은 안목이 정욕이 됩니다.

그런 생각은 안 했지만 아브라함이 롯에게 선택하라고 해서 롯이 보니까 '여호와의 동산'처럼 좋으니까 자기 눈으로 본 것을 선택했습니다. 제가 어제 아담과 하와가 선악과를 따먹고 악의 눈이 떠졌다고 했잖아요. 여기에서도 롯이 선을 선택할 수 있는 안목이 없었습니다. 롯은 눈에 보이는 것을 선택했지요.

그런데 그 밑에 보면 소돔과 고모라 성은 죄악의 도시라고 나옵니다. 13절에 "**소돔 사람은 여호와 앞에 악하며 큰 죄인이었더라**"고 했습니다. 롯이 그 땅에 머물면서 소문 다 들었을 것 아닙니까? 소문에 들려지는 것이 중요한 것이 아니라, 눈에 보기에 좋은 것을 선택한 겁니다.

내용을 자세히 보면 롯이 점점 옮기고 옮겨서 소돔과 고모라 성에 들어갔다고 돼 있습니다. 12절에 "아브람은 가나안 땅에 거주하였고 롯은 그 지역의 도시들에 머무르며 그 장막을 옮겨 소돔까지 이르렀더라" 고 해서 소돔까지 옮기고 옮겨 갔습니다. 그렇지요? 옮겨 가서 소돔과 고모라에 머물렀습니다. 그래서 제 생각에는 자기가 살던, 좁지만 좋은 땅을 잃어버렸습니다. 욕심을 피우면 있던 것도 빼앗깁니다. 있는 것이 작지만 좋은 것이지, 크다고 좋은 것은 아니잖아요. 큰 것 선택하다가 작은 것을 잃어버렸습니다. 작았지만 그 땅은 기름지고 소와 양을 먹이기에 좋은 땅이었잖아요. 롯은 작지만 자기 땅을 다툼 때문에 잃어 버렸고, 안목의 정욕 때문에 잃어버렸습니다.

그 다음에 아브라함이 땅을 선택하는 것을 보면 좀 기구하고 불쌍합니다. 불쌍한데도 아브라함은 축복의 사람이 되었잖아요. 그러니까 지금 현재 아브라함의 삶은 정말 비참합니다. 조카한테 좋은 땅 빼앗기고, 머물 땅이 없어서 하나님이 종과 횡으로 허허벌판 걸어 보라고 해 놓고서는 그냥 그 땅 주신다고 하시니 웃기잖아요. 아마도 '이 땅 줄게 저 땅 줄게' 할 때, '눈을 들어 종으로 횡으로 바라보라'고 할 때는 집도 없고 성도 없는 땅을 걸어 보라고 한 것 아니겠습니까? '종으로 걸어 봐라, 횡으로 걸어 봐라' 할 때는 아무것도 없는 들판이에요. 들판인지 산인지를 걸어보고 '이 땅 줄게' 그랬잖아요. 어떻게 생각하면 굉장히 처량할 수 있습니다. 그러나 믿음의 눈으로 보면 그 땅이 기름지고 윤택한 축복의 땅이 됩니다.

생각해 보십시오. 둘이 같이 살던 땅에서 롯이 나갔어요. 그러면 그 땅에 머물러도 안 부족합니다. 그러니까 아브라함은 가만히 있다가 횡재 만난 거예요. 가만히 있다가 이사 비용도 안 들이고, 둘 다 가축이 많았다고 했으니까 롯을 떠나보냈으니 이제 땅이 충분합니다. 그런데 하나님께서 또 땅을 준다고 했습니다. '있는데 더 주겠고' 입니다. 자세히 생각해 보세요. 롯이 떠나간 그 자리를 그냥 쓰면 되잖아요.

그런데 이런 과도기에 땅이 넓어질 때는 하나님께 합격을 해야 합니다. 아브라함은 이 땅에 합격이 되어야 해요. 롯과 같이 있던 땅에 거해도 괜찮은데도 하나님께 합격했기 때문에 '더 주겠고'입니다. 그렇지요? 네가 '종으로 횡으로 걸어보라, 눈으로 보는 것을 다 준다' 이것은 아브라함이 아버지뻘인데도 불구하고 롯에게 양보했기 때문에, 하나님께서 보시기에 선하게 여기시기 때문에 상으로 주는 겁니다. 제 생각에는 그 땅이 부족하지 않고 충분한데도 더 준다는 이야기입니다.

롯은 소돔과 고모라 성에 거하고, 아브라함은 새롭게 개척해서 일구지 않아도 지금 살던 땅에 그냥 살면 됩니다. 그러면 땅이 더 해 지는 거잖아요. 14절에 보시면 하나님께서 아브람이 합격했기 때문에, 롯이 아브람을 떠난 후에 여호와께서 아브람에게 나타나셨습니다. 아브람이 선한 뜻으로 롯이 자기가 원하는 것을 갖게 해주고 떠나보낸 것은, 하나님께서 아브람에게 상 줄 행동이었고, 하나님을 만나는 축복을 받습니다.

그래서 하나님께서 네가 바라보는 데로 영원히 너와 네 자손에게 주리라고 했잖아요. 14~15절에서 **"너는 눈을 들어 너 있는 곳에서 북쪽과 남쪽 그리고 동쪽과 서쪽을 바라보라 보이는 땅을 내가 너와 네 자손에게 주리니"** 17절에 **"너는 일어나 그 땅을 종과 횡으로 두루 다녀 보라 내가 그것을 네게 주리라"**고 했습니다.

이 이야기가 창세기에 계속되고 있습니다. 아브람에게 갈대아 우르를 떠나라고 했잖아요. '본토와 아비, 친척을 떠나라 그러면 네게 땅을 줄 것이고, 네 자손이 땅의 모래와 같이 많게 하리라, 민족을 많게 하고 땅을 주리라'고 돼 있거든요. 그런데 이럴 때 마다 12장 7~8절에서 보듯이 아브람은 반드시 예배를 드렸습니다. 이런 모습을 계속 설명해 나갈 겁니다.

하나님께서 갈대아 우르를 떠나라고 하시고 '네 마음에 든 땅을 준다, 네 후손이 많아진다'고 하시면 아브람은 예배를 드렸습니다. 그리고 14장에서 롯을 잃어 버렸을 때 찾아와서 칭찬 받고, 15장에서 '그래, 또 땅 줄게' 하시면 또 예배를 드렸습니다. 그리고 또 칭찬 받을 짓을 하면 '또 줄게, 또 줄게' 하시고, 그러면 또 예배를 드렸습니다. 왜 땅을 준다고 했으면 금방 주시지 왜 자꾸 이것이 반복이 되느냐 하는 이야기는 다음 시간에 하겠습니다.

기도하겠습니다.

영광과 존귀와 찬양을 받으시기에 합당하신 내 아버지 하나님. 진실로 고맙고 감사합니다. 아버지 하나님 우리가 무엇이관대, 세상 사람들은 세상의 어학을 공부해서 만족하는데, 우리는 하나님 말씀을 배우면서, 들으면서, 생각하면서, 읽으면서, 만족하는 이런 은혜를 주시니 너무 감사합니다.

이 말세에 은혜가 없으면, 주님 주시는 은혜가 없으면 우리의 믿음을 지키기 어렵고, 우리의 양심을 지키기 어렵고, 우리가 선을 행하기 어렵습니다.

이 말세지말에 우리에게 은혜를 주셔서 이 바쁘고 바쁜 시간에 말씀 들을 수 있는 시간, 기도할 수 있는 시간, 철야할 수 있는 시간 주신 것은 하나님의 은혜입니다.

은혜 안에 거하게 하신 하나님께 감사를 드리면서, 주신 은혜 힘입어서 의로 빛나는 삶이 되게 도우시고 함께 해 주실 것을 믿사옵고, 예수이름으로 감사하고 기도드리옵나이다. 아멘.

창세기 닷새

창세기 15장을 조금 언급해 보겠습니다.

1절의 **'이 후에'**는 14장 이 후의 일입니다. 이 말은 14장에서 소돔과 고모라에 살던 조카와 그 가족들과 재물들을 건지고 난 다음, 전쟁에 싸워서 이기고 돌아온 후에, 아브람이 자기에 대한 분깃은 받지 않고, 데리고 갔던 동맹국 청년들에게만 분깃을 나누어 주고 자기는 혹시 '불의했다, 치부했다' 소리를 들을까봐 아무것도 취하지 아니하고 그냥 전쟁만 하고 돌아 온 **'이 후에'**입니다.

15장 1절의 **'이 후에'** 하나님께서는 선행을 했을 때나, 기도했을 때나, 예배를 드렸을 때, 그 후에 반드시 우리들에게 상을 주십니다. 종류가 각각 다른 것뿐이지 반드시 상을 주시는데요. 그래서 제가 하나님께서 아브람에게 어떤 때 땅을 주시고, 어떤 때 많은 후손을 주시고, 어떤 때 무슨 복을 주시는지 살펴보라고 했습니다.

15장 1절에 보면 하나님이 나타나셔서 아브람에게 14장의 일을 잘 했다고 **“나는 네 방패요 너의 지극히 큰 상급이라”**고 했습니다. ‘방패와 큰 상급’이 된다는 얘기는 지금 아브람은 방패가 필요한 시점입니다. 왜냐하면 자기도 다섯 종족의 동맹을 데리고 갔지만 소돔과 고모라를 빼앗아 간 사람들도 다섯 종족이나 되거든요. 그 큰 힘에 대해서 두려움이 있었습니다. 왜냐하면 전쟁 노획물을 빼앗아 온 것에 대한 두려움이 있었기 때문에 주님이 보호해 주시지 않으면 안 됩니다.

예를 들면 세겜성 사건과 같습니다. 세겜성 사건에서 야곱의 아들들이 세겜성 사람들을 다 죽이고 난 이후에 보복이 두려웠거든요. 오늘 여기도 세겜성 사건과 같이 보복이 두려웠기 때문에 아브람은 하나님의 방패가 꼭 필요한 시점입니다. 그리고 좋은 일을 하고, 노획물을 취하고, 선행을 했기 때문에 상이 꼭 필요한 시점이기도 합니다. 그래서 주님이 나타나셔서 이 일에 대한 보상으로 걱정하지 마라, 내가 방패가 되어 줄게. 걱정하지 마라. 너 노획물 많잖아, **‘내가’** 너에게 큰 상급이 되어 줄게 이렇게 말씀하시는 겁니다.

그렇게 말하니까, 하나님이 어떤 질문을 던지면 그것을 물고 늘어져서 응답받은 야곱처럼, 기도를 해서 하나님이 무슨 응답을 하면 그것을 붙들고 하나님이 그랬지 않느냐고 요청하는 솔로몬처럼, 아브람도 기도로 도움을 요청합니다. 그런데 여기에 보면 아브람이 아직 아브라함으로 바뀌기 전인데도 하나님이 ‘내가 너희에게 상급 줄게 하니까’ 기회다 생각하고 자기에게 꼭 필요한 것을 말합니다.

여러분, 하나님이 '너 딱 한 가지 소원만 말해봐라, 줄게' 그러면 자기에게 꼭 필요한 것을 요구하잖아요. 그런 것처럼 지금 아브람에게 필요한 것이 무엇이냐 하면 후손이 필요합니다. 하여튼 아브람도 보면 기회를 놓치지 않아요. 여러분 믿음이 있는 사람은 복 받을 기회, 하나님의 도움을 받을 기회, 마귀와의 싸움을 이길 기회를 찾는 거예요. 여기 보면 15장 2~3절이 무늬만 다르지 같은 내용입니다.

같이 읽어보겠습니다. **"아브람이 이르되 주 여호와여 무엇을 내게 주시려 하나이까 나는 자식이 없사오니 나의 상속자는 이 다메섹 사람 엘리에셀이니이다, 아브람이 또 이르되 주께서 내게 씨를 주지 아니하셨으니 내 집에서 길린 자가 내 상속자가 될 것이니이다"** 했습니다. 2절에는 '내게 자식이 없나이다 그래서 엘리에셀이 나의 상속자가 될 것입니다' 했고, 그 다음에는 하나님께서 내게 씨를 안 주시니 '내게 무엇을 주시려하나이까?' 하면서 이 말을 하는 겁니다.

'내가 너의 상급이다' 그러니까 '나에게 무엇을 주시려 그럽니까?' 하면서 '나는 자식이 없습니다. 하나님이 안 줘서 그렇습니다. 씨가 없습니다. 상속자가 없습니다' 이렇게 강조법으로 이야기 하는 것을 알 수 있습니다. 그러니까 하나님께서 4절에 **"여호와의 말씀이 그에게 임하여 이르시되 그 사람이 네 상속자가 아니라 네 몸에서 날 자가 네 상속자가 되리라"** 하셨습니다.

이 말을 듣고 **"아브람이 여호와를 믿으니"** 했습니다. "**네 몸에서 날 자**"라고 하나님께서 말씀하셨습니다. 지금 이 시간에 말씀을 듣고 믿어도 복 이고, 또 응답받고 믿어도 복 입니다. 아브람도 말씀 듣고 믿었잖아요. 믿는 그대로 됩니다. 아브람이 **"네 몸에서 날 자가 네 상**

속자"라고 하니까, 그것을 믿으매 의로 여기셨다고 했잖아요.

기도, 예배, 선행, 듣고 믿는 것, 이런 것들은 반드시 좋은 결과가 옵니다. 17장까지 가야 결론을 소개하는데 지금 미리 소개하면 재미가 없고요. 6절에 보면 **"아브람이 여호와를 믿으니 여호와께서 이를 그의 의로 여기시고"**, 8절에 **"무엇으로 알리이까"** 하니까 제사를 드리라고 했어요. 믿었다고 했는데 의심을 했어요.

"무엇으로 알리이까" 하고 물었지요? 자, 듣고 믿기만 해도 땅을 주십니다. 성경말씀 듣고 믿어도 믿는 그 땅 줍니다. 땅을 준다고 했는데 특별히 7절에 **"이 땅"**을 준다고 했어요. 사람들은 '저 땅'은 믿는데 '이 땅'은 안 믿습니다. 무슨 말인지 알겠습니까? 저 사람 것은 믿는데 내 것은 안 믿어요. 그러니까 '이 땅'이 안 믿어지는 거예요. '이 땅'요? 이러는 겁니다. '이 땅을 주시는 것을 무엇으로 믿을까요?' 그랬더니 제사를 드리라고 했잖아요. 성경에 보면 약속이 이행될 때, 반드시 죄를 지은 것을 용서할 때나 축복을 받을 때, 예배드리라고 되어 있습니다. 예배가 굉장히 중요합니다.

예배에 대해 우리가 잘못 아는 것이 있습니다. 여기서 회개하고 성령 운동하는 이 예배도 참 예배입니다. 그리고 로마서 12장 말씀처럼 하루 종일도 예배입니다. 그러니까 아침, 저녁으로 예배드리고 기도하고, 낮에도 예배 안 드릴 때도 내가 마음을 모으는 것이 예배란 말입니다.

그래서 제사를 드리라고 했는데 아브람이 제사를 실패했습니다. 비둘기를 안 쪼개서 솔개가 내려서 쫓았습니다. 그랬더니 이 땅을 네 후손 4대 후에 준다고 했습니다. 예배를 실패하면, 즉 예배를 드리기는 드리는데 하나님이 받지 못할 예배를 드리면 축복이 4대로 밀려납니다. 예배드린 값을 주기는 주는데 밀려납니다. 이것을 잘 기억해야 합니다.

주기는 주셔서 내가 선행을 했거나, 내가 의를 행했거나, 믿음으로 행했거나, 그에 대한 상은 있는데 '눈은 눈, 이는 이'의 상 밖에 없습니다. 그 중에 최고 좋은 상은 믿음으로 행하는 것이 상이 최고 큽니다. 그것을 설명하겠습니다.

예배를 드리기는 드렸는데 그만 솔개가 내렸어요. 물론 아모리 족속의 죄가 관영하지 아니해서 죄가 찰 때 까지 사대 까지 이른다고 하긴 했는데, 만약에 아브람이 하나님이 받으시는 예배를 드렸다고 합시다. 그러면 또 다른 땅을 먼저 차지하고 있다가 아모리 족속의 땅도 같이 줬을 겁니다. 안 그렇습니까? 아모리 족속의 죄가 관영하지 않았을지라도 하나님이 4대까지는 안 갔을 겁니다.

여기서 아브람과 가나안 땅 사람의 관계가 이루어지는 이유는 하나님의 뜻 입니다. 무슨 말인지 이해가 됩니까? 14장부터 17장까지 계속 잘 보세요. 이야기가 연결됩니다. 15장 16절에 **"네 자손은'사대 만에'이 땅으로 돌아오리니 이는 아모리 족속의 죄악이 아직 가득 차지 아니함이니라 하시더니"**라고 해서 사대 만에 돌아온다고 했습니다. 물론 아모리 족속의 죄가 가득차지 않았기 때문이라고 했지만 이것은 어떤 관계가 있습니다. 하나님은 전능한 하나님인데 무엇이라도 하실 수 있습니다.

14장 후에 15장, 15장 후에 16장입니다. 이 이야기를 왜 하는지 아세요? 이 이야기들이 서로 관계성이 있다는 겁니다. 14장에 아브람이 소돔성과의 전쟁에서 노획물을 찾아 온 것은 잘 했고, 노획물을 자기가 수고의 대가로 안 받은 것도 잘 했고, 그래서 하나님이 아브람에게 씨를 준다고 해서 좋았는데 그만 예배에 실패했습니다. 예배에 실패해서 하갈입니다.

'네 몸에서 날 자가 네 후손'이라고 한 말을 믿기는 믿었는데, 땅을 준다고 하니까 땅 주는 표시를 무엇으로 아느냐고 하면서 안 믿었잖아요. 무슨 표시를 원했고, 예배를 부실하게 드렸습니다. 믿기는 믿었는데 믿음이 100%는 아니었던 것 같아요. '네 몸'은 믿었는데 '이 땅'이 안 믿어졌습니다. 그리고 예배가 온전하지 못했습니다.

여기에서 문제가 생긴 것이 바로 하갈의 문제입니다. 내가 완전한 믿음이 있어서 주님께서 받으시는 예배를 드리면 절대 나쁜 일이 안 옵니다. 내 몸을 믿었기 때문에 하갈에게서 낳은 자도 자기 몸에서 나왔다고 밖에 생각 못 하는 것이지요. 오늘 하갈 이야기를 보면 정말 재미있습니다.

16장으로 갑니다. 3절에 보면 **"아브람의 아내 사래가 그 여종 애굽 사람 하갈을 데려다가 그 남편 아브람에게 첩으로 준 때는 아브람이 가나안 땅에 거주한 지 십 년 후였더라"**고 해서 아브람이 갈대아 우르를 떠나 가나안 땅에 거주한 지가 10년이 되었습니다. 10년이 되었는데도 하나님께서 하늘의 별과 같이 바닷가의 모래와 같이 자손을 준다고 창세기 12장에 약속하셨는데 아직도 자식이 없는 거예요. 15장에 네 몸에서 난 자녀를 준다는 말도 했습니다.

그런데 '까마귀 날자 배 떨어진다'고요. 하나님이 네 몸에서 난 자녀를 준다고 해서 사래가 하갈을 주니까 '아이고, 옳구나' 하고 얼른

취한 거예요. 이것은 '까마귀 날자 배 떨어지는 것' 하고 똑 갈습니다. 진리의 말씀을 안 믿은 거예요. 말씀을 조금만 알았다면, 하나님의 뜻을 조금만 알았다면, 조금만 조심했다면 좋았을 텐데. 죄를 지으면 복 받을 길과 고생할 길 중에서 무엇을 선택하지요? 아무리 가르쳐줘도 기어코 고생할 길을 선택합니다.

그런데 말씀을 믿음으로 순종했다고 합시다. 순종하면 고생할 길은 살짝 지나가고, 복 받을 길은 크게 보여서 순종하는 사람은 그것을 선택할 겁니다.

그래서 언제나 '원인과 결과'를 말했잖아요. 쉽게 말하면 죄를 지으면 아무리 선한 이야기를 해도 선한 것을 선택하지 않습니다. 말씀으로 사는 사람은 아무리 악을 이야기해도 악을 안 따라갑니다. 죄 짓는데 안 따라 갑니다. 죄 지었다는 이야기는 내 속에도 죄성이 있다는 이야기입니다. 내 속에도 죄성이 있기 때문에 죄를 짓고 따라 가는 거예요.

그러니까 아브람의 믿음이 100%가 안 되는 거예요. 예배 조금 불신했지요. 그리고 '이 땅 준다고요? 그러면 준다는 표시가 무엇입니까?' 하는 조금 부정적인 마음이 있었기 때문에 사래가 하는 이야기에 '옳구나' 하고 넙죽 동의한 겁니다. 거기에서 문제가 생기는 겁니다. 15장 때문에 16장이 생긴 겁니다.

이야기 전개를 보면 재미있습니다. 16장 4절에 **"아브람이 하갈과 동침하였더니 하갈이 임신하매 그가 자기의 임신함을 알고 그의 여주인을 멸시한지라"**하갈이 자기가 임신한 것을 알고 사래를 멸시했습니다. 죄 분석을 해 보겠습니다. 하갈이 사래를 '멸시'하는 것은 무슨 죄에 해당합니까? 자기의 신분을 모르는 겁니다. 자기 처지와 자기가 설 자리와 앉을 자리를 모릅니다.

쉽게 말해 자기의 깜냥을 모르고, 자기가 누구인지 모릅니다. 자기의 신분을 잊어버렸습니다. 자기 주인인 사람, 아브람이 자기 주인이 아니고 사래가 자기 주인입니다. 그런 자기 주인에게 하극상, 즉 '멸시'를 했습니다.

이렇게 멸시를 하면 심은 대로 거두게 되는데, 하갈이 반드시 멸시를 받게 됩니다. 멸시를 받는데 죄가 곱하기가 되어서 멸시를 받다가 학대를 받습니다. 성경을 자세히 보면 정말 재미있습니다. 오늘 16~17장이 너무 재미가 있어서 한 시간 내내 메모를 해놨습니다. 너무 재미있어서 제 책에 잔잔한 글씨로 빽빽하게 써 놓았습니다.

하갈이 자기 신분을 이탈했으니, 지금은 임신을 해서 신분이 상승된 상태이지만 이 신분상승이 떨어집니다. 신분상승이 떨어질 때 바로 졸부들이 이런 모습입니다. 돈만 있다고 신분 상승이 되는 건 아니잖아요. 교양도 있어야 하고, 인격도 있어야 하고, 매너도 있어야 합니다. 돈만 많다고 자기가 남을 지배할 수 있는 사람이라고 생각하면 모두가 꼴 보기 싫어하는 사람이 됩니다.

그래서 신분이 하락이 됐는데, 여기서도 하나님은 사랑이 너무 많으셔요. 사래가 아브람에게 '내가 너에게 준 여자 하갈이 나를 멸시한단 말이야'하고 고자질을 했어요. 아무리 임신을 해도 실질적으로 사래의 몸종 인데 사래 맘대로 할 수 있습니다. 그러니까 아브람이 '네 것이니까 네 맘대로 해라'고 하니까 이번에는 사래가 뭘 했지요?

사래가 하갈을 '학대'했습니다. 학대가 너무 심하니까, 멸시보다는 학대가 더 크잖아요, 그러니까 하갈이 그것을 못 견딥니다. 못 견뎌서 도망을 나옵니다. 하갈을 아브람이 취하는 것은 믿음이 아닙니다. 말씀대로가 아닙니다. 말씀이 아니고 믿음이 아니기 때문에 문제가 생깁니다. 우리의 삶에도 말씀이 아니고 믿음이 아니면 우선은 잘 되는 것 같고, 일부는 잘 되는 것 같은데 끝에 가서는 결국 안 됩니다.

지금 뭔가가 안 되는 것 같아도, 욕먹고 더 낮아지는 것 같아도 절대적으로 말씀대로여야 합니다. 믿음이어야 합니다. 그렇게 하려면 말씀을 많이 알아야 합니다. 아브람이 하나님의 뜻을 잘 몰랐겠습니까? 잠깐 홀렸겠지요. 마귀에게 홀린 거예요. 그래서 마귀에게 홀리지 않으려면 기도하고 깨어있지 않으면 넘어 갑니다. 깨어 있어야 합니다.

그리고 내가 혹시나 잘못된 예배를 드렸으면 빨리 회개하면 됩니다. 회개를 급하게 하지 못한 거예요. 그러니까 그 다음에 하갈이 도망을 갔습니다. 여기서부터 하나님의 사랑이 나타납니다. 도망가고 있는 하갈에게 하나님이 먼저 나타나셨어요. **"사래의 여종 하갈아, 네가 어디서 왔으며 어디로 가느냐"**하고 물으셨어요. 8절은 하나님의 사랑입니다. 여기서 하갈이 학대를 당한 것은 신분의 이탈 때문이잖아요. 신분을 이탈한 것을 깨닫게 하는 겁니다.

내가 무엇을 잘못 했는가 깨달을 수 있는 기회를 줍니다. 이 기회를 놓치면 그 다음에 자꾸 기회가 멀어져서 진짜 적중한 회개를 찾기가 어려워집니다. 적중한 회개를 할 수 있는 기회를 주십니다. 누가 옆에서 한 마디 할 때, '아이고, 절대 그런 소리하지 마라' 이런 소리 하면 안 됩니다. 그것이 기회입니다. 그것을 놓치면 나중에 적중한 회개를 찾는 데 너무 고생합니다. 잘 찾기 어렵습니다. 적중한 회개는 하기가 어렵습니다.

그런데 하나님은 죄인도 사랑하십니다. 죄인들이 다 돌아와서 회개하기를 원하시잖아요. 그래서 하나님이 하갈에게 기회를 준 겁니다. '너는 어디서 와서 어디로 가느냐?'고, '너는 누구냐?'고 묻는 거예요. 그러니까 하갈이 무엇이라고 했습니까? 8절에 **"내 여주인 사래를 피하여 도망하나이다"**라고 했지요. **'내 여주인'**이라고 지칭을 합니다. 이것은 내 죄를 시인하는 겁니다. 내 신분을 마음으로 순간적으로 찾았습니다. 여러분도 신분을 알고 있어야 하극상을 안 저지릅니다. 신분을 이탈하면 삐걱거리고 문제가 생깁니다.

하갈이 이것은 참 잘 한 거예요. 그랬더니 무엇이라고 했습니까? 9절에 하나님께서 **"네 여주인에게 돌아가서 그 수하에 복종하라"**고 했습니다. 성경 구구절절이 너무 재미있습니다. 처음부터 그랬으면 괜찮았을 텐데요. 될 깜냥이 안 되는 자에게 축복을 주는 것은 저주입니다. 깜냥이 안 되는 자가 높여지는 것은 저주입니다.

그래서 하나님은 사랑하는 자에게 그런 일은 하게 하지 않습니다. 하나님은 여러분을 사랑하기 때문에 먼저 믿음을 가지게 하시고 축복은 나중에 주십니다. 먼저 예수 믿고 축복 받았다고 뒤집어지는 사람은 나중에 가서 조금 문제가 생깁니다. 지금 축복 못 받고, 명예가 있던 것이 없어지는 것 같아도 괜찮습니다. 그것이 진짜입니다. 우리가 깜냥이 될 수 있도록 만들고 있는 과정이에요. 문제를 일으키는 우리가 여태껏 잘 지내 온 것은 하나님의 은혜로 살았는데, 그 은혜를 인정하지 못한 거지요.

내가 잘나서, 열심히 살아서, 내가 머리가 좋아서, 내 손에 능력이 좋아서 돈 벌었다고 알고 있을 때, 은혜 받으면 그것을 뒤엎기 시작합니다. 그것을 뒤엎이지 않으려면 전적으로 주님이 하셨다고 인정하면 돼요. '아, 주님이 내게 재능도 주셨고, 주님이 나에게 돈도 벌게 하셨고, 주님이 나에게 명예도 얻게 하셨구나. 그것 참 맞습니다' 이렇게 고백하면 괜찮습니다.

주님께서는 내 깜냥과 내 신분을 알게 되기를 원하십니다. 내 신분대로 살기를 바라십니다. 나는 하나님의 종입니다. 내 것은 하나님이 주신 것이고, 전적으로 내 것이 아니라 전부 주님의 것이라고 인정할 수 있어야 합니다. 그래서 하갈에게 네 여주인 수하에 가서 복종하라고 했잖아요.

하나님은 사랑이 얼마나 많으신지 지금 하갈이 잘 한 것이 하나도 없거든요. 다만 자기 신분을 '맞아요, 내가 종입니다' 고백한 것 밖에 없습니다. 그런데 보십시오. 10절에 **"네 씨를 크게 번성하여 그 수가 많아 셀 수 없게 하리라"**고 축복해 주셨습니다. 하나님 참 멋지잖아요. 그런데 여기에서 바로 알아야 합니다. 여기서 죄는 배속에 있는 아기가 지은 것이 아니라 하갈이 지었습니다.

한 번은 도망 나오고, 한 번은 쫓겨났는데 처음에 도망 나올 때는 이스마엘이 뱃속에 있을 때고요. 두 번째 나갈 때는 이스마엘이 출생했을 때의 차이를 아셔야 합니다. 지금 이스마엘이 배속에 있는 상태에서 도망 나왔잖아요. 그러니까 아기가 무슨 잘못이 있습니까? 잘못이 없거든요. 잘못은 하갈이 하극상을 저지르고 자기 신분을 이탈한 것이 죄입니다. 질서를 어그러뜨리는 것은 죄입니다.

옛날에 버스 정류장에 보면 '질서는 아름다운 것, 질서는 편한 것'이라고 써 놓았어요. 질서는 사실 편한 거예요. 질서가 없으면 서로 눈치보고, 내가 일등하려고 술수를 쓰고, 신경 쓰고 고달프잖아요. 서로가 안 편해요. 질서 있게 줄을 서 있으면 남 보기에도 좋아요. 쉽게 말해서 우리가 성경적으로도 질서가 필요해요. 성경의 질서, 삶의 질서가 필요한 거예요. 그러면 시끄럽지 않아요. 질서가 어그러지면 시끄러워지기 시작합니다. 네가 옳으니 내가 옳으니, 내가 먼저 가고, 네가 나중 가고 그러면 시끄러워져요.

하갈이 자기의 신분을 찾고 죄를 돌이키는 생각을 가졌지요. 그런데 이스마엘은 무슨 죄가 있습니까? 그러니까 이스마엘의 씨는 놀랍게 번성하게 한다고 했습니다. 6절에 하갈이 사래의 학대를 못 이겨서 도망 나왔잖아요. 우리는 내가 학대를 받을 때 죄를 찾아야 합니다. 내가 무슨 죄 때문에 이런 대접을 받는지 그것을 회개해야 합니다. 도망가면 안 됩니다. 도망가지 말고 욕먹고 꾸중 듣는 그 자리에 있으면서, 무슨 일 때문에 이런 일을 당하는가 찾아서 회개하면 다시 회복이 됩니다.

그런데 지금 하갈은 자기 자리를 이탈했습니다. 그래서 문제가 심각해지는 거예요. 일단은 행위를 고치고 돌아갑니다. 9~10절에서 **"여호와의 사자가 그에게 이르되 네 여주인에게로 돌아가서 그 수하에 복종하라 여호와의 사자가 또 그에게 이르되 내가 네 씨를 크게 번성하여 그 수가 많아 셀 수 없게 하리라"**하고 아기를 순적이 잘 낳고, 아기를 살릴 수 있는 방법과 문제 해결점을 알려 주셨습니다. 자기 신분과 깜냥을 인정만 해도 문제 해결책을 알려 주시고, 자녀에게 복을 덤으로 주시는 것을 알 수 있습니다.

제가 보기에는 11~14절을 보면 하갈이 조금 오해를 합니다. 11절에 보면 **"여호와의 사자가 또 그에게 이르되 네가 임신하였은즉 아들을 낳으리니 그 이름을 이스마엘이라 하라 이는 여호와께서 네 고통을 들으셨음이니라"**하고 '네 고통을 들으셨고 아들을 낳는다'고 했잖아요. 하나님은 죄를 지어서 고통을 받아도 그 고통을 보고 계십니다. 내 죗값의 고통을 받아도 그 고통을 들으십니다.

그래서 나중에 하갈이 '하나님은 감찰하는 여호와'라고 합니다. 죄를 지은 사람도 감찰해 주시고, 정말 힘들 때 도와주십니다. 죄를 지어서 고통 받을 때 찾아오셔서 그 죄지은 자리에서 회복하고 벗어날 수 있는 방법을 알려주시며 도와주십니다. 그것이 도움입니다. 도움이라는 것이 먼저 복 주는 것이 도움이 아니고, 죄를 돌이킬 수 있는 방법을 알려주는 것이 도움이라는 것을 알 수 있습니다.

11절에 보면 아이의 이름도 '이스마엘'이라고 알려주셨고, 12절에 아이가 앞으로 어떤 삶을 살 것인지 이야기하면서 그가 강대국으로 산다는 것도 말씀해 주십니다. 그러니까 하갈이 너무 황공해서 13절에 여호와는 **'나를 살피시는 하나님'**라고 합니다. 개역한글에는 '감찰하시는 하나님'이었는데 개역개정에는 '살피시는 하나님'이라고 되어있네요. '감찰하시는 여호와', '나를 살피시는 여호와' 이 뜻은 뭡니까? 하나님은 '나를 사랑하신다, 이런 나에게 복주셨다' 이런 뜻이잖아요.

그런데 이것이 복이 아닙니다. 뭔가 하나 빠진 것이 있어요. 뭐가 빠졌지요? 하갈이 회개를 안 했습니다. 내 신분이 틀린 것을 인정해서

'내 신분은 사래의 종입니다' 이렇게 고백은 했지만 사래를 멸시한 것을 회개하지 않았습니다. 선은 선이고, 악은 악입니다. 선에 대한 결과가 있고, 악에 대한 결과도 있어서, 선과 악이 섞이면 선의 결과, 악의 결과 이 두 가지가 다 있습니다.

하갈이 하나님께서 물으셨을 때 자기 신분을 인정한 것은 잘 했기 때문에 돌아가서 아기를 낳고 그 아기가 큰 나라를 만듭니다. 힘 있는 아들이 힘 있는 장군처럼 사는 겁니다. 아기는 잘못을 안 했잖아요. 자기 신분을 인정했기 때문에 그렇게 되었지만 이스마엘을 보면 나중에 문제가 되잖아요. 지금 돌아가지만 아기를 낳고도 사래의 종 밖에 안 됩니다. 회개했으면 아마도 신분상승이 되었겠지요? 하갈이 만약에 회개를 했다면, 사래에게 가서 잘못 했다고 빌고, 아브람에게 빌고, 하나님께 회개하고 빌었으면 하갈이 종의 자리에 안 머물렀을 것 같아요.

종의 지위에서 달라졌다는 표시가 없거든요. 저 뒤에 18장에 가면 이 문제가 다시 거론 됩니다. 아브람이 86세에서 99세로 가면 차이가 13년이에요. 99세 때 하나님이 나타나십니다. 이 13년을 아브람의 암흑기라고 합니다. 하나님이 13년 동안 안 나타나신 거예요. 왜요? 죄 값을 치루는 거예요. 죄를 용서는 받는데 형벌도 받는다고 했잖아요.

여러분, 신현현(神顯現)의 시대에 아브람에게 하나님이 13년 동안이나 안 나타나셨으면 얼마나 답답했겠습니까? 아브람은 이스마엘 때문에 즐겁게 산다고 생각했을 지도 모르지만 이것은 고통의 세월이었습니다. 13년은 고통의 세월이었습니다.

16장에서 17장으로 가는데 13년이 걸렸습니다. 99세 때 하나님께서 드디어 다시 나타나셨습니다. 아마도 복역의 기간을 13년으로 정하신 모양이지요. 쉽게 말하면 우리 나이는 70, 80이잖아요. 그 때 나이는 100수, 120수잖아요. 강건하면 그 때는 120수입니다. 여기에 비례해 보면, 70, 80에 죄를 지으면 7년이 복역의 기간이라고 생각하면 됩니다. 더하기, 빼기는 있습니다만 7년 정도 복역의 기간이라 생각하면 됩니다.

그런데 13년이 흘렀어요. 비례적으로는 거의 비슷한 것 같아요. 여기서부터 재미있는 현상이 일어나는데, 17장 1절은 제가 자주 인용하는 구절입니다. **"나는 전능한 하나님이라 너는 내 앞에서 행하여 완전하라"**고 했잖아요. 하나님께서 '나는 전능한 하나님이다. 너는 완전해라'는 말을 왜 하셨는지 가만히 생각해 보면, 아브람이 완전하지 못했기 때문에 한 말입니다. 완전했으면 이 말을 안 합니다. 그러니까 하갈을 취해서 완전하지 못하게 13년 동안 고생해서 이때까지 살았으니까, 이제 나타나셔서 완전하지 못한 것을 회복하고자 한다는 뜻입니다.

전능한 하나님은 다 알고 계셨고 고생하는 것을 보고 있었습니다. '네가 잘못한 것 다 보고 있었고, 고생을 돌이킬 수 있는 능력도 내게 있다. 그러니까 이제는 바로 행해라' 이런 여러 가지 뜻이 포함되어 있습니다. 행동 잘 하고, 말 잘 듣는 사람보고 '너 말 좀 잘 들어라, 그러면 상 줄게' 이러는 사람 없잖아요. 말 안 듣는 사람보고 '너 말 좀 들어라, 말 좀 들어'라고 하잖아요. 그러니까 아마도 아브람이 완전하지 못했던 것은 하갈 때문에 흠이 생긴 거예요.

75세 때 갈대아 우르를 떠나서 사는 동안 흠집이 하나 생긴 거예요. 그래서 너는 내 앞에 완전하게 행하라고 했습니다. 이 말은 내포적으로 하갈 이야기를 하고 계시는 겁니다. 그러면서 하나님이 찾아와 주시는 것은 사랑이고 위로입니다. 기도해서 나타나 주시는 것은 우리가 행함으로 나타나 주시는 것이고, 선을 행했을 때 나타나시는 것은 복 주시려고 나타나시는 하나님입니다. 죄를 지어서 나타나시는 것은 벌주려고 나타나시는 거예요. 그렇지 않고 너무 슬프고 곤고하고, 너무 괴로울 때는 '위로의 하나님'이 나타나 주십니다.

그래서 아브람이 13년 동안 곤고했기 때문에 위로하려고 나타나셨어요. 위로하려고 나타났는데, 아브람이 창세기 14장에서 소돔과 고모라와의 전쟁을 이기고 노획물을 가지고 왔을 때, 자기는 이익을 취하지 않았습니다. 그래서 15장에 하나님께서 '내가 너의 상급'이라고 하니까 '내게 무엇을 주시려 하나이까' 하면서 자기는 자녀가 없다고 했잖아요. 그런데 그것이 다시 언급이 됩니다.

2절에 봅시다. **"내가 내 언약을 나와 너 사이에 두어 너를 크게 번성하게 하리라 하시니"** 하셨습니다. 이때는 아마 아브람이 몸을 조아렸을 것 같아요. 한 번 실패하고 너무 고생을 했잖아요. 하갈 내쫓아야 되고, 이스마엘 내쫓아야 되고, 두 여자가 싸우고, 그 사이에서 힘들었을 거예요. 그러니까 다시 겁이 나는 거예요. 이스마엘 때문에 혹독한 일을 겪었고 13년 동안 너무나 답답한 신앙생활을 했기 때문에 힘이 들었을 거예요.

그래서 하나님께서 너를 크게 번성하게 하리라고 했더니 3절에 '엎드렸습니다.' 하나님은 우리가 눈곱만큼만 겸손해도 복 주시고, 말씀을 듣고 '예' 믿어도 복 주시고, 그 말씀 듣고 엎드려도 복 주시고, 이렇게 복 주시고 싶어서 몸살 나신 하나님인데, 우리가 복 못 받는 것도 기적입니다. 지금 가는 과정에 있어서 그렇지 정말 예수 잘 믿고, 20년, 30년 동안 복 못 받는 것도 기적입니다. 예수 제대로 잘 믿으면 복 받게 되어있습니다.

그래서 아브람이 엎드려서 말했더니 그것이 하나님이 보시기에 좋았어요. 겸손히 엎드렸잖아요. 엎드리니까 **"너는 여러 민족의 아버지가 될지라"**하고 난리가 났습니다. 엎드리는 것이 겸손이잖아요. 조금만 겸손해 져도 하나님은 겸손한 자의 기도를 들으시지요. 전체를 알고 성경을 보면 정말 재미있습니다.

17장 4~5절에 **"보라 내 언약이 너와 함께 있으니 너는 여러 민족의 아버지가 될지라 이제 후로는 네 이름을 아브람이라 하지 아니하고 아브라함이라 하리니 이는 내가 너를 여러 민족의 아버지가 되게 함이니라"**하고 여러 민족의 아버지가 되게 해 주시고 아브라함이라고 개명해 주시는 두 가지 복을 주셨습니다. 자녀의 복과 개명의 복. 아브라함이 75세 때 나와서 99세가 되었습니다. 몇 년이 지났지요? 24년 만에 개명을 했습니다.

6절에 보면 하나님이 '아브람'을 '아브라함'으로 개명 하시고 여러 민족의 아버지가 되게 해 주시고, 심히 번성케 해 주십니다. 이름을 바꿀 믿음의 자세가 됐겠지요. 왕들과 민족들이 네게서 나온다고 했습니다. 겸손만 해도 이 복을 줍니다. 겸손히 엎드려서 낮은 자리에 처해도 이 복을 줘요. 겸손의 반대는 높임이잖아요. 겸손하면 반드시 높여 지지요. 번성하고 이름이 나지요. 그래서 심은 대로 '눈은 눈, 이는 이'의 축복이 있고, 죄를 행한 대로 '눈은 눈, 이는 이'의 저주가 있습니다.

7절에 보면 **"나와 너 및 네 대대 후손 사이에"** 하나님이 약속해 주십니다. 지금 거류하는 이 땅을 너에게 준다고 이야기 하셨습니다. 9~10절에 보면 너와 네 후손에게 언약을 하는데 모든 사람에게 할례를 행할 것이라 했습니다. 이스마엘이 13살입니다. 이때에 주님이 다시 나타나셔서 재정비를 하시는 거예요.

할례는 이스마엘과 하갈 때문에 생긴 것 같아요. 이삭을 낳기 전에 아브라함이 할례하지 않고 이삭을 낳으면, 이삭도 종이 됩니다. 아브라함이 하갈을 취했기 때문에 아브라함의 영적 신분이 종이 되잖아요. 그 종인 아버지가 아무리 사래를 취해도 이삭도 또 종이 됩니다. 신분이 낮아져요. 아브라함은 종 같은 신분으로 13년 동안 산거예요. 하갈만 신분이 올라갔다가 내려온 것이 아니고 아브라함도 신분이 떨어진 거예요. 그 종의 신분을 다시 제자리로 올려놔야 하는 거예요.

올려놓기 위해서는 할례가 필요합니다. 왜요? '눈은 눈, 이는 이'니까요. 아브라함이 하갈을 취했고 아기가 생겨서 문제가 생겼으니까, 눈은 눈, 이는 이로써 할례는 국부에 해야 하는 거지요. 그래야 깨끗하게 되잖아요. 영적인 종의 신분이 깨끗하게 되는 거예요.

그렇게 해야 그 다음 이삭이 정상적으로 신분 상승이 되는 거예요. 그래서 99세 때 할례를 하고 100세 때 이삭을 낳습니다. 우리에게 할례의 의미는 회개입니다. 너희는 몸에 할례하지 말고 마음에 하라고 했잖아요. 회개입니다. 지금의 할례는 회개라고 보면 됩니다. 마음을 찢고 하는 회개, 즉 통회가 할례입니다. 그래서 죄에서 용서 받고 깨끗하고 거룩한 성민이 되는 겁니다.

할례를 통해 죄를 지어서 하락된 죄인의 자리에서 올라가는 거예요. 이것을 13년 만에 회복시켜 줍니다. 아브라함이 13년 동안 종 같은 신분, 즉 하나님 보시기에 종입니다. 하갈을 취했으니까요. 종의 신분에서 다시 한 번 주인의 위치로 올라가는 것이 할례입니다. 그래서 모든 남자는 다 할례를 하라고 했습니다.

그리고 13절에 **"내 언약이 너희 살에 있어"**라고 했습니다. 쉽게 말해 아브라함이 하갈과 살을 섞었으니까 살에 있는 거예요. 그 살에 하나님의 거룩함을 입지 않으면 신분 상승이 될 수 없는 거예요. 그래서 도둑질 한 것은 도둑질 한 것을 회개해야 하고, 몸으로 지은 죄는 몸으로 회개해야 하고, 말로 지은 죄는 말로 회개해야 되고, 손으로 지은 죄는 손으로 회개하고, 발로 지은 죄는 발로 회개해야 되는 겁니다. 그래야 우리가 성민이 되고 하나님의 아들, 딸의 자리에 다시 올라 갈 수 있는 겁니다.

하나님은 마태복음 3장에 **"내 사랑하는 아들"**이라고 했잖아요. 아들의 신분에서 떨어지는 거예요. 하나님 아들의 신분에서 마귀, 종의 신분으로 떨어지는 것을, 회개함으로 하나님 아들의 자리로 다시 상승시켜야 합니다. 그래서 신약에 이 이야기가 자주 나오잖아요. 죄의 종에서 하나님의 종이 되라고요. 하나님 아들에서 마귀 아들 됐다가, 마귀 아들에서 회개하면서 하나님의 아들의 신분으로 다시 올라가야 합니다.

18장에 천사들이 왔을 때 8절에 **"아브라함이 엉긴 젖과 우유와 하**

인이 요리한 송아지를 가져다가 그들 앞에 차려 놓고 나무 아래에 모셔 서매 그들이 먹으니라" 아브라함이 급하게 요리를 준비해서 접대를 했습니다. 접대를 했더니 10절에 아들을 준다고 했지요. **"네 아내 사라에게 아들이 있으리라"**고 했잖아요. 그리고 아브라함이 16절에 전송을 해 줬는데 하나님의 천사들이 좀 찔렸어요.

지금 소돔성을 멸망시키러 가는 길목에 아브라함에게 들렀거든요. 그래서 아브라함에게 모르게 하고 갈 수가 있겠느냐 하면서 소돔과 고모라성에 간다고 이야기를 했습니다. 그 전에 19절에 보면 하나님께서 아브라함을 선택한 이유를 설명합니다. 하나님이 여러분을 선택한 이유도 될 겁니다.

19절을 다 같이 읽어 보겠습니다. **"내가 그로 그 자식과 권속에게 명하여 여호와의 도를 지켜 의와 공도를 행하게 하려고 그를 택하였나니 이는 나 여호와가 아브라함에게 대하여 말한 일을 이루려 함이니라"** 하나님이 여러분을 택하시고 성령을 주신 것은 의와 공도를 행하게 하려고 부르셨습니다. 여러분은 지금 열심히 회개하고 준비가 되어서 의를 행하고 공의로운 길을 가는 자가 되어야 해요.

우리를 부르신 목적이 그거예요. 불의를 행하라고 부르신 것이 아닙니다. 그래서 철저한 훈련과 연단 속에서, 불의를 행할 때 마다 두드려 맞고, 행할 때 마다 또 두드려 맞고 해서, 공의를 행하는 자로 지금 만들고 계시는 거예요. 그래서 여러분이 지금 조금만 불의를 행해도 주님이 간섭하시고 금방 복을 안 주시거든 '아, 나를 택하신 것이 맞구나' 생각을 하시면 됩니다. 택하신 것이 맞습니다. 이것을 행하시기 위해서 주님이 우리를 부르셨거든요.

아브라함뿐만 아니라 우리도 마찬가지로 선민(選民)으로 택한 이유는 의와 공도를 행하기 위해서 선택하셨습니다. 이것은 하나님이 아브라함에게 하신 말씀이에요. 여태껏 갈대아우르를 떠나서 아이 때문에 난리법석을 떨고 생고생하다가 이제 아이 하나가 생기려고 하는데, 지금 삶의 목적에 의미가 없잖아요. 그래서 삶의 방향을 제시해 줍니다. 너는 공의를 행하기 위해서 내가 불렀다는 것은 이때까지 하갈 취한 것은 공의가 아니라는 말이잖아요. 그것은 옳은 일이 아니라는 거예요.

그 다음 여러분이 잘 아는 것처럼 50명부터 시작할게요. 50명, 45명, 40명, 30명, 20명, 10명 총 여섯 번 이죠? 제가 늘 일곱 번 했으면 좋을 뻔 했다고 그랬는데요. 18장 27절을 자세히 보시면 **"나는 티끌이나 재와 같사오나"** 했습니다. 아브라함이 여섯 번을 기도한 내용 중에 여기에서 '나를 티끌 같다'고 낮추었습니다. 아브라함이 여섯 번 동안 기도한 내용을 보시면 어떤 스타일입니까?

제가 보기에는 계속 조르고 있습니다. 회개가 없습니다. 다시 말해서 한 번은 자기의 신분을 낮추었습니다. 낮추기는 낮추었지만 회개도 없고 계속 조르기만 합니다. 여섯 번 졸랐으니 기도는 들으셨습니다. 들으셨는데 믿음이 아니고, 말씀이 아닙니다. 말씀의 기도는 온전한 문제가 해결 됩니다. 그냥 기도만 하면 듣기는 들으시는데 근본이 해결이 안 됩니다. 하갈 문제와 똑 같은 겁니다. 근본이 해결이 안돼요. 해결이 안 되니까 구하면 주기는 주시는데 문제가 생기는 거예요.

19장에 보면 천사가 롯에게 갔습니다. 롯에게 갔더니 동네 사람들이 집을 에워싸고 소동을 벌이니까 '내게 남자를 모르는 딸이 둘이 있는데 그 딸들 줄 테니까 이 사람들에게 손대지마라'고 했지요. 그것이 롯의 선하고 의로운 마음입니다. 그런데 선하고 의롭긴 했지만 성경적이 아니었습니다. 남창과 문란한 성적인 사상이 가득한 소돔과 고모라성에 거하면서 롯이 물이 든 거예요. 그러니까 8절에 자기 딸들을 주려고 하잖아요. 선한 뜻은 있었지만 세상적이요, 소돔과 고모라적 이었습니다. 이것이 섞여 있었습니다. 그래서 8절의 결론이 어떻게 나느냐 하면 26절 **"롯의 아내는 뒤를 돌아보았으므로 소금 기둥이 되었더라"**와 36절 **"롯의 두 딸이 아버지로 말미암아 임신하고"**의 결과를 낳습니다.

고모라적인 것은 세상적인 것입니다. 26절에 아내는 물질적이고 세상적이었습니다. 돈이 아까워서 돌아보다가 소금 기둥이 되었습니다. 딸들은 성적으로 세상적이었습니다. 그래서 아버지와 동침해서 모압과 암몬을 낳게 됩니다. 결국은 아버지가 자기의 두 딸을 준다고 했잖아요. 온 동네 잡배들에게 준다고 했으니까 거기는 안 줬는데 대신에 딸들이 자기에게 준바 되었어요. 그렇잖아요. 무서운 이야기예요. 자기는 술 취해서 자서 몰랐는데 그렇게 되었어요.

그리고 천사들이 롯이 잘 했기 때문에 너에게 속한 사람들을 다 데리고 오라고 했습니다. 동네 밖에 있거나 안에 있거나 너희 가족이거나 가족이 아닌 사람도 좋으니까 네게 속한 사람들을 다 성 밖으로 이끌어 내라고 합니다. 우리는 예수님께 속하면 됩니다. 예를 들면 내 딸, 내 아들이 아니어도 괜찮아요. 은혜 안에 속하면 됩니다. 그러면 다 같이 구원 받아요. 19장 12절에 **"네 사위나 자녀나 성 중에 네게**

속한 자들을 다 성 밖으로 이끌어 내라"고 했습니다.

천사 두 명은 나가면 사람들이 겁탈하려고 했는데 롯은 괜찮았던지 동네를 나가서 성 밖에 있는 예비 사위 두 명에게 가서 이야기를 하니까 농담으로 여기고 안 믿었어요. 그러니까 아무리 도와주려고 해도 믿지 않으면 도움을 못 받습니다. 안 믿으면 좋은 것을 선택하지 못한다고 했지요. 믿어야 좋은 것을 선택합니다. 아마 이 사위들도 뭔가가 있었기 때문에 좋은 길을 알려줘도 선택을 못하고 결국 소돔과 고모라 성에서 같이 죽습니다.

9절에 보면 **"그들이 이르되 너는 물러나라 또 이르되 이 자가 들어와서 거류하면서 우리의 '법관'이 되려 하는도다 이제 우리가 그들보다 너를 더 해하리라 하고 롯을 밀치며 가까이 가서 그 문을 부수려고 하는지라"** 사람들은 법관이 되는 것을 좋아 합니다. 법관이 뭔지 압니까? 하나님의 자리에 오르는 겁니다. 심판하고, 재판하고, 판단하고, 정죄하고, 벌주고 하는 것이 법관의 자리입니다. 그래서 사람들은 모두 다 법관이 되는 것을 좋아해요.

그런데 '나' 말고 '네'가 법관이 되는 것을 싫어합니다. 그래서 모세가 법관과 재판관이 되는 것을 이스라엘 백성들이 싫어했고, 소돔과 고모라성은 롯이 법관 되는 것을 싫어했습니다. 하나님처럼 되는 것을 인간이 좋아했기 때문에 그렇게 싫어했습니다.

롯이 성경적은 아니지만 선한 마음이 있었기 때문에 자기와 딸들은 일단 살았어요. 그런데 비참한 삶이 되었지요. 여러분의 선행이 그냥 선행이 아니라 믿음과 접목되는 선행을 하기 위해서는 믿음부터 먼저 갖추어야 해요. 믿음을 얻는 것부터 우선이 되어야 해요. 그러면 나중에 선행이 여러분에게 복이 됩니다. 여러분 선행이 복음 전파가 되고, 여러분 선행이 사람을 살리는 일이 됩니다. 그렇게 되어야 합니다.

조금 전에 이야기 했지만 아무리 선해도 근본 해결이 안됐지요. 근본을 못 살려냈잖아요. 그 내용을 보면 하나님이 아브라함을 생각하사 롯을 건졌다고 했거든요. 29절에 **"하나님이 그 지역의 성을 멸하실 때 곧 롯이 거주하는 성을 엎으실 때에 하나님이 아브라함을 생각하사 롯을 그 엎으시는 중에서 내보내셨더라"** 롯이 아무리 선행을 행했어도 자기를 구원할 수는 없습니다. 그렇지요? 왜냐하면 믿음이 아니기 때문에요. 그런데 롯은 아브라함을 따라다닐 때 믿음의 영향력을 받았고, 믿음의 사람이고 믿음의 후손이었어요. 그런데 떨어져서 소돔과 고모라성에 살면서 퇴색되어 버렸습니다. 힘이 약해졌습니다. 그래서 선행하고 착한 것은 할 수 있었지만 믿음대로 말씀대로는 못 했습니다.

믿지 않는 착한 사람을 보고, 믿음의 사람을 보면 차이가 있어요. 착하고 선하기는 한데 비신앙적이에요. 믿는 사람보다 더 착하고 보드라운 것이 있어요. 믿는 사람들이 부드러운 면이 없고 좀 뻣뻣한 경우가 있거든요. 그런데 부드러워도 비성경적이기 때문에 하나님의 도움이 없을뿐더러 하나님의 역사가 없어요. 아무리 뻣뻣해도 믿음적이어야 해요. 물론 뻣뻣하면 안 됩니다.

저도 지금 뻣뻣한 것은 있지만 많이 부드러워 졌습니다. 옛날에는 제가 정말 뻣뻣했습니다. 35년 전에 사진을 보더니 모두가 이구동성으로 '와, 정말 도도하게 보이네요' 하더라고요. 옛날에는 제가 뻣뻣하고 도도했습니다. '군계일학'처럼 여러 사람이 앉아 있을 때 혼자 잘난 척하고 앉아 있었어요. 그래서 제가 사진을 보면서 속으로 '자기 혼자 군계일학이네'라고 생각했습니다.

자기가 아니라 남이 보기에 그래야 합니다. 자기 혼자 '군계일학'이라고 해봐야 소용없습니다. 남들 보기에 여러분이 어디가도 돋보이는 자가 되어야 해요. 우리는 그래야 해요. 왜요? 우리는 의를 행하고 공도를 행해서 그렇게 되어야 합니다. 11절에 보면 **"문 밖의 무리를 대소를 막론하고 그 눈을 어둡게 하니 그들이 문을 찾느라고 헤매었더라"**고 했습니다. 죄는 눈을 어둡게 해서 문을 못 찾게 합니다.

여러분은 하나님 앞에서 뽑히고 뽑힌 사람입니다. 그렇기 때문에 앞으로는 하갈처럼 롯처럼 믿으면서 실수하지 않기를 바랍니다. 앞으로는 말씀을 행하고 믿음으로 행해야 합니다. 아무리 선해도 그 선한 것으로는 근본 문제를 해결할 수가 없습니다. '선'이 아니고 '믿음'입니다. 성령의 감화 감동과 인도하심과 말씀입니다. 그것만이 근본을 해결할 수 있습니다. 그래서 우리가 복 받는 장소에 있으면서 복을 잃지 않는 우리 모두가 되시기를 바랍니다.

기도하겠습니다.

영광과 존귀와 찬양을 받으시기에 합당하신 내 아버지 하나님, 진실로 고맙고 감사합니다.

우리가 무엇이관대 이처럼 사랑해 주셔서 의를 행하게 하시려고 우리를 선택하셨다, 택하셨다 하십니까?

우리를 부르신 목적은 우리들을 살리시려고, 아버지 하나님의 거룩한 모습을 이루시려고 부르셨습니다.

지난날에는 우리가 거룩하게 행하지 못했고, 완전하게 행하지 못했지만, 이제 주님 앞에 선 우리들에게 하나님께서는 '나는 전능한 하나님이다. 너는 내 앞에서 완전하게 행하라'하셨습니다.

지난날에는 완전하게 행하지 못했지만, 이제는 믿음 안에서 점점 완전하게 행할 수 있는 우리들이 될 수 있도록 아버지께서 도와주실 것을 믿사옵고, 예수님의 이름으로 감사하고 기도드리옵나이다.

아멘.

창세기 여섯째

앞에서 조금 설명이 부족했던 부분을 잠깐 언급하고 넘어 가겠습니다. 소돔과 고모라성 이야기를 여러분에게 했는데 19장 29절을 보겠습니다. **"하나님이 그 지역의 성을 멸하실 때 곧 롯이 거주하는 성을 엎으실 때에 하나님이 아브라함을 생각하사 롯을 그 엎으시는 중에서 내보내셨더라"**고 했습니다.

하나님께서 아브라함의 기도를 들으셔서 롯을 건졌다는 이야기를 했는데 이 기도는 중보기도라고 생각하면 됩니다. 중보기도의 능력이 어느 정도인가 하면 죽을 사람도 살립니다. 우리들이 철야에서 하는 중보기도가 왜 자꾸 죽을 사람도 살리는가 했더니 그것이 성경적이라는 생각이 듭니다.

저승사자가 데려갈 사람이 왜 안 죽는가 생각하다가 시편 91:16절이나 열왕기상 3:11절에 보면 '네가 장수함으로 너의 해를 누리게 하리라'는 성경 구절을 보면서 '아, 장수하는 은혜를 주시는 구나' 이렇게 생각을 했습니다.

그런데 오늘 여기에 보면 소돔과 고모라 성을 유황불로 멸망시키니까 그냥 다 죽어요. 전부다 다 죽는데 롯을 살리는 이유는 아브라함의 기도 때문이에요. 이것을 가지고 중보기도라고 합니다. 중보기도는 죽을 사람도 살립니다. 그동안 제가 성경을 많이 보면서도 궁금했거든요. 그런데 오늘 여기에 보니 아브라함의 중보기도 때문이에요. 그런데 아브라함도 지금 부족하잖아요. 소돔과 고모라 성을 위해 회개하는 것도 아니고 그냥 떼쓰고 도와달라고 했는데도 불구하고 롯을 건져주셨지요. 본인도 믿음이 없고 회개하지 않았기 때문에 이후에 삶에 문제가 있었지만, 그래도 롯이 살 수 있었던 것은 중보기도 때문이에요. 그래서 중보기도가 굉장히 중요하다는 얘기예요.

우리가 중보기도하다 경험한 것처럼 '우리 기도 때문에 살았다'라고 말을 성경에서 뒷받침한다는 것을 오늘 설명하는 거예요. 아브라함의 기도 때문에 믿음이 없는 롯이 살았습니다. 롯은 선은 있고 믿음의 풍월은 읊었지만 믿음의 실행은 없었고, 믿음이 있어도 그것은 고모라적이고 세상적인 믿음이었습니다.

그런데도 불구하고 성경에 19장 29절에 딱 못 박아 놓은 것은 롯이 천사를 대접해서 그렇게 됐다고 우리가 착각할까봐서입니다. 롯이 선행을 했는데 자세히 내용을 보면 세상적인 선행이잖아요. 세상적인 선행이지만 그런 선행이라도 있었기 때문에 아브라함이 기도할 수 있었겠지요.

그런데 하나님이 19장 29절에 아브라함의 기도 때문이라고 확실히 못 박고 있는 것을 볼 때 롯은 믿음이 없었다고 보면 됩니다. 소돔과 고모라 성을 선택할 때부터 안목의 정욕을 따라 간 것도 문제지만, 5년 동안 살면서 물들었어요. 5년 동안 소돔성의 사상이 물들었다는 이야기지요. 안 그래도 믿음이 적은데 물들 수밖에 없는 상태잖아요.

예배실에 내려오기 전에 작년에도 창세기를 설교했고, 여러분들 중에는 10년도 듣고, 8년도 듣고, 7년도 듣고, 5년도 들었는데, 어떻게 설교하는 저도 은혜를 받고, 날마다 새로운 것을 설교할 수 있을까 생각해 보았습니다. 목사님들은 성경의 역사와 신학적인 것을 많이 연구해서 설교를 하니까 그것이 은혜스럽고, 저는 역사적인 것보다도 제가 은혜 받은 것, 실제로 성령 받고 '그런 삶을 사니까 그런 마음이 되더라, 이렇게 하면 이렇게 되더라' 하는 경험들이 성경에서 보이기 때문에 은혜로운 것 같아요. 다시 말하면 제가 아브라함, 롯, 하갈 이야기를 하는 것은 여러분의 죄를 찾으라고, 이 일 때문에 이것이 왔다고 그렇게 소개하는 겁니다.

설교를 들으면서 '아, 그렇구나' 하고 끝나지 말고 우리도 그런 부분을 찾아서 회개의 방법들을 찾도록 지금 소개하는 겁니다. 쉽게 말하면 결과를 붙들고 원인이 되는 죄를 찾는 거예요. 제가 늘 '원인과 결과' 이야기를 자주하잖아요. '지금 벌 받고 있다, 형편이 어렵다' 이것은 결과거든요. 이 결과를 보고 '무슨 죄 때문에 왔는가' 죄의 원인을 찾는 설교를 계속 하고 있는 겁니다. 그래서 설교가 재미있기도 하지만 '여러분을 거울에 비추어 보는 그런 설교를 했으면 좋겠다, 여러분들도 그렇게 들었으면 좋겠다'는 생각을 잠깐하고 내려왔습니다.

20장 2절에 **"그의 아내 사라를 자기 누이라 하였으므로 그랄 왕 아비멜렉이 사람을 보내어 사라를 데려갔더니"** 보면 그랄 왕 아비멜렉 사건이 나옵니다. 19장은 소돔과 고모라성 몰락 사건이었잖아요. 18장에서 아브라함이 천사를 대접하고, 네 몸에서 아들을 낳는다는 응답을 받았고, 소돔과 고모라 성을 위해 중보 기도를 하고, 19장은 소돔과 고모라 성이 멸망하고 그 다음이 20장이예요.

제가 무엇을 느꼈느냐 하면 창세기 12장부터 '네 민족이 번성하리라'는 응답을 한 번 받은 것이 아니고, 받고 또 받았는데 어디까지 가야지 아들을 낳는지 알았습니다. 물론 이삭을 낳기 까지는 몸에 할례를 해서 성결케 하고, 지은 죄를 씻고 아들을 가졌지만 그것을 합격해 가는 과정이 한 번이 아니고 여러 번 이더라고요.

20장부터 아들에 대한 구체적인 이야기가 나오고 있는 것을 알 수 있습니다. 그랄 왕 아비멜렉이 사라를 취하려고 하다가 3절에 하나님이 **"현몽"**했다고 했습니다. 꿈에 나타나서 '너는 왜 남의 아내를 취하느냐' 하면서 꾸중을 했더니, 4절에 아비멜렉도 **"주여, 주께서"**라고 했습니다.

이 사람도 이방인인데 왜 '주께서'라고 했나 생각하니 꿈속의 신이니까, 그 사람들은 모든 신을 다 '주여'라고 하잖아요. 신이 하나가 아니에요. 우리는 유일신을 섬기는데, 그 사람들은 신이 많아요. 아덴도 그랬잖아요. 바울이 아덴에 갔더니 신이 많아서 '알지 못하는 신'께 라고 했어요. 이 사람들은 능력이 있으면 모든 잡신을 다 '주여'라고 하잖아요.

아비멜렉은 하나님이 죄를 지으면 멸한다는 것을 알았습니다. 그래서 아비멜렉이 **"의로운 백성도 멸하시나이까, 나는 온전한 마음과 깨끗한 손으로 이렇게 하였나이다"** 고 했습니다. 20장 2절에 보면 **"그랄 왕 아비멜렉이 사람을 보내어 사라를 데려갔더니"**라고 되어 있습니다. 여기서 제가 느끼는 것은 남의 아내든지 동생이든지 부인을 삼으려고 하면 혼사가 오고가고 예물이 오고가서 데리고 가야 하는 것 아닙니까? 그런데 여기에 보면 옛날에는 왕들이 여자를 간택할 때 힘과 무력으로 그냥 온 동네 처녀들을 끌고 가잖아요. 예쁜 처녀들 뽑아서 싫다고 하는 사람들도 억지로 데리고 가잖아요. 옛날 왕들은 남의 부인도 예쁘면 그냥 데리고 갔잖아요.

쉽게 말해서 솔로몬의 어머니 우리야의 아내 밧세바도 남의 부인인데 그냥 데리고 갔잖아요. 정식 예물도 안 주고, 결혼식도 안올리고 그랬잖아요. 그러니까 이것도 아브라함의 아내가 아닌 것을 알고 강제적은 아니지만 그런 힘에 의해서 데리고 간 것 같아요. 그러니까 달라고 하면 할 수 없이 줄 수밖에 없었던 것 같아요. 이렇게 데리고 간 것이 강압적인 마음이 있었기 때문에 아브라함과 아비멜렉이 둘 다 잘못 했는데도 불구하고 하나님께서 아비멜렉에게 뭐라고 하십니다.

아브라함이 거짓말을 했고 아비멜렉을 거짓말을 하지 않았는데도 불구하고 하나님이 왜 책망하시느냐 말이에요. 그러니까 배후에 뭔가 있다는 말이에요. 무력으로 데리고 갔거나 아니면 그냥 '달라'고 하면 '예' 이렇게 권력 앞에서 말 못해서 그냥 빼앗기는 것이 있지 않나 싶어요.

동생이라고 하면 왕이니까 데리고 갈 수 있겠지요. 그렇지만 정식 결혼을 하면 좋겠는데 그것을 안 하고 그냥 데리고 갔다는 거예요. 혼인 했다는 이야기가 없이 데리고 갔잖아요. 여기에서 아마도 아비멜렉의 잘못이 있지 않나 생각해 봤어요. 그런 가능성이 있겠지요? 정확하게 그것인지는 모르겠지만 그렇기 때문에 하나님께서 아비멜렉을 책망했고 아브라함을 책망 안 하신 것 같아요..

성경 다른 곳에는 나타난 곳이 한군데도 없는데 이 2절에만 그렇게 되어 있으니까 그것 때문이 아닌가 추측을 하는 거예요. 힘 있는 사람이 데리고 가면 내가 '달라'고 하니 '그냥 줘서' 데리고 갔지 그러잖아요. '자기가 주려고 해서 내가 데리고 왔지' 그러잖아요. 그런데 주는 사람 입장에서는 할 수 없이 안 줄 수가 없어 빼앗기듯이 주잖아요. 그러면서 나는 **'온전한 마음과 깨끗한 손'** 이었다고 하는 거예요.

강탈해서 빼앗아 간 것은 아닌 것 같아요. 그런데 하나님은 아브라함을 아비멜렉 앞에서 선지자라고 인정하고 높여 줍니다. 우리가 하나님 앞에서는, 그리고 믿음 안에서는 날마다 구박을 듣잖아요. 하지만 세상에 나가면 다 높여줍니다. 여러분 경험해 보십시오. 어디가도 다 알아주고 높여줘요. '성경 모른다, 인정적이다, 십일조 제대로 안한다' 하고 꾸중을 들었는데 세상에서는 알아주잖아요. 그런 의미에서 하나님은 아브라함을 아비멜렉 앞에서 선지자라고 인정하고 높인 것 같아요.

11~12절에 **"아브라함이 이르되 이 곳에서는 하나님을 두려워함이 없으니 내 아내로 말미암아 사람들이 나를 죽일까 생각하였음이요 또 그는 정말로 나의 이복 누이로서 내 아내가 되었음이니라"**하고 아

브라함이 자기를 변명하는 것이 나옵니다. 아비멜렉이 하나님의 말씀을 다 듣고 그렇게 하기로 하고 아브라함을 불러서 '네가 나에게 왜 그랬느냐' 묻잖아요. 그러니까 대답하는 것이 11~12절에 아브라함이 **"이 곳에서는 하나님을 두려워함이 없으니 내 아내로 말미암아 사람들이 나를 죽일까 생각하였음이요"**라는 거예요. 즉, 겁이 난 거예요.

여기에서부터 재미있는 것이 나옵니다. 두려우면 뭐가 있다고 했지요? 형벌이 있고, 담대하면 상이 있습니다. 그런데 이것을 가만히 보면 줄임말입니다. 성경은 말씀을 줄이고 줄여 놓았잖아요. 두려운 마음 자체 때문에 형벌이 생기는 것이 아니고, 두렵기 때문에 죄를 짓습니다. 담대하기 때문에 하나님 말씀을 순종합니다. 이것은 줄여서 생략된 말입니다.

아브라함의 죄를 찾아볼게요. 아브라함이 두려워서 두 가지 죄를 지었습니다. 첫째는 거짓말을 했습니다. 이 여자가 내 동생이라고 했잖아요. 50%는 거짓말이고 50%는 진짜예요. 누이는 맞지만 실제로 지금은 아내잖아요. 그러니까 이것은 새하얀 거짓말입니다. 새하얀 거짓말도 안 됩니다. 맞는 말이긴 한데 실제로 아닌 말들을 사람들이 참 많이 하거든요. 정말 답답해요. 들어보면 말은 맞는데 실제로는 아닌 것 있잖아요.

두 번째로 아비멜렉을 죄 짓게 했습니다. 남을 죄짓게 했어요. 내가 거짓말을 하면 남을 죄 짓게 합니다. 아브라함의 문제점은 두려움이 파생되어서 본인도 거짓말을 했고, 남을 죄 짓게 했습니다. 이것이 문제가 되는 거예요. 그것이 두려움에서 오는 결과이지요.

17절에 이상하게도 거짓말 때문에 죄를 지은 아브라함을 뭐라고 하는 것이 아니라 아브라함에게 기도를 시킵니다. **"아브라함이 하나님께 기도하매 하나님이 아비멜렉과 그의 아내와 여종을 치료하사 출산하게 하셨으니"** 아브라함이 아비멜렉을 위해서 태문을 열어 달라고 기도를 했습니다. 이것을 중보기도라고 합니다. 정말 재미있는 역사입니다. 아비멜렉의 여자들의 태문을 다 닫으셨답니다. 그런데 아브라함의 기도를 통해서 태문을 다 여셨답니다.

그리고 21장 1~2절에 가면 사라의 태문을 여셨습니다. **"여호와께서 말씀하신 대로 사라를 돌보셨고 여호와께서 말씀하신 대로 사라에게 행하셨으므로 사라가 임신하고 하나님이 말씀하신 시기가 되어 노년의 아브라함에게 아들을 낳으니"** 전에 이야기했지요? 중보기도는 곧 내 기도다. 재미있지요? 아브라함이 죄를 지었는데, 하나님이 우리를 사랑으로 돕는 역사가 이거예요. 다른 부분은 잘 했겠지요. 하나님이 왜 아브라함에게 그랬냐하면 거짓말 한 것은 잘못했지만, 전체적으로 보면 아비멜렉보다는 아브라함이 의인입니다. 우리가 순간순간 어떤 상황에서는 잘못하지만 전체적으로 보면 안 믿는 사람도 우리 편을 들 수밖에 없습니다.

어떤 상황을 보면 우리가 잘못 했는데, 성령 안 받은 사람보다 하나님은 성령 받은 우리 편을 드세요. 이런 '빽'이 있으면서 왜 '빽'을 안 씁니까? 그 '빽' 쓰는 방법은 회개하는 겁니다. '빽'을 활용해 써서 유력한 자리에 우리가 언제나 서야지요.

아브라함의 거짓말 때문에 아비멜렉 집의 모든 여자들의 태문을 다 닫았답니다. 무섭지 않아요? 아브라함의 거짓말 하나 때문에 나라 전체의 여자가 다 불임이 되었어요. 그러니까 여러분 말 한마디의 죄 때문에 얼마나 파문이 크게 이는지 알아야 합니다. 내 한마디, 내 하나의 행동에 따라서 영향력을 많이 끼쳐요.

그래서 기도하니까 태문을 다 열어 주고, 사라의 태문도 열어 줬어요. 21장 1~2절에서 사라가 임신 했다는 이야기는 그동안 하나님께서 태문을 닫았다고 생각해 볼 수 있습니다. 임신을 허락하지 않으셨다는 이야기입니다. 임신을 허락하지 않았기 때문에 임신을 못 한 것 아닙니까? 애를 낳을 수 없는 여자도 아니고 자궁이 있는 여자였단 말이에요. 그런데 아기를 못 낳았다는 얘기는 하나님께서 '낳지 마라, 너는 안 된다'하고 막았다는 이야기지요.

그래서 아브라함이 롯을 놓고 중보기도 했을 때 롯도 살렸고, 그것 때문에 받는 상급도 있고 은혜가 많았잖아요. 여러분, 중보기도는 첫째 가족을 놓고, 제일 먼저 내 남편과 내 자녀를 놓고 많이 해야 합니다. 남을 놓고 중보기도 하는 것은 나중 이예요. 그것이 성경적입니다. **"예루살렘의 딸들아 나를 위하여 울지 말고 너희와 너희 자녀를 위해서 울라"**고 했습니다.

그 다음에 내가 어느 정도 남들 보기에 '저 사람은 바르게 산다, 죄 안 지으려고 노력한다, 믿음으로 산다' 이 정도 됐을 때 중보기도 해야 뭐가 되지요. '나는 중보기도 한다'고 떠들고 다니면 '너나 잘해라'고 합니다. 그러니까 처음에는 중보기도 한다고 말하고 다니면 안 됩니다. 우선은 나와 내 자녀, 내 가정을 위해서 기도해야 합니다. 중보기도는 가족이 먼저예요.

그 중보기도가 내게로 돌아오고, 아브라함도 롯을 위해서나 아비멜렉을 위해서 기도했을 때 자기 품으로 돌아오는 거지요. 그러니까 우리가 지금 합심해서 중보 기도하는 것은 참 좋은 겁니다. 왜냐하면 그 동안 우리가 죽을 사람 놓고 많이 기도해서 살렸잖아요. 그러니 삶이 돌아 올 겁니다. 중보기도로 심었기 때문에 우리가 죽음을 이길 수 있는 환경과 여건을 주실 거예요. 암환자를 놓고 기도해서 많이 고쳤잖아요. 그렇기 때문에 암도 하나님이 고치거나 안 걸리도록 하실 수 있습니다.

저도 대장암이 되기 직전에 막아주셨잖아요. 이런 모든 것은 심었기 때문에 돌아 온 겁니다. 저는 가만히 생각해 보면 암이 걸려도 벌써 걸릴 사람인 것 같아요. 날마다 변비였거든요. 그런데 결국은 성경대로 살면 돼요. 여기도 해당이 안 되고 저기도 해당이 안 돼요. 물 많이 먹어야 건강하다고 해서 물 먹어도 안 되고, '물따로 밥따로' 방식대로 해도 해당이 안 되니까, 각자 자기의 체질에 맞게 살아야 해요. 그러니까 결론은 성령의 감화 감동대로 살면 최고예요.

어제 모 권사 집에 심방을 가서 잠깐 누워있었는데 비몽사몽간에 꿈을 꿨어요. 정확하게 근심 걱정인 아기 두 명이 오는 거예요. 심방하면서 귀신이 강력하다 싶어서 막 쫓았어요. 쫓고 난 다음에 왜 근심거리가 생겼지 하고 생각했는데 하나님은 참 대단하십니다. 그 신랑이 대한민국이 없어진다고 걱정을 태산 같이 하고 있어요. 이야기를 들어보니가 우리나라가 이렇게 가면 경제적으로 문제가 생겨서 60년 이후에 대한민국이라는 나라가 없어진답니다. 없어질 나라 순위가 1위랍니다. 그래서 '아, 하나님이 이렇게 걱정을 하고 있으니까 그러시는 구나' 했어요.

우리 대한민국은 옛날 몇 십 년 전만 해도 알거지가 될 나라였는데, 외국 사람들이 십자가를 보고 이 나라가 잘 살 나라라는 것을 알았답니다. 옛날에도 살아남았는데 지금도 기도하고 믿음이 있으면 하나님께서 살려 주세요. 전 세계를 보십시오. 전 세계를 보면 지금 재앙을 만나서 없어진 나라가 어느 나라입니까? 쓰나미가 주로 오는 나라가 어느 나라입니까? 바닷가에 사는 사람들이 우상숭배 많이 하잖아요. 주로 인도네시아나 일본이 그렇지요?

나라가 없어진 곳을 보면 전부 우상숭배가 심하고 복음이 들어가서 배척받은 나라가 없어지지, 기독교 국가는 세계적으로 부흥되고 있습니다. 지금 인류의 역사가 그렇잖아요. 그래서 우리나라가 계산적으로는 경제적인 위기가 맞을 거예요. 그러니까 우리가 기도해야지요. 우리가 기도하면 됩니다.

이 나라가 풍수지리를 보니까 거지될 나라였다고 합니다. 옛날 일본이 우리나라 정기를 다 끊으려고 산맥에 말뚝을 박았잖아요. 총기가 있고 동네에 머리 똑똑한 사람들 다 데리고 가서 정신병자 만들고 그랬어요. 일본이 우리의 정신과 얼을 자른 거예요. 그런 것을 알면 아이들이 일본을 신봉하면 안돼요. 우리에게 악영향을 끼친 것은 정신을 차려서 다시는 그렇게 당하지 않도록 해야 해요.

다시 말해 일본 애착론자가 되지 말라는 이야기지요. 일본 애착론하면 저는 정말 싫어해요. 아마도 여러분 보다 조금 더 오래 살았기 때문에 그럴 거예요. 옛날에 우리 엄마도 학교 다닐 때 일본 이름으로 다 바꿨어요. 초등학교에서 공부할 때 일본어로 공부했습니다.

이름을 바꾼다는 것은 일본사람들이 우리의 근원을 바꾼다는 말이예요. 그래서 일제 강점기 이후에 사람들이 비행기 타고 김포공항에 내리니까 이 나라는 거지될 나라라고 하더래요. 그런데 이 거지될 나라가 왜 이렇게 부흥 되었나 이해가 안돼서 가만히 보니까, 밤에 온 천지 서울 시내에 빨간 십자가가 많았대요. '십자가 때문에 그렇게 되었구나' 하고 알았답니다.

그런데 그것이 벌써 40~50년 전인데 지금은 십자가가 더 많지요. 바르게 못 믿었지만 하갈이고 롯이고 전부 다 구원 받았잖아요. 바르게 못 믿어도, 제대로 회개 안 해도 아브라함도 믿음의 조상이 되었잖아요. 나중에 하나님이 기어코 만드십니다.

그래서 나라에 근심 걱정되는 소식이 들리면, '그 문제를 놓고 회개하라고 그러시는 가보다, 기도하라고 그러시는 가보다' 생각하세요. 우리가 믿고 기도하면 이 나라 안 망합니다. 하나님은 믿는 자의 편이지요. 아브라함과 아비멜렉 사이에서도 아브라함 편이었고 아비멜렉 편이 아니었잖아요.

어떤 부분은 우리가 죄를 지어요. 조목조목 따지면 우리가 죄가 많아요. 그래도 부족하지만 전체를 보면 믿으려고 애쓰는 뭐가 좀 있잖아요. 그래서 아마도 제단지기들 보면 마음에 안든다 싶은데도, 그래도 믿으려고 애쓰고 순종하려고 하니까 그것 때문에 그들을 귀히 여기고 복도 주시고, 선생노릇도 하고 있는 것 같더라고요. 저도 옛날에 그렇게 하고 선생노릇을 했지요. 이제 조금 알아서 그럴 뿐 이예요.

그래서 제가 근심 걱정을 미리 알아서 대처할 수 있었고, 그 권사 남편에게 말할 수 있는 답이 나오더라고요. 안찰하면서 제가 설명을 했지요. "네가 이렇고 이렇잖아. 그러니 걱정하지 말고 기도하면 되고, 전 세계 지도를 봐라. 예수 안 믿는 나라가 망했지 예수 믿는 나라가 없어지는 것 봤나? 우리나라 안 없어진다. 그러니까 기도하면 된다" 고 했습니다. 여러분들도 혹시나 나라에 대해 안 좋은 소식이 들리면 기도하라는 이야기로 아시면 됩니다. 매사에 기도하고 하나님의 소리가 들려지면 됩니다.

21장에 중보기도 때문에 사라가 임신을 했잖아요. 중보기도는 내 품으로 돌아옵니다. 중보기도는 심었기 때문에 거둡니다. 중보기도는 결국은 내 기도입니다. 남을 위해서 기도하는 의인처럼 보이지만 의인은 아닙니다. 우리도 비슷한 것이 있습니다. 아브라함이 태문을 열어 달라고 기도한 것은 결국은 자기도 지금 아기를 못 낳고 있는 상황이잖아요. 그러면 '네 애기나 낳아라' 그랬을 것 아닙니까? 그런데도 기도했기 때문에 태문을 열어주고 그 다음 사라도 임신한 거예요. 그러니까 결국 비슷한 문제가 있는 거예요. 네 문제가 내 문제고, 내 문제가 네 문제인 거예요. 그래서 중보기도를 하면 결국은 내 문제가 해결된다는 것을 알 수 있습니다.

21장 9절에 보면 **"사라가 본즉 아브라함의 아들 애굽 여인 하갈의 아들이 이삭을 놀리는지라"** 했습니다. 남을 놀리면 어떻게 됩니까? 남을 놀리면 쫓겨납니다. 쫓겨나면 어떻게 됩니까? 상속이 없어집니다. 희롱하고 놀리는 것이 그냥 죄가 아니고 죄에 대한 대가가 있습니다. 놀리면 안 됩니다. 재미로 놀리잖아요. 그런데 이스마엘은 놀릴 때 무슨 마음으로 놀렸을까요? 미워하는 마음 아닐까요? 얄미울 거 아니에요. 말하자면 자기가 형인데 모든 시종들이 '이삭, 이삭'하고 받들어 모시니까 아마도 좀 미웠을 거예요.

놀리는 배후는 아마도 재미로 하거나 미워하는 죄 때문에 그래요. 죄성(罪性) 때문이에요. 그리고 놀리는 것도 가만히 보면 살짝 빗대어서 놀립니다. 미워서 깔아 낮추려고 하는 것이 있습니다. 놀렸기 때문에 기업이 없습니다. 뒤에 보면 '기업'이라고 나옵니다.

그리고 참 재미있는 것은 하갈이 사라의 학대를 못 이겨서 도망 나왔잖아요. 도망 안 나오고 자기 자리를 지켜야 한다고 했잖아요. 도망 나왔으니까 쫓겨날 일을 만납니다. 무슨 말인지 아시겠습니까? 집 나오면 집 나갈 일을 만납니다. 회개 많이 해야 돼요. 결국 쫓겨났잖아요. 하갈이 계속 회개 안 했잖아요. 울기는 울었지만 회개는 안 했습니다. 그래서 지금 다시 사라가 쫓아내라고 하잖아요. 그래서 이스마엘과 하갈을 쫓아냅니다.

처음에 도망 나왔을 때에는 뱃속에 이스마엘이 있었기 때문에 죄를 안 지은 상태에서 나왔습니다. 그런데 지금은 이스마엘이 죄지은 상태에서 쫓겨납니다. 상황이 다릅니다.

21장 12절에 보면 **"하나님이 아브라함에게 이르시되 네 아이나 네 여종으로"**라고 했습니다. 하갈을 뭐라고 부릅니까? 종이라 부릅니다. 아이를 낳아도 신분 상승이 안 됐습니다. 왜냐하면 사라를 멸시했잖아요. 멸시하는 죄가 무섭습니다. 신분 상승 할 수 있는 기회를 놓쳤습니다. 우리가 기회를 줄 때 기회를 사야해요. 내가 졸부가 되지 말고 내가 어떤 환경에 있을 때 내 신분을 알고 움직이면 돼요. 그러면 그 복을 안 빼앗깁니다.

주님이 한 번 씩은 복을 다 줘 봅니다. 이 제단에 오면 처음에 축복부터 한 번 씩 줘봐요. 그것을 관리 못 하면 훈련합니다. 훈련하고 받을 그릇이 될 때 받게 하세요. 초창기에는 제가 많이 어려웠으니까 오는 사람들 중에 복을 갔다 부은 사람이 많아요. 그런데 다 관리를 못하고, 돈을 제대로 못 쓰는 거예요. 여기 제단에 와서 축복 받았으면 제단에 헌금을 많이 하면 좋잖아요. 그러면 그 복을 받을 건데, 하나님께서 부어주신 재물을 엉뚱한데 사용해서 돈이 다 날아 간 거예요.

복 받을 수 있는 그릇이 되면 돼요. 내 신분에 넘치게, 축복 받을 믿음이 안 되는데 복을 줬으면, 그 복을 유지할 수 있도록 내 신분을 지키면 복이 안 날아갑니다. 하갈이 신분이 아무리 높아져도 자기 깜냥을 알면 자기 신분을 잃어버리지 않습니다. 그런데 잃어버리는데 상속권까지 같이 잃어버렸습니다. 내쫓겼잖아요. 내쫓고 '너희에게 분깃이 없다, 상속이 없다, 기업이 없다' 하고 내쫓았습니다.

우리가 깜냥이 안 되는 데도 복을 주십니다. 사실 우리가 현재 저도 그렇고 여러분도 그렇고, 우리가 믿음이 안 되는데 이만큼 산다고 생각하면 됩니다. 죽을 목숨 산 것도 맞고, 모은 것은 없지만 그래도 밥 먹고 사는 것 감사하면서 살아야 해요. 그래도 자녀들 잘 자라고 있잖아요. 이것 감사해야 하는데 그래도 우리 믿음보다 많이 주셨어요.

신분을 알고 있으면 괜찮은데 그것을 못해서 12절에 하갈은 아직도 여종으로 불리는 거예요. 칭호를 '네 아내'라고 하지 않고 '네 여종'이라고 하는 거예요. 16절에 보면 내쫓았는데 **"이르되 아이가 죽는 것을 차마 보지 못하겠다 하고 화살 한 바탕 거리 떨어져 마주 앉아 바라보며 소리 내어 우니"** 했어요. 아마 둘이 마주보면서 같이 울었을 것 같아요.

계산을 한번 해 볼게요. BC 1892년에서 BC 1913년 이면 몇 년 되었습니까? 이스마엘 나이가 21살입니다. 많지요? 21살 된 나이니까 마주 보면서 울지요. 울 수밖에 없습니다. 성경자체의 연도수가 정확하지 않으니까 이 나이가 확실하지는 않습니다. 이삭을 모리아 산에 바칠 때를 계산하니까 20살 이더라구요. 그런데 그것이 정확하게 안 맞고, 우리가 알기로는 16, 17살이라고 생각했는데, 성경은 연도수가 20살 이라고 하더라구요. 정확하지는 않지만 이 정도로 성경에 기록된 연도수로만 봅시다.

지금 이스마엘이 이 때 21살입니다. 엄마하고 마주 앉아서 울었을 때 하갈도 울었을 거예요. 왜요? 이스마엘도 그 정도는 생각할 줄 알잖아요. 같이 울었어요. 16절에 소리 내서 막 울었어요. '기도했다, 회개했다'는 이야기는 없습니다. 그냥 울었어요. 하다못해 먼저 번에 '부르짖다'라고 된 것은 기도라고 할 수 있거든요. 그런데 여기는 '울었다'라고만 되어있습니다.

울었는데 하나님의 사자가 **"두려워하지 말라"**고 하셨습니다. 그러면서 '큰 민족을 이루어 주겠다'고 했거든요. 이것이 하나님의 사랑이라는 얘기예요. 그 어떤 환경에서 울기만 울어도 하나님이 도와주십니다. 그런데 여기 보면 재미있는 것은 19절에 하갈이 눈이 밝아졌잖아요. 욥기서에 언제 눈이 밝아진다고 했지요? 눈과 귀가 언제 밝아진다고요? 곤고할 때 입니다. 하갈이 지금 곤고했습니다. 곤고해서 눈이 밝아 졌어요.

그런데 곤고만 하고 죄 지으면 안 되니까 그나마 울었어요. 곤고하고 우니까 눈이 밝아졌습니다. 눈이 밝아져서 물을 먹게 되었습니다. 우는 사람에게도 큰 민족이 되게 해 준다고 했어요. 그리고 나중에 하나님께서는 아브라함에게 이스마엘도 네 자녀니까 큰 민족 되게 해 줄 테니 걱정하지 말라고 했습니다.

그런데 재미있는 것은 20절에 **"하나님이 그 아이와 함께 계시매"**라고 했지요? 아브라함의 후손이니까 함께 계셨던 가 봐요. 믿음이 좀 부족해도 하나님이 함께 하시는가 봐요.

여러분이 여기 제단에 오기 전에 하나님께서 함께 하시니까 여기에 왔잖아요. 여러분이 교회 나갈 때도 하나님이 함께 하시니까 갔잖아요. 함께 하시는데 의식을 못하고 죄를 짓고 살고 있는 것뿐이지 하나님이 함께 안 하시는 것은 아니에요.

21절에 보면 굉장히 재미있는 말이 있습니다. **"그가 바란 광야에 거주할 때에 그의 어머니가 그를 위하여 애굽 땅에서 아내를 얻어 주었더라"** 21살 이니까 장가를 갔습니다. 장성해서 장가를 갔는데 그것이 중요한 것은 아니고, 애굽 여자를 하갈이 얻어 주었다는 말을 하고 싶어요. 하갈이 애굽 여자를 아들의 아내로 삼아 주었다는 거예요.

그러면 뭡니까? 하갈은 믿음이 없습니다. 하갈은 애굽 여자 입니다. 자기 민족을 끌어 들이는 거지요. 아들에게 자꾸 믿음 없는 짓을 시켜주는 거예요. 그러니까 하갈은 아브라함의 믿음의 상속을 받을 자격이 없다고요. 아브라함의 믿음의 상속권을 가지고 기업을 받을 자격이 없다는 말이에요. 그러니까 이것은 나중에 나왔지만 앞에는 기업이 없어서, 10절에 보면 **"그가 아브라함에게 이르되 이 여종과 그 아들을 내쫓으라 이 종의 아들은 내 아들 이삭과 함께 기업을 얻**

지 못하리라" 했습니다.

엄마의 영향력이 큽니다. 엄마가 아들이 장가들 때도 애굽 여자를 취하는 것을 보면, 임신 했을 때나 애 낳았을 때나 기를 때나 이런 사상을 가지고 길렀다는 얘기지요. 그러니까 기업에서 아브라함의 아들이면서도 상속을 못 받고 쫓겨납니다. 이것은 그의 믿음이 부족한 연고고, 믿음의 조상인 아브라함의 아들로서의 자격을 박탈당하게 됩니다. 명칭은 아들이지만 실제적으로는 아들이 아닌 것처럼 사는 거예요. 아들이라 일컫지만 삶은 아들 같지 않은 삶을 사는 거예요.

그래서 믿음이 없는 애굽 여자의 손에서 길리운 자와 믿음이 있는 사라가 기른 자식이 형편이 달라지는 거예요. 하나님의 양육도 달라지고, 똑같이 이스마엘에게도 함께 하셨지만 그래도 그 삶이 달라지는 거지요. 들짐승 같이 큰 민족으로써 큰 일꾼으로 힘은 있었을 거예요.

22절에는 아비멜렉이 하는 이야기입니다. **"아비멜렉과 그 군대 장관 비골이 아브라함에게 말하여 이르되"**라고 되어 있잖아요. 23절에 **"그런즉 너는 나와 내 아들과 내 손자에게 거짓되이 행하지 아니하기를"** 이라고 했습니다. 거짓말해서 자기들이 혼이 났잖아요. 아브라함의 제일 약점이고, 처음에 행했던 그것을 콕 집어서 '너 거짓말 좀 하지 마라'고 했습니다. '나에게 거짓되게 행하지 말아 달라, 다시는 그러지 마라, 너 나에게나 내 아들에게 거짓되이 행하지 마라'고 했는데 얼마나 망신스러웠겠어요. 생각해 보면 망신스러웠을 것 같아요. 거짓말 한 것 들켜서 부끄럽잖아요. 정확하게 선을 그어놓고 거짓말하지 마라는 거예요.

하나님은 잘한 것을 지적하는 것이 아니라 못한 것을 콕 집어요. '어제 화냈지? 어제 거짓말 했지? 어제 욕 했지?' 하고 콕 찌르는 거예요. 저는 이것을 보고 웃었습니다. '야, 아브라함이 잘한 것은 말 안하고, 잘못한 것만 말하네.' 사람들이 교회 봉사하면 잘한 것은 절대 말 안합니다. 잘못한 것 말합니다. 잘한 것은 말 안 해요. 잘한 것은 하나도 없어요. 못한 것만 말 하는 거예요. 우리도 이렇게 사는 거예요.

그런데 거꾸로 뒤집어 보면 그것이 은혜입니다. '너 거짓말 했지?' 하면 '나 거짓말 안 하는데' 그러잖아요. '한다니까' 그러면 회개거리를 알려주는 거예요. 나를 비방하고 나를 괴롭게 하는 것은 내가 회개할 거리입니다. 무슨 말인지 아시겠습니까?

내가 나를 보는 것 보다 남들이 나를 보는 관점이 죄를 찾아 주기가 쉽습니다. 우리 모두다 남의 것은 잘 보여요. 본인은 자기 것이 안 보여요. 우리는 다 그 사람이 보여요. 그래서 다른 사람이 그 사람에게 이야기 하면 그 사람은 이것을 받아들여야 해요. 남들이 내게 이야기하는 것은 남들이 보는 관점에서 보는 것이 있다고요. 그래서 남의 말을 달게 받을 줄 알면 정말로 좋은 기회가 되는 거예요.

회개거리를 내가 못 찾는 것, 내가 남 모르게 나 혼자 찾는 것이 많아요. 많은데 내가 못 찾는 것이 이상한 것이 하나 있어요. 그것을 남이 알려 준단 말 이예요. 이것이 얼마나 고마운 일입니까? 내가 별별 회개 다 하는데 내 것을 내가 모를 때가 많잖아요. 내가 나를 못 보는 것이 너무 많아요. 왜요? 내가 나를 보는 마음과 남이 나를 보는 마음이 달라요. 남은 나를 객관적으로 보고, 나는 나를 내 주관적으로 봐요. 내가 주인공이거든요. 내가 언제나 옳거든요. 그래서 못 보는 것이 많아요.

아브라함도 자기가 자신을 못 봤어요. 자기가 거짓말 한다고 생각 안 했어요. 아마도 안 했을 거예요. 왜요? 나는 두려워 죽을까 싶어서 죽음을 모면하려고 했는데, 어떻게 생각하면 자기가 머리가 좋다고 생각했을 지도 몰라요. '아, 참 꾀 잘 썼다' 싶을 거예요. '아, 맞다 내 동생 맞으니까, 내가 참 새하얀 거짓말 정말 잘했다' 이런 생각을 했을 거예요. 그런데 남들은 보면 그것을 뭐라고 봅니까? 거짓말이라고 봅니다. 나는 보면 살아날 방편이라고 생각합니다. 견해 차이가 생기는 거예요.

그러니까 남들이 말하는 것이 정말 나를 바로 보는 거예요. 남들이 여러분에게 말하면 그것을 회개하면 돼요. 그것을 달게 받을 줄 알면 여러분 인생이 정말 잘 될 거예요. 정말 멋있어 질 거예요.

그래서 23절에 다시는 **"거짓되이 행하지 아니하기를"** 맹세하랍니다. 그리고 **"하나님을 가리켜 내게 맹세하라"**라고 합니다. 이 말을 할 때 아비멜렉의 마음이 어떻겠습니까? 하나님이 자신과 가족을 다 죽이려고 해서 정말로 너무 힘들었던 같아요.

하나님이 아비멜렉에게 현몽했던 이야기를 봅시다. 20장 7절에 **"이제 그 사람의 아내를 돌려보내라 그는 선지자라 그가 너를 위하여 기도하리니 네가 살려니와 네가 돌려보내지 아니하면 너와 네게 속한 자가 다 반드시 죽을 줄 알지니라"** 했잖아요. 아비멜렉이 정말 놀란 거예요. 괜히 남의 여동생 하나 데리고 왔다가 세상 말로 식겁한 겁니다. 그 일이 너무나 강력하게 자기에게 충격을 줬기 때문에 아비멜렉이 아브라함에게 **"하나님을 가리켜 내게 맹세하라"**고 한 거예요. 이것을 보면 아비멜렉의 충격을 이해할 것 같아요. 오죽하면 하나님 앞에 너는 맹세하라고 했겠습니까? 그리고 너는 나뿐 아니라 내 아들에게도 절대 거짓말 하지 말라고요.

그리고 자기가 아브라함을 후대했답니다. 뭘 후대했을까요? 아내를 돌려보내고 죽을 뻔 했는데도 불구하고 많은 양과 염소를 주면서 돌려보낸 것을 '후대한 것'이라고 합니다. 후대한 것 맞잖아요. 하나님을 무서워했지만 후대했잖아요. 후대했으니까 너도 나와 머무는 이 땅에서 그렇게 행해 달라고, 거짓말 하지 말아 달라고 합니다. 한 사람의 의인의 거짓말은 많은 사람들에게 이렇게 많은 영향력을 끼칩니다.

기도하겠습니다.

사랑과 은혜가 많으신 아버지 하나님.

이렇게 미련하고 둔한 것이 설득력 있게 조리 있게 잘 하지 못 해서 22장 까지도 못했습니다.

더 조리 있게 더 이해될 수 있게 성경을 잘 소개할 수 있도록 저에게 구변과 지혜를 더하여 주시고, 복음의 능력은 말에 있지 않고 능력에 있다고 하셨으니까 이 말씀 들을 때 저들에게 능력으로 가슴에 와 닿아서 회개할 죄를 많이 찾게 하시고, 또 회개할 수 있는, 두려워 떨면서 회개하는 역사가 일어나서 우리의 삶이 축복으로 바뀌는 은혜가, 회개를 통해서 복된 역사가 이루어지게 도울 것을 믿사옵고 예수님의 이름으로 감사하고 기도드리옵나이다. 아멘.

창세기 이레

창세기 22장 말씀은 많이 설교 했던 것 중 하나인데, 우리가 미처 생각하지 못한 부분이 있을 수 있으니까 잠깐 보려고 합니다.

1절에 보면 **"그 일 후에"**가 있습니다. 그러면 여러분은 순간적으로 궁금증이 생겨야 해요. 20~21장에 무슨 일이 있었는지 살펴봐야 해요. 20장에는 사라를 자기 부인이 아니라고 거짓말 했던 아비멜렉 사건이 있었고, 21장은 태문이 열려서 이삭을 낳겠다고 예언하고 임신을 하고, 이삭이 생기자 분쟁이 생겨서 하갈이 내쫓기는 장면입니다. 그리고 제일 마지막 부분은 아비멜렉과 아브라함이 동맹을 맺고 난 후에 22장입니다.

8절에 보면 아브라함이 입으로 하나님을 인정하고 시인하는 장면입니다. 이삭이 아브라함에게 **"불과 나무는 있거니와 번제할 어린양은 어디 있나이까"** 물었을 때, 아브라함이 **"하나님이 자기를 위하여 친히 준비하시리라"**고 입으로 시인했습니다. 여러분이 잘 아는 것처럼 아브라함의 말대로 정말 하나님이 친히 준비 하셨습니다.

입으로 시인했는데 그 말대로 하나님이 이루십니다. 그래서 우리가 말을 조심해야한다는 것이 중요한 이유입니다. 자기 말대로 돼요. '하나님이 이루실 것이다, 될 것이다, 이것은 된다'고 하면 될 것이고, '안 된다' 하면 안 되는 겁니다. 그래서 우리가 입으로 '걱정하지 말자, 걱정거리가 아니다, 오히려 복 받을 거다' 하면 복 받을 것으로 주님께서 만들어 주십니다.

10절에 보면 아브라함이 실제적으로 행합니다. 손을 내밀어 칼로 아이를 잡으려고 합니다. 이것은 아직 아이를 잡지는 않았지만 '행함'으로 치고 있습니다. 행하면서 하나님께 인정을 받는 거예요.

쉽게 말해서 '입으로 시인한다'는 것은 50% 정도라고 합시다. 입으로 시인했지만 실제적으로 행동으로 옮기지 못할 때도 있잖아요. 입으로 시인해도 그 상황에 가면 용기가 없어서 못할 때가 참 많더라고요. 저도 어떤 사람에게 가서 그 이야기해야지 하고 가면 말 못하겠더라고요. 제 약점이 이거예요.

그런데 지금은 은혜로 담력을 얻어서 좋아지긴 좋아졌는데 '내가 그 사람에게 그 이야기를 해야지'하고 결심해도 막상 가면 아직도 100%말이 안 나올 때가 많아요. 그 사람의 마음도, 형편도, 생각도, 처지도 알고 나면 입이 안 떨어질 때가 많더라고요. 이제는 조금 나아졌지만 그래도 100% 말하는 대로 실행을 잘 못하고 있어요.

첫째는 마음으로 믿고, 다음에 입으로 시인하고, 그 다음 행하잖아요. 마음은 꿀떡 같은데 그것이 안 되더라고요. 여러분은 안 그래요? '난 꼭 그렇게 살아야지, 난 절대 이것 안해야지' 그래도 언제나, 끊임없이, 아직도 그것을 행하는 부분들이 있어요. 그래서 하나님 앞에서 가는 과정이 굉장히 긴 가봐요. 그것이 아브라함은 아들 바치고 45년이 걸렸습니다.

아브라함은 45년 걸렸는데 우리는 45년 걸리면 안 되겠지요? 생각해 보니까 우리는 아마도 30년 이상은 걸리는 것 같아요. 성격의 차이는 있습니다. 어떤 사람은 하나님께 헌금 하자하면 하고, 오늘부터 100일 철야기도 하자하면 그런 것은 잘하는데, 그 대신 사람에게 화 안내고 말하는 것은 안 되는 부분이 있을 거예요. 하여튼 사람의 어떤 부분은 되고, 어떤 부분은 안 되는 것이 있지만 어쨌든 아직 100%는 못돼요.

그래서 하나님의 도움이 없이 내 힘으로, 내 능으로 되는 것이 없고, '여호와의 신으로 만 된다'는 것이 정말 맞아요. 여호와의 신으로만 됩니다. 일단 우리도 여기까지 갈수 있는 믿음이 되면 참 좋습니다. 아브라함이 창세기 12장에서 갈대아 우르를 떠나서 창세기 22장에서 끝납니다. 창세기 12장부터 22장까지는 하나님이 아브라함을 경외하는 사람으로 만드는 과정입니다. 경외하는 것을 하나님에게 인정을 받으면 그것으로 인생은 완성입니다.

하나님이 우리를 인도하시는데 여호와를 경외하는 자를 만드시려고 고생도 시키고, 마음에 답답한 일도 만나게 하십니다. 하갈이 처음에는 아기를 가진 적도 없는데 아기가 임신되자 도망가는 사건, 그 다음 아기를 낳고 얼마 안돼서 장가도 안 보낸 아들과 함께 내쫓기는 사건을 만나고, 또 이번에는 장가도 안 간 이삭을 자기 손으로 친히 죽여야 하는 이런 많은 일들을 만나는 과정은 아브라함이 여호와를 경외하는 사람이 되게 하는 훈련이었습니다.

여러분들도 지금 여호와를 경외하는 훈련을 하는 과정이에요. 여기 훈련에서 '여호와 경외'가 인정이 되면 그냥 게임 끝입니다. 그래서 우리도 아브라함 같이 여호와 경외하는 것을 인정받으면 그 자녀가 또 복을 받아요. 여러분이 잘 믿어서 믿음의 족장이 되어서 믿음의 복을 잘 받으면, 여러분의 자녀들이 그냥 술술 받는 복도 있어요. 그래서 우리가 잘 믿는 믿음의 족장이 되어야 해요. 아브라함과 같이 믿음의 조상이 되어야 해요.

이 이야기와 관련된 옛날이야기가 생각나는데, 원주에 있는 어떤 할머니인데 80세가 넘으셨거든요. 전도하러 갔는데 그때까지 무당은 아닌데 점 봐주고 밥 먹고 살았어요. 점 봐서 번 돈으로 애들도 기르고 그런 것 같아요. 가니까 단상을 엄청나게 차려 놓았어요. 혼자 있는 방이 얼마나 화려한지요. 아기 동자도 있고, 하얀 놋쇠 항아리도 있고, 사진도 있고 별거 다 있어요. 그 방에 있는 것 다 끄집어내서 불태우는데 10시간이나 걸렸다니까요. 어마어마하게 많았어요.

저하고 운전해 준 사람하고 둘이서 감당이 안돼서 원주에 있는 감리교인 들에게 부탁해서 청년들하고 합쳐서 10명이 그것을 끄집어냈어요. 그리고나서 원주교회에 붙여줬지요. 그 교회에 다니고 난 후와 다니기 전에 자녀들의 모습이 현저히 차이가 납니다. 점 치고 우상숭배 할 때의 자녀의 형편과 예수 믿을 때에 자녀들이 다르다는 말이에요. 지금도 점쟁이는 점치면서 자식에게 그런 영향력을 미치고, 아브라함처럼 여호와를 경외하는 자들은 그것으로 자녀에게 영향을 미칩니다.

쉽게 말해서 아브라함이 여호와를 경외하는 영향을 자녀들이 축복으로 받는 거예요. 여러분이 지금 예수를 얼마나 잘 믿고 여호와를 경외하느냐에 따라서 자녀들에게 영향력을 미쳐요. 그러니까 믿음이 적으면 적은 만큼, 죄를 지으면 죄를 지은 만큼, 내가 우상숭배하면 우상숭배 하는 만큼, 점쟁이가 되면 점쟁이가 되는 만큼, 목사면 목사가 되는 만큼, 내가 목사는 아니더라도 말씀대로 사는 만큼, 다시 말해 여호와를 경외하는 만큼 자녀들의 인생이 달라집니다.

그래서 우리가 세상의 마라톤을 하는 경주자라고 하잖아요. 출발점이 0이고 중간이 50이고 최종 결승점이 100이라고 가정하고 달리기를 한다면, 죄를 많이 지은 사람은 마이너스 50부터 자녀들이 달립니다. 그런데 우상숭배를 안했습니다. 그러면 기본 0에서부터 달리기를 합니다.

그런데 예수 믿는 사람의 자녀와 예수 잘 믿는 사람의 자녀들은 여기 50부터 출발합니다. 그러면 경기를 누가 이기겠습니까? 똑같이 '준비, 땅' 하고 출발하는 거예요. 그러면 믿음의 후손이 이기게 되어 있습니다. 경기장에서 우리는 앞서서 출발을 합니다.

예수 잘 믿고 잘 행한 사람, 예수 잘 믿는 사람, 예수 믿는 사람, 안 믿는 사람, 우상숭배한 사람 이렇게 달리기를 하면 예수 잘 믿고 잘 행한 사람은 달리기를 적당히만 해도 이기게 되어 있습니다. 그것이 여러분의 후손이 되어야 합니다. 그래서 우리가 지금 예수를 열심히 잘 믿고 기도해야 합니다.

22장 12절에 보면 하나님이 **"내가 이제야 네가 하나님을 경외하는 줄을 아노라"** 하고 인정했습니다. 신약 성경에 보면 사도 바울이 그 이야기를 참 많이 합니다. '너희가 경건하다고 하지만 내가 너희에게 가서 너희 경건한 것을 시험해 보리라'고 했습니다. 경건한 사람, 믿음 있는 사람은 하나님 보시기에 믿음 있고, 하나님 보시기에 어린 아이가 되고, 하나님 보시기에 겸손해야 되고, 하나님 보시기에 거룩해야 합니다.

그런데 내가 나를 거룩하다고 해도 안 되고, 내가 나를 어린아이다, 소자라고 해도 안 되고, 내가 나를 믿음이 좋다고 해도 안 됩니다. 하나님 보시기에 믿음이 있는 사람, 하나님 보시기에 여호와를 경외하는 사람, 하나님 보시기에 소자인 사람, 그래서 하나님 보시기에 겸손한 사람이면 게임 끝입니다.

'소자야 안심을 하여라. 내가 너의 죄를 사했다' 겸손하고 낮은 자리에 있으면 죄 용서함을 받습니다. 그러니까 기도도 안하고 회개도 안했는데 순간순간 도와주시는 이유는, 낮은 자리에 있으면서 낮음 마음을 가졌기 때문입니다. 울 때는 낮은 마음입니다. 부르짖을 때 낮은 마음입니다. 그리고 엎드릴 때 낮은 마음입니다.

그런데 회개는 안 했기 때문에 회개에 해당하는 그만한 영광은 없지만, 그래도 낮은 마음일 때 '소자야 안심을 하여라 내가 너의 죄를 사했다'하고 긍휼을 입는 거예요. 죄는 사하지만 회개해야 합니다. 민수기 14장 18절에 보면 **"죄악과 허물을 사하시나 형벌 받을 자는 결단코 사하지 아니하시고 아버지의 죄악을 자식에게 갚아 삼사대까**

지 이르게 하리라" 했습니다. 죄는 용서하되 그 다음에 뭐가 있지요? 삼사대까지 형벌을 받는다고 했습니다.

여러분이 우상숭배 했으면 죄를 지금 회개하면 용서받아요. 그것이 삼사대까지 가면 어떻게 됩니까? 손자, 손녀 그 아들까지 죄 값을 다 치러야 해요. 자기 죄를 깨닫고 얼마나 울고, 그다음 열심히 의를 행해야 돼요. 열심히 행해야 더하기, 빼기가 되지요.

나의 죄의 형벌이 있고, 의의 봉사가 있다면, 더하기, 빼기 계산해서 10은 남는 정도가 되어야 합니다. 그래도 때리기는 때리십니다. 죄를 깨닫게 하십니다. 반드시 죄 값을 치룹니다. 성경에 있습니다. 회개만 하면 벌 안 받는다는 것은 정말 오해입니다. 회개해도 벌 받습니다. 왜냐하면 회개해서 벌 안 주면 사람들이 그것을 악용해요. 회개해서 벌 안 주면 간이 커져서 '회개하면 괜찮더라' 생각하고 또 죄를 지으면서 간이 커집니다.

그런데 회개했는데 두드려 맞고 너무 고달프면, 죄 지으라고 해도 '다시는 나 안 할래요, 안 할래요, 차라리 그것 하는 것 보다 내가 가난하게 살지' 이렇게 됩니다. 하나님께서 우리의 습생을 알기 때문에, 죄를 용서는 해도 반드시 형벌이 따라 옵니다. 지금 명절이 가까이 오니까 이것을 강조하는 모양이네요.

출애굽기 20장 5절에 **"그것들에게 절하지 말며 그것들을 섬기지 말라 나 네 하나님 여호와는 질투하는 하나님인즉 나를 미워하는 자의 죄를 갚되 아버지로부터 아들에게로 삼사 대까지 이르게 하거니와"**라고 했습니다.

출애굽기 34장 6~7절에 **"여호와께서 그의 앞으로 지나시며 선포**

하시되 여호와라 여호와라 자비롭고 은혜롭고 노하기를 더디하고 인자와 진실이 많은 하나님이라 인자를 천대까지 베풀며 악과 과실과 죄를 용서하리라 그러나 벌을 면제하지는 아니하고 아버지의 악행을 자손 삼사 대까지 보응하리라" 했습니다. 죄는 용서하되 벌은 면제하지 아니하리라고 했지요.

그리고 민수기 14장 18절 **"여호와는 노하기를 더디하시고 인자가 많아 죄악과 허물을 사하시나 형벌 받을 자는 결단코 사하지 아니하시고 아버지의 죄악을 자식에게 갚아 삼사대까지 이르게 하리라 하셨나이다"**라는 말씀은 인자하신 하나님이지만 형벌을 준다는 뜻입니다.

출애굽기 20장과 34장, 민수기 14장에 특징이 있는데 다 다릅니다. 출애굽기 34장에 보면 **"악과 과실과 죄를 용서하리라 그러나 벌을 면제하지는 아니하고"**라고 되어 있고요, 민수기 14장에 보면 **"죄악과 허물을 사하시나 형벌 받을 자는 결단코 사하지 아니하시고"** 이렇게 구절이 좀 다르게 되어있습니다. 이 두 구절을 한 구절로 정리해 보면 '죄를 지으면 자녀 삼사대까지 결단코 용서 안하고, 결단코 사하지 않고, 형벌은 받는다'고 할 수 있습니다.

다시 본문 창세기 22장으로 가겠습니다. 우상숭배라는 것은 절에 간다고 해서 우상숭배가 아니고 하나님 보다 더 사랑하면 우상숭배입니다. 아들이 우상이 되면 이것 받습니다. 돈이 우상이 되어도 받습니다. 명예가 우상이 되어도 받습니다. 자기 몸이 우상이 되어도 받습니다. 받는 제목에 따라서 다른 모양의 형벌을 받게 되어 있지요.

아브라함은 입으로 시인하고 행동으로 옮겼기 때문에 하나님께 복을 받습니다. 12절에 하나님께서 **"이제야 네가 하나님을 경외하는 줄을 아노라"** 했는데 축복을 빌었습니까? 안 빌었습니까? 안 빌었어요. 쉽게 말하면 입으로 시인하고, 마음으로 믿고, 행동으로 행하고, 거기에다가 마침표를 찍어야 해요. 그 마침표가 예배입니다. 그만큼 예배가 중요합니다. 그것이 포장지와 같은 겁니다. 그래서 하나님이 네가 나를 사랑하는 줄 안다 해놓고, 복은 안 빌어 주셨어요. 복 빌기 전에 아브라함이 먼저 예배를 드렸는지 모르겠는데 그렇지 않은 것 같습니다. 하나님이 말할 시간이 없어서 기회를 놓치시는 분이 아닙니다.

10절~13절을 자세히 보십시오. 10절에 **"칼을 잡고 그 아들을 잡으려 하니"**, 11절에 **"여호와의 사자가 하늘에서부터 그를 불러 이르시되 아브라함아 아브라함아 하시는지라 아브라함이 이르되 내가 여기 있나이다 하매"**, 12절에 **"사자가 이르시되 그 아이에게 네 손을 대지 말라 그에게 아무 일도 하지 말라 네가 네 아들 네 독자까지도 내게 아끼지 아니하였으니 내가 이제야 네가 하나님을 경외하는 줄을 아노라"** 그랬지요. 여기에 내용을 자세히 보면 '네 뒤에 양 있다, 네 뒤에 복 있다'는 소리를 안 하셨습니다. 안했는데 13절에 **"아브라함이 눈을 들어 살펴본즉"**, 그때는 오로지 '저 아들 어떻게 잡을까'하는 생각만 하면서 가느라고 옆도 뒤도 안 봤을 것 같아요.

그런데 아들에게서 칼을 거두고 난 다음에 주위를 살펴보니까 뒤에 숫양이 수풀에 걸려 있었어요. 그것을 가지고 아들을 대신해서 번제로 드렸답니다. 번제로 드리니까 그 때, '여호와 이레'라는 말을 여러분이 잘 알잖아요. '여호와 이레'는 누가 한 말일까요? 아브라함이 자기 입으로 '여호와 이레'라고 했어요. 하나님께서 '내가 네 준비를 해 줄게' 이런 뜻이 아니고, '하나님이 준비 하시는구나'하는 신앙의 고백입니다.

'여호와 이레'라는 단어의 신앙 고백을 이때까지 잘못 인용하고 있었는데, '여호와 이레'는 '주님께서 준비해 주십시오'가 아니라 내 신앙의 고백이에요. 아브라함의 고백입니다.

14절 보겠습니다. **"아브라함이 그 땅 이름을 여호와 이레라 하였으므로 오늘날까지 사람들이 이르기를 여호와의 산에서 준비되리라 하더라"** 했지요. 아브라함의 신앙 고백입니다. 여러분도 날마다 '주님이 하셨네, 주님이 하셨네'하는 '여호와 이레'의 고백이 많았으면 좋겠습니다.

'주님이 하셨다, 주님이 하셨다' 구약에서 숫양을 잡아 바치는 것이나, 신약에 입술의 찬미, 입술의 고백, 찬송, 찬양은 제사와 같습니다. '찬미의 제사를 드리자, 입술의 고백의 제사를 드리자' 이것이 제사예요. 우리 입술에 주님을 시인하고 인정하는 것이 제사라고요. 이 제사를 드렸습니다. 그냥 양만 잡아 바치는 것이 아니라 아브라함이 입술로 시인하는 고백의 제사도 드렸던 거예요.

하나님이 친히 준비하셨다는 그런 고백을 드렸더니 15절에 **"여호와의 사자가 하늘에서부터 두 번째 아브라함을"** 불렀습니다. 부르면서 16~17절에 **"이르시되 여호와께서 이르시기를 내가 나를 가리켜 맹세하노니 네가 이같이 행하여 네 아들 네 독자도 아끼지 아니하였은즉 내가 네게 큰 복을 주고"** 제가 늘 이야기해서 여러분이 다 외울 거예요. 아브라함이 받는 복이에요.

17절에 **"큰 복을 주고 네 씨가 크게 번성하여 하늘의 별과 같고 바닷가의 모래와 같게 하리니 네 씨가 그 대적의 성문을 차지하리라"** 양평에 가면 자주 듣는 말이지요. 성경 단어 그대로 한번 봅시다. **"네 씨가 대적의 성문을 차지하리라"**가 무슨 뜻일까요? 말 그대로 하면 네 자손이 전쟁할 때에 상대방의 나라를 싸워서 이긴다는 거지요. 네 자녀는 누구와 싸워도 이긴다는 말입니다.

이것은 아브라함에게 준 복이에요. 아브라함이 여호와를 경외했는데 아브라함 후손들이 받는 복이 있어요. 여기에 보면 '이삭에게'가 아니고 '후손에게'라고 되어있습니다. 물론 이삭의 나이가 열 몇 살 인가 스무 살인가 되었는데도 불구하고 아버지가 자기를 잡는데도 가만히 있으면서 '아버지 왜 나를 잡습니까?'라는 소리도 안했잖아요. '아버지 왜 나를 묶어서 양같이 잡아 바치려고 합니까?' 이런 소리도 안했습니다. 그렇게 순종하는 모습이 복 받을 모습인 것은 맞아요.

그런데 18절을 보면 이삭이라고 하지 아니하고 **"또 네 씨로 말미암아 천하 만민이 복을 받으리니 이는 네가 나의 말을 준행하였음이니라 하셨다 하니라"**라고 되어있지요. 제가 여러분에게 창세기 12장 2절을 영어로 쓴 말씀을 액자로 만들어 줬잖아요. 씨가 복의 근원이지요. 만민이 너 때문에 복 받으리라고 했습니다.

위에 복과 밑에 복은 차이가 나지요. 위에는 아브라함에게 직접 '너는 큰 복을 받는다'고 했습니다. 우리가 행하면 큰 복을 받아요. 그런데 복의 근원이 돼요. 복의 근원이 되는데 나는 복을 못 받으면 안 되잖아요. 여기 보면 '네 씨가 번성하리라'는 것은 그러니까 수가 많아지는 복이에요.

그 다음에 전쟁하면 이기는 것입니다. 아브라함의 후손은 여기에서 보면 우리입니다. 모든 믿는 자들입니다. 꼭 이삭만 지칭한 것은 아니잖아요. 네 후손에게 그런 복을 준다고 했잖아요. 다시 말하면 15절에 두 번째 불렀다는 이야기예요. 첫 번째는 손대지 말라고 하셨고, 그 다음 두 번째는 복을 빈 것을 알 수 있어요.

'네 씨로 천하 만민에게 복을 준다'고 한 이유는 행하였기 때문에 받는 복입니다. 그렇지요? 그러면서 이 이야기를 하고 난 후에 생뚱맞게 20~24절에서 나홀의 후예 이야기가 왜 들어갔느냐 하면, 17~18절의 이야기가 실행되는 장면입니다.

생뚱맞게 갑자기 **"이 일 후에"**입니다. 어떤 사람이 슬쩍 와서 아브라함에게 소식을 전해 주는 거예요. 너희 형제 나홀의 자손이 이런 소문이 났더라, 아들 낳고 딸을 낳고 누구를 낳았단다 이런 소식을 전해줍니다. 이 소식을 전해주는 것은 '네 씨가 하늘의 별같이 번성케 되는데, 이삭의 배필이 여기 있다' 하고 알려주는 거예요. 소문 우연히 듣는 것 아닙니다. 위에 17~18절 축복을 받았기 때문에, 어떤 사람이 아브라함에게 이 이야기를 해 줘야겠다 하고 벌떡 일어나서 가는 겁니다. 이것이 그런 역사입니다.

예를 들면 앞으로 어떻게 될지는 모르겠는데 가만히 있다가 갑자기 '그것하면 좋겠다' 하고 그것이 이루어지면 20~24절입니다. 잘되는 소식이 오는 것 있잖아요. 하나님이 예언하고 네게 복 주고 큰 복 받으라고 하는데 이것에 소식이 와서 그 소식을 따라갔더니 복을 받는 거예요.

사실 생뚱맞잖아요. 갑자기 어떤 사람이 소식을 전해주는데 그 뒤에 보면 이 소식을 듣고 아브라함이 엘리에셀 자기 종을 보내잖아요. 종을 보내는데 자기 동생이 거기에 있다는 것을 알고, 동생이 딸을 낳았다는 것을 알고 보내는 겁니다. 아시겠지요? 확신을 가지고 보내는 겁니다.

하나님께서 이 소식을 전해 줄 때는 '하나님이 내게 알려주시는 구나' 생각하고 그러는 거예요. 그래서 여러분은 뭔가가 힌트가 오면 의심하지 말고 밀고 가십시오. 그래서 저는 어떤 일의 징조를 보면 '아, 이건 하나님의 역사다' 이러잖아요. 그것이 하나님의 역사가 이루어질 징조이지요.

23장에 아브라함이 사라가 죽고 나서 3절에 **"그 시신 앞에서 일어나 나가서"** 땅 사러 갔습니다. 24장은 엄마가 장사 되고 난 다음에 이삭이 아내를 얻는 이야기예요. 22장의 끝자락 이야기가 24장에 다시 연결 됩니다. 연속극에 보면 이야기 하다가 다른 집 이야기로 갔다가 다시 그 이야기로 돌아오잖아요. 이삭이야기를 하다가 한편 하고는 잠깐 사라 장사 지내는 이야기를 하다가 다시 이삭으로 돌아 왔습니다.

연속극 보면 두 집에서 이 집 이야기 하다가 저 집 이야기 하다가 왔다 갔다 하잖아요. 그런 것처럼 이것도 왔다 갔다 하고 있습니다. 그래서 24장을 다시 살펴보기로 하겠습니다. '너희가 하늘의 별같이 번성하리라'고 한 것은 결혼해서 아기를 낳아야 번성할 것 아닙니까? 그래서 리브가를 취하는 이야기를 설명해 놓았는데, 제 이야기를 듣고 24장을 보면 더 재미있습니다.

아브라함이 리브가가 있는 것을 다 알고 자기 동생 집에 종을 보내잖아요. 저는 보면서 하갈과 엘리에셀을 생각해 보았습니다. 정말 현저한 차이가 납니다. 역시 남자는 남자다워요. 의리 없는 사람도 있지만 남자는 의리가 있어요. 그리고 엘리에셀은 아브라함이 뭐하려고 했던 사람이지요? 자기 상속자를 삼으려고 했던 사람 이예요.

만약에 이 사람이 잘못된 사람이고, 자신이 상속자라고 교만했다면 그런 모습이 나타날 텐데, 오늘 24장을 보면 정말로 아브라함이 상속자로 삼을 만한 그런 충성심이 있는 사람 이예요. 거기에 가서 종의 신분임을 밝히고, 종의 신분으로써 처신을 잘 했지, 절대로 자기가 아들 될 뻔한 사람이라는 생각을 안했습니다. '아들 될 뻔한 사람'이라는 행색도 안 합니다. 이 남자는 참 멋있습니다. 그러니까 아브라함이 엘리에셀을 아들 삼을 만한 멋있는 사람 이예요.

오늘은 24장에서 이 엘리에셀을 소개해 보겠습니다. 우리도 이렇게 충성된 하나님의 아들, 딸이 되어야 합니다. 하나님의 종도, 선지자도, 목사님도 마찬가지고, 집사도 마찬가지고 이렇게 엘리에셀처럼 충성만 되면 안 될 것이 없습니다. 모든 사람이 예뻐할 겁니다.

24장 1절에 아브라함의 나이가 175세이고요. 10절에 가면 낙타를 10필이나 가져갑니다. 그러면 엘리에셀의 행차가 어느 정도인지 알겠지요? 낙타 10필을 몰면 혼자 갔겠습니까? 하인들이 따라 갔겠습니까? 하인들이 따라 갔을 것 같아요. 그리고 신부에게 줄 향품도 낙타에 다 싣고 가져갔잖아요. 옷도 가져가고, 보석도 가져갔으니까 도둑을 만날 수도 있어서, 군사겸 하인겸 많이 거느리고 갔을 거예요.

그러면 생각해 보십시오. 예를 들어 우리 교회에 자동차가 3대가

갔다가 철야 끝나고 돌아오면 갑자기 제 목에 힘이 주어집니다. 3대가 나란히 어두운 밤에 철야 끝나고 사랑교회에서 우리 집까지 오는데 굉장히 힘이 느껴지더라고요.

그런데 낙타가 10필이라니까요. 와 하고 몰고 가면 엘리에셀이 힘이 느껴진다는 말이에요. 낙타만 있는 것이 아니라 10필 낙타에 귀한 물건이 다 실려 있습니다. 등이 빈 낙타를 왜 데리고 가겠습니까? 10필이나 실어 갔다니까요. 그러니까 얼마나 그 마음에 힘이 있겠습니까? 제물에 대한 힘이 있었습니다.

12절에 보면 자기는 하나님을 안 믿는데 주인의 하나님께 기도합니다. 멋지지 않아요? 주인의 하나님께 기도합니다. 그리고 15절에 보면 '이러저러하게 해 주세요' 하고 하나님께 증거를 달라고 기도를 합니다. 기도를 마치자마자 리브가가 온 거예요. 엘리에셀이 기도를 마치고 나자 이 여자가 그대로 하는 거예요. 내가 물을 달라고 하면 물을 주고, '가만히 있어도 낙타에게 물을 먹인다고 하거든 그 여자가 맞는 줄 알겠습니다' 했는데 그 여자가 그렇게 한 거예요.

쉽게 말하면 리브가는 나그네에게 물을 마시게 하고 난 다음 낙타도 물을 마시게 하는, 이렇게 동물까지 생각하고 주위를 생각하는 사람이었습니다. 그래서 저는 리브가의 사상이 도량이 있고 관찰력도 있다, 쉽게 말하면 지혜와 이해심이 있다고 생각합니다.

어쨌든 리브가의 그 모습을 보고 엘리에셀이 22절에 선물을 줬어요. 코걸이하고 손목걸이를 엄청난 것을 줬어요. 코걸이는 반 세겔인데 금 손목 고리는 열 세겔짜리를 줬어요. 돈으로도 어마어마해요. 나중에 가면 선물을 굉장히 많이 줘요. 쉽게 말하면 금덩어리를 줬어요.

27절에서 엘리에셀이 하나님을 찬양합니다. 33절에서 엘리에셀의 모습을 보면 굉장히 충성된 종의 모습으로 책임감 있고 신중하게 처신하는 장면이 나옵니다. 엘리에셀은 처신을 참 잘하는 사람인 것 같아요. 32절에 발 씻고 밥 먹으라고 하니까 33절에 자기는 안 먹겠다고 했습니다. **"그 사람이 이르되 내가 내 일을 진술하기 전에는 먹지 아니하겠나이다"**라고 했습니다. 내용을 보면 엘리에셀이 라반을 앞에 놓고 설명을 길게 합니다. 그런데 이 사람들은 한 시간을 말해도 들었을 것 같아요.

34절에 보면 제일 먼저 한 말이 **"나는 아브라함의 종이니이다"**입니다. 이야기를 시작하기 전에 내가 주인처럼 행세하면 이 사람들이 듣는 자세가 달라지니까, '나는 종입니다' 하고 시작하는 거예요. 그러면 그 사람들이 듣는 태도가 달라지잖아요. 내가 주인이고, 부자고, 대통령이고, 아랍나라의 왕이라고 하면 행동이 달라지잖아요. 왕이라고 할 때는 말을 잘 순종 하지만, 종이라고 하면 말을 안 들을 수 있습니다. 그런데도 불구하고 종이라고 했을 때 말을 듣는 자를 선택한 것 같아요.

예를 들어서 제가 하나님의 종입니다. 이런 종의 설교를 여러분이 듣는 것은 여러분의 믿음이 합격하는 것이지요. 종의 말인데도 순종하는 것은 대단한 겁니다. 쉽게 말해 왕의 말은 권력이 무서워서 듣습니다. 그렇지만 종이 말하면 깔봐서 안 들을 수 있어요.

이런 장면이 계속 나오는데 엘리에셀이 정말 대단한 사람인 것 같아요. 종이라고 하면 자기 말을 안 들을 수 있는 입장인데도 어째서 종이라고 해놓고 이야기를 시작하는지 하갈과는 전혀 다른 사람입니다. 자기의 깜냥을 알고 자기의 신분을 기억에서 절대 잊지 않고 처신하는 장면입니다.

자기가 아브라함의 양자가 될 뻔한 아들이었다는 신분을 잊어버렸습니다. 그것을 잊어버리고 '나는 종이다' 하고 시작합니다. 멋지잖아요. 이 사람은 종이라서 멋진 것이 아니라 성실하고 충실하기 때문에 멋진 거예요. 이런 사람은 종이 아닙니다.

35절에 가면 주인을 높이기 시작합니다. 주인을 소개합니다. 자신이 온 목적은 주인의 심부름이니까 주인이 어떤 사람이라는 것을 소개하고 있습니다. '주인은 부자입니다. 주인은 아내를 노년에 잃었습니다. 주인이 소유를 남겨 줄 아들이 하나있는데 그 아들의 부인을 얻으러 왔습니다'하고 아주 상세한 설명을 합니다. 정말로 이야기의 순서를 맞게 설명 합니다.

그러면서 우리 주인은 자기 형제 중에서 며느리를 고르지, 이방인 중에서 며느리를 보려고 하지 않았기 때문에 내가 왔다고 설명하는 거예요. 37절에 보면 **"나의 주인이 나에게 맹세하게 하여 이르되 너는 내 아들을 위하여 내가 사는 땅 가나안 족속의 딸들 중에서 아내를 택하지 말고"**라고 합니다.

그런데 하갈은 어땠습니까? 애굽 사람을 며느리로 택했습니다. 이 엘리에셀은 자신의 일을 실천하고 있는 모습이 아브라함 못지않게 훌륭한 사람입니다. 38절에 **"내 아버지의 집 내 족속에게로 가서 내 아들을 위하여 아내를 택하라 하시기로"** 엘리에셀은 일에 용의주도한 사람입니다. 혹시 그 여자가 오지 않으려고 하면 어떻게 할까요? 하고 묻습니다. 39절에 **"내가 내 주인에게 여쭈되 혹 여자가 나를 따르지 아니하면 어찌하리이까"**하고 물었더니, 만약에 그가 안 오려고 해도 너의 책임은 아니다. 그러나 안 온다고 할지라도 이 땅에서는 취하지 마라. 그런데 반드시 올 것이라고 했습니다. 만약 안 올지라도 너의 책임이 아니니까 걱정하지 마라. 그러나 애굽이나 가나안 땅의 여인은 취하지 말라고 명령을 받았습니다. 그 설명을 40절 까지 하고 41절에 그것을 너에게 책임전가 하지 않겠다는 이야기까지도 합니다.

그리고 42절에 내가 오늘 우물에 이르렀는데 하나님께서 정말 형통하게 하셔서 우리 주인님의 동생 집에 나를 연결했다고 이야기를 합니다. 리브가의 사건은 다 아니까 생략하겠습니다. 47절에 낙타를 다 먹이고 하나님께 부탁한 그 증표가 다 이루어지고 난 다음에야 **"네가 뉘 딸이냐"**하고 물었습니다.

그것은 리브가의 품성과 자격, 큰 재산을 맡을 맏며느리 감의 자질을 테스트 한 것이라고 생각합니다. 우리도 리브가처럼 주위를 살필 수 있고, 약한 자를 살피고 무엇이 필요한 가를 볼 수 있는 눈이 필요해요. 제가 그것이 부족했는데 주님이 그것을 기르시려고 고생시키셨어요.

리브가는 아마도 종갓집 며느리가 될 만한 품성 테스트에 합격한 사람인 것 같아요. 우리가 그런 테스트에 통과 못 할 사람이면 하나님이 그렇게 만드실 겁니다.

그래서 어디에 가도 무엇을 할지, 무엇을 도와줄 수 있는지 아는 사람이 되는 거예요. 그러면서 일에 대한 노하우가 생기고 처세술이 생기는 거예요. 삘쭘하게 서 있지 않고 알아서 하는 사람이 되는 거예요. 짐승을 키우고, 음식을 만들고, 옷을 만드는 모든 일에 노하우가 생겨서 많은 사람을 거느릴 수 있는 책임자가 되는 거예요. 우리는 많은 사람을 거느리고 가르칠 수 있는 지도자가 되어야 해요. 지도자 양성이 되어야 합니다.

시간이 많이 가서 요약을 하겠습니다. 42~49절까지가 하나님이 하신 역사를 소개하는 장면입니다. 처음에는 자기가 누구인지 신분을 밝혔고, 둘째는 주인이 누구인지 밝혔고, 온 목적을 밝혔고, 그 다음에 하나님 역사를 밝혔습니다. 하나님이 이렇게 기사와 이적을 나타내서 동생 집으로 인도한 과정을 설명합니다.

과정을 설명하면서 50절에 보면 설명을 다 듣고 **"라반과 브두엘이 대답하여 이르되 이 일이 여호와께로 말미암았으니 우리는 가부를 말할 수 없노라"** 했습니다. 엘리에셀이 얼마나 설명을 잘 했는지 하나님이 이렇게 하셨다고 하니까 자신들이 Yes나 No를 할 수 없다는 거예요. 자신들이 좋다 싫다할 자격이 없다고 말합니다. 그러니까 엘리에셀이 설득을 잘 했다는 말이지요. 심부름을 잘 하고 있습니다. 자기 신분도 이탈하지 않고, 하나님도 높이고 주인도 세우면서, 자기의 심부름을 잘 하고 있는 것을 알 수 있습니다.

52~53절에 또 한 번 잘못하면 자기가 영광과 높임을 받을 수밖에 없는 장면인데도 절대 두 번의 유혹에 빠지지 않았습니다. **"아브라함의 종이 그들의 말을 듣고 땅에 엎드려 여호와께 절하고 은금 패물과 의복을 꺼내어 리브가에게 주고"** 했습니다. 쉽게 말해 땅에 엎드려 절 안하고 줬다고 생각해 봅시다. 어떻겠습니까? 자기 신분을 이탈

해서 으쓱할 수 있습니다. 신분을 절대 잊지 않았습니다. 어떤 경우에도 자기가 많은 금은보화와 돈을 가져다 줘도 '나는 심부름꾼입니다'라는 자세를 잃지 않은 것을 알 수 있습니다.

56절에 **"그 사람이 그들에게 이르되 나를 만류하지 마소서 여호와께서 내게 형통한 길을 주셨으니 나를 보내어 내 주인에게로 돌아가게 하소서"** 그 앞에 55절에 보면 열흘 동안 머물다가 가라고 했습니다. 대접받고 공궤 받을 기회가 많았습니다. 그런데 그것을 거절하고 주인이 얼마나 기다리는지, 아브라함이 얼마나 급하게 하루하루를 기다리는지를 생각해서 열흘을 안 머물고 바로 간다고 했습니다. 종의 신분을 끝까지 잃지 않았던 모습이에요. 주인의 이름으로 대접도 안 받았습니다. 아브라함도 멋지지만 이 엘리에셀도 정말 멋진 사람이에요.

하갈하고 비교하면 천지 차이잖아요. 하갈을 공부했으니까 엘리에셀이 보이는 거지요. 우리는 이런 엘리에설처럼 멋진 하나님의 종이 되었으면 좋겠어요. 누가 봐도 이 종은 이렇게 처신하면 남들이 이 사람을 종 취급 안합니다.

내가 주인이라고 주인 취급 안 합니다. 내가 종이라고 해도 종 취급을 안 합니다. 나의 어떤 행동을 보고 남들이 나를 깔보고, 남들이 나를 신뢰 안하고 하는 것이지 누구 때문이 아닙니다. 내가 옷을 거지같이 입어도 처신하는 것에 따라 다른 대접을 받습니다.

옛날에 어떤 인물 소개를 봤는데 여자가 정말 못생겼어요. 그렇게 못 생긴 여자는 처음 봤어요. 그런데 나중에 교수가 되고, 유명한 소설가가 되고 하니까 그 못생긴 얼굴에서 뭐가 나와요. 못생기게 안 느껴지더라니 까요. 거기서 무슨 인품이 나오는 거예요. 그래서 그런 사람은 어떤 옷을 입어서가 아니라 얼굴이 보여 지는 거예요.

그래서 우리가 천 원짜리를 입던지, 오 천원짜리를 입던지, 만 원짜리를 입던지 상관없습니다. 제가 입은 이 옷 비싼 옷입니다. 이 비싼 옷 입었다고 예쁘게 보입니까? 어제 만 원짜리랑 똑같지요. 주일날 만 원짜리가 더 예뻐 보이지요? 누가 이 옷에 다이아몬드를 달아도 다이아몬드라고 생각하겠습니까? 비즈인줄 알지요. 처음에는 어떤 사람이 옷을 후줄그레하게 입었다고 생각해도, 그 사람과 하루쯤 같이 있다 보면 그 후줄그레한 옷이 안 보입니다. 그 사람의 행위에 따라서 귀하게 보이기도 하고 천하게 보이기도 합니다.

그래서 남들이 여러분을 깔보는 것은, 여러분이 가난하고 싼 옷을 입어서가 아닙니다. 남들이 여러분을 귀하게 여기는 것은 여러분이 비싼 옷을 입어서가 아닙니다. 무슨 말인지 이해가 되지요? 좋은 옷 입었다고 나를 귀하게 여기는 것이 아니에요. 그러나 우리가 친분이 생기고 그 사람을 다 알고 나서 옷을 입으면 '오늘 좋은 옷 입었네'가 되는 거예요.

그런데 하갈을 보세요. 매일 밥 먹는 군사가 320명 쯤 되는 집에 밥을 하는 여자들은 몇 명일 것이며, 군사 외에 시중드는 하인은 얼마나 많겠습니까? 그러니까 전체 가족이 천 명이 넘습니다. 그것이 다 아브라함의 부하들과 하인들이란 말이에요. 거기에 여주인인데 신분이 하락되었잖아요. 자기 처신하나 잘못해서 자기 자리를 안 지켰기 때문에 영원히 종이잖아요.

그래서 사무엘상 2장에 보면 **"빈궁한 자를 거름더미에서 올리사**

귀족들과 함께 앉게 하시며 영광의 자리를 차지하게 하시는도다"라고 했습니다. 주님이 우리를 낮은 자리에서 세우신데요. 우리의 종의 신분이 귀족의 신분으로 상승합니다. 제가 이 자리에 선 것은 남이 알아주지 않아도 신분이 상승된 모습입니다. 세상 말로 하면 과부에 외아들 그것뿐이에요. 직업도 없어요. 옛날 같으면 말도 잘 못하고 아무것도 없잖아요.

그런데 신분상승이 되었잖아요. 어디가면 '장로님, 장로님' 하잖아요. 양평가면 기도 받는다고 끌어안고 난리예요. 거기에 현혹은 되지 않습니다. 여러분 정신 바짝 안 차리면 소쿠리 비행기 탑니다. 양평가면 소쿠리 비행기 타기 좋습니다. 하지만 저는 그것에 요동하지 않습니다. 하나님 보시기에, 하나님 눈에 제가 여호와를 경외하는 자가 되어야 하지, 그 사람 눈에 예쁘면 뭐 할 겁니까? 하나님 앞에도 아무 소용이 없습니다.

내가 내 정신을 차리지 않으면 엘리에셀이 아브라함의 주인이 되어 버립니다. 그렇게 되면 안 되거든요. 우리가 길을 잘 찾아야 해요. 지금 내가 엎드려 절 할 때인지, 절 받을 때인지 잘 알아야 해요. 그래서 저는 오늘 성경 인물 중에서 이 엘리에셀이 너무 멋지다고 생각했어요. 감동적이었습니다. 순간순간 언제든지 아브라함처럼 대접 받을 수 있고, 열흘 동안 있다가 간다 해도 아무도 뭐라고 할 사람이 없어요.

그런데도 주인을 위해서, 혹시나 열흘 동안 머물다 보면 미운 털이 박힐 수도 있을 거예요. 라반이 '이 녀석, 왜 안가나' 이럴 수도 있을 거예요. 괜히 멋진 사람이 그렇게 될 수도 있어요. 여러분이 알아서 처신해야 합니다. 대접해준다고 그냥 있으면 안 됩니다.

그래서 사람이 자기가 처신할 것을 잘 아는 것이 지혜인 것 같아요. 그리고 자기가 자기 신분을 잃지 않으면 지혜로운 처신을 할 수 있는 생각이 나요. 우리가 종의 신분을 잃지 않고 주님을 섬기면, 멋지고 복도 받고 높여 질 겁니다. 그래서 우리도 엘리에셀처럼 충성스러운 하나님의 종들이 다 되시기를 바랍니다.

기도하겠습니다.

영광과 존귀와 찬양을 받으시기에 합당하신 내 아버지 하나님. 진실로 고맙고 감사합니다.

하나님께서 우리를 너무나 사랑하시고 그래서 뽑으셨습니다.

저는 정말 도량도 없고, 처세술도 없습니다.

그런 저를 이만큼 양육해 주셨는데, 지금 다 된 것도 다 이룬 것도 아니고, 어제도 '내가 처세술이 없구나'라고 생각했습니다. 남에게 보이려고 하는 것이 아니고 그냥 '나는 나'라고 생각하고 있었습니다.

아버지 저는 제자들을 생각할 때는 지혜롭게 생각할 수 있는데, 믿지 않는 자를 놓고 생각할 때는 그들을 생각하는 마음이 적습니다.

아버지 하나님, 우리를 양육하시되 정말 엘리에셀 같은 충성된 종으로써 양육되게 하시고, 또 눈이 있게 하시고, 귀가 있는 우리가 되어져서 어디에서나 사람들에게 존경받고 인정받고 하나님의 영광을 나타내는 저희들이 되게 도울 것을 믿사옵고 예수님의 이름으로 감사하고 기도드리옵나이다. 아멘.

창세기 여드레

창세기 26장 1절에 보면 아브라함 시대에 첫 흉년이 들었고, 두 번째 이삭 시대에 흉년이 들었습니다. 아브라함 시대에 흉년이 들었을 때 아브라함이 애굽으로 내려가서 하나님께 징계를 받았고, 아비멜렉과의 곤란한 사건을 만났지 않았습니까? 여기도 보면 결국 이삭도 아버지와 똑같이 아비멜렉 사건을 만나는데 이것이 유전이에요. 아버지와 똑같이 자기 부인을 누이라고 하고, 아비멜렉 왕과 아내 때문에 문제를 만납니다.

여기에서 아브라함과 이삭의 차이가 무엇이냐고 하면 아브라함은 믿음의 조상이고 이삭은 믿음의 조상의 아들이에요. 거기에서 차이가 납니다. 아브라함은 흉년을 만났을 때 이의 없이 그냥 애굽으로 내려갔잖아요. 지금 이삭은 상황이 조금 다른 것을 알 수 있습니다.

1절에 보면 **"아브라함 때에 첫 흉년이 들었더니 그 땅에 또 흉년이 들매 이삭이 그랄로 가서 블레셋 왕 아비멜렉에게 이르렀더니"** 했습니다. 또 내려갔습니다. 그랄과 블레셋은 다 애굽입니다. 2절에 보면 **"여호와께서 이삭에게 나타나 이르시되 애굽으로 내려가지 말고 내가 네게 지시하는 땅에 거주하라"**고 했습니다. 이것이 아브라함과 이삭의 차이인 것 같습니다. 믿음 좋은 아버지를 가진 이삭에 대한 하나님의 호의라고 해야겠지요. 잘못된 길을 가는 것을 막아주시고, 가야할 길을 인도해 주시는 하나님의 은혜가 이삭에게 있었던 것을 알 수 있습니다.

내려가지 말고 지시하는 땅에 거하라고 했는데 그 땅에 거하게 되면 내가 너에게 복을 주겠다고 했습니다. 3절에 **"이 땅에 거류하면 내가 너와 함께 있어 네게 복을 주고"** 했습니다. 내 말의 지시를 따르면, 인도를 따르면, 성령의 감화 감동과 인도하심을 따르면 첫째는 '함께 하신다'입니다. 성경 에서 '함께'라는 복이 굉장히 좋은 복이잖아요. 그러면 어떻게 하면 함께 하시지요?

빌립보서 4장 9절에 어떻게 하면 함께 했지요? **"너희는 내게 배우고 받고 듣고 본 바를 행하라 그리하면 평강의 하나님이 너희와 함께 계시리라"** 했습니다. 말씀을 지켜 행하면 함께 하시지요. 3절에도 있잖아요. 네가 내 말의 지시대로 따르면 함께하리라. 하나님의 말씀을 순종하고 지켜 행하면 하나님이 함께 하십니다.

두 번째는 이 모든 땅을 너와 네 자손에게 준답니다. 3절의 복을 더 상세하게 설명하는 것이 4절입니다. **"네 자손을 하늘의 별과 같이 번성하게 하며 이 모든 땅을 네 자손에게 주리니 네 자손으로 말미암아**

천하 만민이 복을 받으리라" 했습니다. 자녀들을 번성하게 하고 또 복의 근원이 되게 합니다. 제가 창세기 12장 2절을 영어로 손녀에게 암송을 시켰거든요. 여러분 자녀들에게도 아버지가 그 정도는 암송을 시키세요. 제가 지난번에 액자로 줬잖아요. 주로 '복의 근원'이라는 단어가 정말 많아요.

3절에 보면 **"네 아버지 아브라함에게 맹세한 것을 이루어"**라고 했습니다. 12장부터 22장까지 6번 했지만 여기서도 계속 나옵니다. '네 아버지에게 언약한 그 땅을 준다. 아직도 아브라함이 못 얻은 땅이다' 창세기 12장에 네가 하늘의 별과 같이, 땅의 모래와 같이 번성케 해 준다고 했잖아요. 그 복이 아직도 이삭에게 와서 안 이루어지고 있습니다. 아직도 계속 약속하고 계시는데 어느 때 마다 약속하시죠? 내가 착한 일 했을 때 마다 와서 약속해 주시고, 내가 무슨 일을 했을 때 마다 기억하게 하시고 되새기게 하는 겁니다.

여기도 보면 네 아버지가 맞잖아요. **"네 아버지 아브라함에게 맹세한 것을 이루어"** 아직까지 창세기 12장에서 아버지 아브라함에게 맹세한 것을 못 이룬 거예요.

추수감사예배 전이나 추사감사예배 끝나고 나서, 아니면 연말이 지나면 제가 꼭 하는 말이 있어요. 하나님께서 복 준다고요. 그런데 제가 가만히 생각해 보니 저희들의 주기는 추수감사절이 주기인 것 같아요. 추수감사예배가 끝나고 마침표를 찍는 거예요. 일 년 동안 어떻게 살았는가 추수 때에 너에게 이만큼 줄게 하고 언제나 그랬거든요. 모 집사도 3년 만에 복을 주고 그랬잖아요. 각자 나름대로 지금 우리가 부자가 되는 것은 아니지만 순간순간 복을 주셨어요.

아직까지 다 얻지는 않았지만 맞다고요. 하나님이 아브라함에게, 이삭에게, 야곱에게 계속 말하고 계시는 것 하고, 제가 여러분에게 말하는 것 하고 모양이 똑같아요.

3절 끝에도 **"네 아버지 아브라함에게 맹세한 것"**을 준다고 했고요, 4절에도 **"네 자손을 하늘의 별과 같이 번성하게 하며 이 모든 땅을 네 자손에게 주리니 네 자손으로 말미암아 천하 만민이 복을 받으리라"**고 했어요. 이것이 복의 근원이지요. 5절에 보면 왜 이런 복을 주느냐 하면 아브라함 때문에 준다는 말이에요. **"이는 아브라함이 내 말을 순종하고"** 했습니다. 명령, 계명, 율례, 법도 이것을 아브라함이 지켰답니다.

성경에서 무엇을 명령, 계명, 율례, 법도라고 하는지 한번 살펴봅시다. 언제나 성경에서는 이것을 따로 분리하고 있어요. 제가 여러분에게 소개한 것은 규례와 율례는 예의범절과 기본적으로 해야 할 것을 말하고, 법도는 하나님의 법으로 지정된 것이라고 소개를 했는데, 더 구체적으로 성경적으로 올해도 살펴봅시다. 시편에 가면 더 잘 이해할 수 있을 거예요.

아브라함은 순종해서 명령과 규례와 율례와 법도를 다 지켰답니다. 얼마나 잘 지켰는지 상상은 잘 안되지만 다 지켰답니다. 6절에 보면 이삭은 하나님이 이 땅에 머물면 복 준다고 하니까 그 말을 듣고 그랄 땅에 거주 했습니다. 그것을 순종이라고 합니다. 순종 안 할까봐 3~5절에 복 준다고 정말 많이 말씀 하셨지요. 여러분 제가 여러분에게 "이렇게 하면 복되다, 순종하면 복되다, 말씀 들으면 복되다" 강조해서 설명을 하잖아요. 그러면 여러분이 순종하면 복 이예요.

그런데 하나님 앞에서 순종한 것은 아는데 자기가 순종 안 한 부분은 자신이 몰라요. 내가 하나님 앞에 충성하고 봉사한 것은 기억 하는데 자가기 봉사 안 한 부분은 몰라요. 다시 말해서 모르니까 안 했지요. 내 마음의 욕심 때문에 그냥 흘려버렸기 때문에 안 지키는 거예요. 그런데 주님은 그것까지 찾아서 지키기를 원해요.

우리가 과거를 생각하고 오늘 큰 소리를 치면 안돼요. 과거는 과거일 뿐이에요. 지나간 과거는 아무도 알아 줄 사람이 없습니다. 여러분, 옛날에 제가 날씬해서 42kg, 허리가 24인치였는지 누가 압니까? 다 소용없잖아요. 지나간 거예요. 지금이 중요하다고요. 하나님께서 지금 너 무엇하느냐? 지금 어디 있느냐? 하고 물으세요. 지금이 중요해요.

그러니까 우리가 그 소리 때문에 죄를 지어요. 지금 내게 뭐라고 하시면 지금 나를 살필 생각은 안 하고, 과거를 생각해서 시험도 들고, 어떤 사람을 나쁘다고 하기도 해요. 자기가 자기를 안 살피는 것이 죄예요. 어떤 소리든지 지금 자기가 그 소리를 들으면 자신을 살펴야 해요.

첫째 내 생각을 살펴봐야 해요. 그것이 굉장히 중요해요. 지금 나는 무슨 생각을 하고 있는가? 어제 무슨 생각을 했는가가 아니라, 하나님이 하신 것은 다 기억하고 있을 것 아니에요. 내가 받을 그릇 준비만 되면 갚아주실 건데 지금 준비가 안 되니까 자꾸 책망하시는 겁니다.

지금 잘해야 전에 했던 것이 빛을 발한다는 말이에요. 전에 많이 봉사했던 것들이 빛을 발하려면 지금 잘 해야 한다는 말이에요. 그래서 과거도 중요하지만 현재도 아주 중요합니다. 미래는 더 중요해요. 과거 없는 현재가 없고 현재 없는 미래가 없습니다. 현재 오늘 내가 없이는 내일이 없는 거예요. 오늘 내가 어떤 마음을 가지고 있느냐, 어떤 생각을 하느냐, 어떤 마음으로 행동하느냐가 중요해요. 잘 들으시기 바랍니다.

아브라함은 과거잖아요. 그런데 지금 하나님은 아브라함에게 하시는 말씀이 아니고 이삭보고 말씀하시잖아요. 이삭보고 '너 지금 여기 그랄 땅에 거하면 내가 복을 준다'고 했습니다. 옛날 너희 아버지 때문에 지금 네가 그랄에만 거하면, 지금 네가 준비되면, 옛날 너희 아버지가 심었던 것 지금 너에게 준다 이 말이잖아요. 너희 아버지에게 약속했던 땅을 지금 너에게 준다는 말이에요. 이게 현실성이에요. 너희 아버지가 옛날에 믿음의 족장이 되어서 순종하고, 이삭 너를 바치고, 여러 가지를 행했던 그것이 아직도 못 이루어지고 있는데, 지금 네가 그랄에 거하면 준다 이 말이에요.

6절에 이삭이 그랄에 거했잖아요. 그런데 7절에서 저는 이렇게 말하고 싶습니다. 아브라함이 회개를 안 했나봐요. 그것이 유전으로 내려가 버렸어요. 그래서 이렇게 말하고 싶습니다. '옥에 티'다. 그랄에 거한 것은 참 좋았어요. 그런데 아버지와 똑같이 자기 부인을 동생이라고 한 거예요. 두려워서 아버지와 똑같이 했지요. 두려우면 형벌이 따릅니다.

여러분의 머리에 새기세요. 두려움의 반대가 뭐지요? 이것을 그냥 줄였어요. 두려움에는 형벌이 따른다. 두려우니까 죄를 짓잖아요. 거짓말하잖아요. 우리는 새하얀 거짓말이 괜찮다고 생각하잖아요. 저는 옛날부터 저희 아버님이 거짓말 하는 것을 아주 싫어하셨기 때문에 거짓말하는 죄는 제가 일가견이 있는가 봐요. 굉장히 관심이 있는 단어 중에 하나예요. 새하얀 거짓말도 거짓말이고 형벌이 옵니다.

여기에 새하얀 '옥에 티'와 같이 자기 부인을 동생이라고 한 것은 남들이 보기에 별거 아닌 것 같지만, 그것 때문에 형벌이 온다고 하면 상상이나 됩니까? 형벌이 옵니다. 뒤에 보면 굉장히 무서운 형벌이 와요.

12절에 보면 농사를 해서 백배의 축복을 받았습니다. 백배의 축복을 왜 받았을까요? 순종했기 때문에 그랄에 거주했기 때문입니다. 순종했기 때문에 백배예요. 그럼 '옥에 티'에 대한 것도 오겠지요? 1절에 보면 '흉년'이라고 했습니다. 눈은 눈 이는 이의 '축복'입니다. 눈은 눈 이는 이의 '형벌'이 옵니다. 순종하면 흉년이 들어도 곡식이 백 배 풍년이 됩니다. 그러니까 이것을 순종하면 이것을 주고, 저것을 순종하면 저것을 줍니다.

각자가 잘하는 것이 다르고 못하는 것이 달라요. 잘하는 것은 잘하는 것을 주고, 못하는 것은 못하는 것을 줘요. 저는 인정이 많아서 돈 관리를 잘 못하는 것 같아요. 그런데 사람들에게 마음의 상처 주는 것은 좀 적은 것 같아요. 그리고 제가 하나님께 긍휼을 입지 못하는 것에 대해서 남다르게 성경 보는 것에 시간을 많이 투자했어요. 성경에 시간을 많이 투자하니까 성경을 많이 알게 된 것 뿐이에요. 그것을 심었어요.

어떤 사람은 성경 보는 것 보다는 기도를 많이 해요. 저는 기도보다는 성경을 많이 봐요. 기도를 많이 하는 사람은 기도를 많이 하니깐 능력으로 사람들을 끌고 가는 것을 잘해요. 저는 성경을 많이 보니깐 성경을 많이 아는 거예요. 그것은 당연한 이치 아닙니까?

심은 대로 좋은 것을 주는 거예요. 여러분은 무엇을 잘합니까? 빗자루 질을 열심히 잘하면 빗자루 질 상이 온다니까요. 찬송 많이 하면 찬송의 상이 오고요. 그래서 어떤 교인 보고 집에서 복음성가 한 장씩을 부르라고 해서 열심히 불렀는데, 요즘 집에서 복음성가를 안 불렀나봐요. 어느 순간 집이 무섭다는 거예요. 그래서 "집에서 찬송 안 불렀지" 하니까 "네" 하기에 "네가 원래 그것을 통해서 하나님의 은혜가 시작되었다"고 했어요.

그것을 첫사랑을 잊었다는 이야기라고 합시다. 기도의 줄을 잡는 첫사랑이 거기였어요. 그것을 놓쳤으니까 거기로 돌아가면 다시 회복될 거예요. 무서움도 없어질 뿐만 아니라 기도도 잘 되는 은혜가 온다는 말이에요. 하나님께 처음에 무엇 때문에 이 은혜를 받았는지 그 시초가 중요해요.

이 은혜를 왜 받았는가? 내가 무엇을 하다가 기도 응답을 받기 시작했는가? 기도 하다가 환상은 왜 보기 시작했는가? 그 시작점이 있어요. 그것을 찾으면 다시 환상도 보고, 다시 응답도 받고 하는 거예요. 내가 축복을 받다가 축복이 끊어지면 어디에서 그것이 끊어졌는지 그 초점을 찾으면 돼요.

저도 그런 경험이 있습니다. 그런데 그것을 알아도 돌이키는데 10년이 지나도 안 돌이켜 집니다. 한번 문제가 생기면 깨닫고 회개하고 돌이키는데 힘들지요. 그러니까 처음 갈 때 놓치지 말고 잘 가야해요. 축복을 처음 줄 때 놓치지 말고 잘 가야지 한번 놓치면, 큰 둑이 조그마한 구멍에 무너진다고 했잖아요. 둑이 무너지고 나면 회개하고 돌아가는데, 다른 것은 복을 주지만 그것으로 돌아가는데 시간이 걸리지요.

그러니까 여러분 처음 갈 때 잘 가야지 놓치지 말아야 해요. 이해 안 되고 몰라도 윗사람이 하라고 하면 그냥 가면 돼요. 그것이 굉장히 중요해요. 제가 경험해 보니 저도 선생이고 엄마로써 자녀를 막은 거예요. 이렇게 해서 자녀들은 전부 엄마를 싫어해요. 엄마에게 원망 불평해요. 은혜 받는데 은혜를 막았거나 아니면 복을 받는데 복을 막았거나, 좋은 길 가는데 막았거나, 엄마는 도와준다고 했는데 눈이 어두우니까 그것을 막을 수밖에 없는 거예요.

저는 은혜자 인데도 막았는데 남들이야 오죽 막겠습니까? 그러니까 대한민국의 모든 딸들은 엄마를 다 싫어합니다. 엄마 좋아하는 사람이 별로 없습니다. 회개 많이 하면 엄마를 좋아하게 되겠지요. 엄마를 좋아는 하는데 미워해요. 그것은 자녀를 두고 무언가 영적으로 막힌 문제를 회개하면 말 잘 듣는 아이로 풀어진다고요. 여러분 자녀들도 마찬가지예요. 길을 열어 주는 거예요. 회개하고 수정할 수 있는 방법을 알려주는 거예요.

다시 돌아가서 이삭이 백 배 축복 받은 것은 하나님이 주셨다고 합니다. 아마 가려고 한 땅에는 풍성했는데 그랄 땅에는 안 풍성할 수 있어요. 그런데도 불구하고 그 말씀을 순종했더니 백배나 축복해 주셨어요. 복 주시는 데 13절에 보면 '창대하고, 왕성하고, 거부가 되고' 난리가 났습니다. 12절에 복을 줬는데 그 복을 더 자세히 설명하면 창대케 되는 복, 왕성하게 되는 복, 결국 거부가 되는 복을 백배를 받았다는 말이지요.

그 다음에 보면 양식뿐만 아니라 가축에게도 풍성한 복을 주었습니다. 그리고 나서 15절부터 33절까지 우물 사건이 나옵니다. 파면 빼앗기고, 파면 빼앗기고 이것이 '옥에 티'입니다. 자기 부인을 두고 아비멜렉 왕에게 문제를 일으켰잖아요. 그러니까 아비멜렉 왕하고 이삭과의 관계가 계속 시끄러운 거예요. 이삭이 하나님의 말씀을 들어서 복을 받았어요. 아비멜렉에게는 부인주고, 사과하고, 용서하고, 회개하는 일들이 안 이루어졌으니까 계속 시끄러운 거예요.

우물 개수를 보니 총 다섯 개를 팠어요. 다투고 문제를 일으킨 횟수는 세 번 이예요. 문제를 일으킨 것은 두 번째 부터입니다. 18절에 아버지 때에 팠던 것을 다시 한 번 팠지요. 두 번째 20절에 다시 파서 '에섹' 다툼이라고 했지요. 세 번째는 21절에 '싯나' 대적함이라고 했지요. 네 번째는 22절에 '르호봇'이라고 장소가 넓다고 했지요. 다섯 번째 25절에 우물을 파고 이름은 안 정했는데 뒤에 33절에 가면 '세바'라고 이름을 정했습니다.

그래서 전부 우물을 다섯 번 팠는데 싸운 것은 세 번 싸웠습니다. 물론 처음에도 파 놓은 것을 빼앗겼지만 그래도 구체적으로 다투고 빼앗긴 것은 두 번째 부터입니다. 이것은 아비멜렉과 자기 부인과의 관계에서 문제가 있었기 때문에 결국은 우물문제로 시끄러운 것이고, 이것이 옥에 티입니다. 나쁜 열매가 맺어지는 것을 알 수 있습니다.

27장을 보면 물론 다 잘했지만, 요즘 성경을 자세히 보면서 왜 이런 문제들이 왔는지 생각을 하게 됩니다. 3절에 보면 **"그런즉 네 기구 곧 화살통과 활을 가지고 들에 가서 나를 위하여 사냥"**하라고 했습니다. 이삭이 에서가 사냥꾼이니까 자기를 위해 사냥해서 자기가 즐기고 좋아하는 고기 요리를 만들어 오라고 했습니다. 그러면 마음껏 축복하리라 했습니다. 그런데 자세히 보면 하나님을 위해서가 아니라 자신을 위해서예요.

마음껏 축복하려고 하면 복은 하나님이 주시는 건데 하나님을 위해서가 아니라 '자기를 위해서'라고 했어요. 예전에는 이삭이 고기를 좋아하는 사람이구나라는 생각만 했는데, '나를 위하여'라고 했으니 이것은 심각한 문제인 거예요.

이삭이 좋아하는 아들이 에서예요. '내가 좋아하는 별미 육류, 내가 좋아하는 내 아들 에서'입니다. 나를 위해서 에서에게 마음껏 하나도 안 남기고 복을 다 빌려고 생각했어요. 왜냐하면 마지막에 야곱에게 안 주려고 복을 모두 다 주려고 작정했어요. 이삭은 씩씩한 사냥꾼 아들이 좋잖아요. 야곱은 매일 엄마 치맛자락 붙들고 밖에 나가지도 않고 부엌에서 죽이나 쑤고 있으니까요.

그런데 리브가는 자기 일을 도와주니까 야곱이 좋잖아요. 그래서 말은 없었는데 리브가가 끼고 도는 것이 이삭이 보기 싫었던 가 봐요. '저 놈은 남자가 돼서 엄마 치맛자락 붙들고 다니고 있으니 저 마마보이는 어떻게 할까?'라고 생각하면서 큰 아들은 씩씩하니까 복을 다 주려고 한 거예요. 나를 위해서 내가 좋아하는 에서에게요. '고기 잡아와라 내가 복 다 빌어줄게' 이런 거예요.

여기에서 죄가 나오는 겁니다. 하나님을 위해서가 아니라 내가 좋아하는 것, 즉 두 아들에게 공평해야 하는데 에서를 좋아하는 것이 문제가 됩니다. 왜냐하면 내가 좋아하는 아들은 언제나 말썽꾸러기가 되고 언제나 고통스럽습니다. 이삭이 좋아하는 에서가 나중에 골칫덩어리가 되잖아요.

여러분이 좋아하고 사랑하는 아들을 골칫덩어리 안 만들려면, 여러분이 사랑하는 딸 골치 아픈 사건 안 만나고, 옥에 티가 안 끼게 하려면, 하나님을 먼저 좋아해야 해요. 하나님을 먼저 위해야 해요. 자식들을 먼저 사랑하는 그것이 바로 우상이란 말이에요.

여러분이 좋아하는 아들은 원하는 만큼 신앙생활도 못하고, 원하는 만큼 재능도 발휘를 못하니까 어머니에게는 기도제목이 되는 거예요. 왜냐하면 보나마나 아들을 사랑했어요. 안 봐도 뻔해요. 겉으로는 안 그래도 속으로는 그것이 보인단 말이에요. 하나님은 공평하셔요. 너희 엄마가 안 사랑하면 내가 사랑할게 그러시는 거예요. 여러분이 에서가 축복받는 내용을 알기 때문에 이 말이 이해가 되잖아요. 복 하나도 안 남기고 에서에게 줄 것을 야곱에게 다 갖다 부으니까, 그 다음에 에서가 오니까 복이 하나도 없다고 했어요.

세상에 아버지가 어떻게 이럽니까? 동생 야곱에게는 하나도 남기지 않고 다 주려고 했어요. 여기에서 문제가 생기는 거예요. 그러니까 저희 엄마를 졸졸 따라다니는 것이 보기 싫었던 거예요. 엄마가 너무 끼고 도니까 그 집에 엄마파, 아빠파 이렇게 파당이 생긴 거예요. 성경 전체를 알아야 이 부분이 이해가 되는 거예요.

4절에 보면 **"내가 즐기는 별미"**입니다. 그래서 부흥 강사들이 자기들 식사 대접하면 모두 축복 받는다고 생각하는 가 봐요. 목사 대접 잘 하면 복 받는 다고 생각하는 가 봐요. 목사 대접 잘해서 복을 받는 것은 맞지만, 복 받을 값을 치러야 해요. 값을 안 치루면 다 실격 됩니다.

27장 사건은 결과입니다. 원인은 따로 있지요. 장자 명분을 팔아먹었잖아요. 장자 명분을 팔아먹었기 때문에 당연히 이래야 하지요. 당연히 야곱이 하나도 남김없이 복을 받는 거지요. 에서가 장자 명분을 팔아먹었으니까요. 구약시대에 장자는 곱하기 두 배거든요. 곱하기 2하고 나머지 하나는 에서가 받을 수도 있었을 텐데, 이삭이 '내 사랑하는 에서에게 다 줘야지' 했기 때문에 야곱에게 다 간 거예요.

가만히 놔두었으면 에서도 복을 받았을 텐데요. 에서가 '복이 없다'는 것이 우리가 생각하는 복과는 다르다고 했지요. 아버지의 토지와 재산을 다 상속 받았잖아요. 결국은 아버지의 재산을 다 상속 받았어요. 그런데 애굽 여자와 결혼을 하면서 인생이 하나님 앞에서 옳지 못한 인생이 된 거예요.

4절에 **"내가 즐기는 별미를 만들어 내게로 가져와서 먹게 하여 내가 죽기 전에 내 마음껏 네게 축복하게 하라"**고 했습니다. 지금 이삭의 나이를 계산해 보면 137세예요. 그런데 이삭은 180세에 죽습니다. 몇 년 더 살았지요? 43년이나 더 삽니다. 그런데 뭐 축복하고 지금 죽으려고 합니까? 아마도 야곱에게 빼앗길까 봐서 그랬던 것 같아요. 자기가 기운이 없어지면 불리해져서 빼앗길까 싶어 그랬던 것 같아요.

눈은 어두워도 힘이 있을 때 다 에서에게 물려주려고 했던 것 같아요. 보통 아버지들 살아있을 때 지금 있는 집 등기이전 해 주고 하잖아요. 그것은 하나님의 뜻입니다. 무슨 뜻입니까? 뭔가 원인이 있기 때문에 그런 결과가 되는 겁니다.

리브가가 속이지 않았으면 이 장자 명분의 축복을 어떻게 받았을까 생각을 했습니다. 그래서 우리가 도저히 불가능하다고 생각하는 것을 믿음으로 살면 하나님이 하신다고요. 여기서도 아버지가 에서를 끼고 있기 때문에 도저히 불가능하잖아요. 그래서 엄마가 아버지를 속이고 변장을 안 해도 될 것 같은 일을 한 것 같아요. 그것도 옥에 티예요. 그랬기 때문에 야곱이 외삼촌 집에서 속임을 20번 당하잖아요.

그렇게 안 했으면 좋았을 텐데 생각 했어요. 그렇게 안하면 방법이 없다는 생각이 들잖아요. 그런데 가만히 생각하면 방법이 있을 것도 같아요. 갑자기 밤에 이삭이 기도하다가 하나님 명령이 떨어질 수도 있고, 갑자기 무슨 계기가 생겨서 야곱이 장자의 축복을 받았을 거예요. 그렇게 했더라면 에서도 차자의 복을 받았을 거예요. 그런데 이삭이 먼저 에서를 챙기고, 리브가도 리브가대로 야곱을 챙기고 둘 다 그런 거예요. 둘 다 챙기니까 둘 다 문제가 생기는 거예요. 이삭도 리브가도 그렇게 하지 말았어야 했어요.

그런데 감사한 것은 이들이 믿음의 족장이지만 이런 짓을 한다는 거예요. 우리도 그런 짓을 합니다. 그런 짓을 하거든 '나는 왜 이런가' 그러지 말고 회개하면 됩니다. 우리가 지나간 것을 놓고는 회개하면 됩니다. 우리가 지나간 잘못된 짓과 소행들이 정말 많잖아요. 그런 것이 생각나면 회개하고 다시 하지 않으려고 도움을 요청하면 됩니다.

도움을 요청하고 기도하고, 입술로 소리 내서 고백하면 반드시 하나님께서 하십니다. 여러분 입으로 하나님께 고백한 번 해 보십시오.

하나님이 고치시고 변화가 옵니다. 오면 얼마나 신나는지 압니까? 기도해도 너무 재미있고 신나는 거예요.

7절에 **"나를 위하여 사냥하여 가져다가 별미를 만들어 내가 먹게 하여 죽기 전에 여호와 앞에서 네게 축복하게 하라 하셨으니"** 했습니다. 그때 에서도 들에서 사냥감을 잡아와서 자기가 요리를 했던가 봐요. 그런데 야곱은 어땠습니까? 자기가 요리를 안 했어요. 이런 것들도 이삭이 꼴 보기가 싫었을 거예요.

여러분도 자식들이 자력을 갖도록 해 주어야 합니다. 자꾸 해주지 마세요. 자기가 알아서 할 수 있도록 하세요. 자력이 잃어지면 아버지가 봐도 꼴 보기 싫다니까요.

12~13절에 가면 야곱이 엄마에게 '아버지가 날 알아보면 축복은 고사하고 저주 받는 것 아닌가' 하니까 '걱정하지 마라 저주는 내가 다 받을게, 가져오기나 해라'고 해서 우리에 가서 염소 새끼 두 마리를 가지고 왔어요.

14절에 보니까 우리에서 끌고 오기만 해서 엄마에게 줬어요. 그러니까 엄마가 아버지가 즐기는 별미를 만들었어요. 그런데 에서는 자기가 만들었잖아요. 아마 엄마에게 미운 털이 박혔는가 봐요. 별미 만드는데 도와주지도 않고 자기 혼자서 다 했어요. 상세한 내용을 보면 정말 재미있습니다.

19절에 보니까 야곱이 준비해서 아버지에게 가져가니까 뭔가가 찝찝하잖아요. 아무리 눈이 어두워도 찝찝해서 이삭이 물으니까 야곱이 거짓말을 했어요. 엄마가 시켜서 거짓말을 했어요. 엄마 때문에 거짓말쟁이가 되었습니다. 24절에도 엄마 때문에 두 번이나 거짓말쟁이가 되었습니다.

왜냐하면 야곱은 처음에 안 하려고 했잖아요. 그런데 엄마가 괜찮다고 하라고 했잖아요. 그래서 아버지가 물으니 어떻게 합니까? 야곱 같고 에서가 아닌 것 같다고 하니까 '아닙니다. 내가 에서가 맞습니다'라고 했잖아요. 19절과 24절에 거짓말을 했습니다. 그런데 25절에 보면 고기와 포도주를 가지고 갔어요.

먹으니 기분이 좋아져서 26절에 **"그의 아버지 이삭이 그에게 이르되 내 아들아 가까이 와서 내게 입맞추라"**고 했어요. 하여간 먹으면 기분이 좋아져요. 먹어서 기분이 좋아지는 것은 전도서에 보면 하나님이 주신 선물입니다. 인생에게 일해서 만족하는 즐거움과 먹어서 즐거운 것 두 가지 선물을 주셨어요. 하나님이 주신 선물이에요.

그래서 여러분이 열심히 수고하고 만족스럽고 즐겁게 먹어야 병이 안 생겨요. 즐겁게 먹는 것도 축복이에요. 남에게 베푸는 수고도 즐겁게 하고, 주의 이름으로 봉사도 즐겁게 하고, 고달픈 것도 즐겁고 달게 여기면 일한 수고의 열매를 먹습니다.

수고에 대해서 말씀을 많이 드렸는데, 이사야 53장 11절에 **"그가 자기 영혼의 수고한 것을 보고 만족하게 여길 것이라"** 했습니다. 예수님께서도 영혼이 수고한 것을 보고 굉장히 만족하셨습니다. 수고 중에 최고의 수고가 영혼을 위해 한 수고입니다. 제가 누구보고 기도를 해 주었는데 이때까지는 자기와 자식을 위해서 수고했지만 이제부터는 주를 위해 수고하라고 기도했어요.

그 수고를 이제는 자식들을 먹이려고 수고하지 말고, 주의 이름으로 봉사하면서 수고하라고요. 그래야 하나님께서 수고에 대한 결과를 보고 만족스럽게 해 주신다고요. 우리 모두가 자식 때문에 수고하잖아요. 나중에 자식들이 우리에게 때때로 올무가 되더라도 자식 때문에 수고하잖아요.

그래서 이삭도 자기의 먹고 마심으로 기분이 좋으니까 하나도 남기지 않고 축복을 다 빈 거예요. 기분이 너무 좋아서요. 그래서 가끔씩 기분이 우울하면 뭐 사 먹으러 가잖아요. 외식하러 가서 맛있는 것 사 먹잖아요.

음식도 자기가 좋아하는 것, 별미를 먹고 나면 기분이 좋아져요. 그러니까 하나도 남기지 않고 축복을 다 빌었지요. 물론 아들을 좋아해서 그랬지만요. 입도 맞추고 난리가 났어요. 나이가 40이 넘었는데 입을 맞추고 했어요. 이것을 보면서 유태인들이 입을 잘 맞춘다고 하더니 다 큰 아들을 놓고도 입을 맞추는구나 생각했어요.

어쨌든 이삭이 기분이 좋아서 입을 맞추었어요. 그래서 27절에 복을 빌기 시작하는 거예요. 제가 축복을 '향기, 향취'라고 했잖아요. 왜냐하면 기도의 향이 올라가서 하나님의 보좌 앞의 금향로에 기도의 향이 담긴다고 했잖아요. 기도도 향기고, 선행도 향기고, 우리가 봉사하고 헌금한 것도 향기입니다. 향으로 올라가는 겁니다. 그 향기가 다시 한 번 축복이 되잖아요. 그래서 27~29절에 축복을 많이 빌었어요.

30절 부터 에서가 와서 그때부터 난리가 나기 시작합니다. 상황을 듣고 나서 아버지가 33절에 벌벌 떱니다. 그냥 떤 것이 아니고 **"심히 크게"** 떨었습니다. 에서에게 주기로 한 복을 못 주게 됐으니까 문제가 심각해지는 거예요. 난리가 났어요.

33절에 **"그를 위하여 축복하였은즉 그가 반드시 복을 받을 것이니라"** 했습니다. 이것이 유태인들의 성품입니다. 우리도 이래야 합니다. 한번 뱉은 말은 책임지고, 기도한 것은 그대로 믿어야 합니다. 예언 받고 응답 받은 것 그대로 믿어야 합니다. 축복이 나간대로 그대로 믿습니다. 우리는 그것을 희석시킵니다.

경상도 사람들은 구렁이 담 넘어 가듯이 하는 면이 있습니다. 그런데 철저하고 정확하게 믿어야 해요. 자기가 복 빌고는 자기가 믿은 거예요. 유태인들은 그런 습성이 있어서 너무나 무서워서 벌벌 떠는 거예요.

이삭이 에서에게 그의 동생을 나쁘게 이야기 합니다. 네 아우가 와서 속여서 복을 다 빼앗아 갔다고 합니다. 맞는 말이긴 한데 어떻게 보면 자기 탓도 있잖아요. 자기가 못 알아본 탓도 있잖아요. 처음에 뭐가 찝찝했잖아요. 냄새는 에서 냄새인데 목소리는 왜 야곱 목소리냐고 물었잖아요.

여러분도 옛날에 뭔가가 지나고 나서 찝찝하면 문제가 되지 않던가요? 찝찝할 때 거기에서 멈춰야 해요. 이삭이 찝찝했는데 멈추지 않고 간 거예요. 야곱이 가고 나니까 심히 크게 벌벌 떨고 난리가 났잖아요. 그래서 이삭이 에서에게 네 동생이 다 빼앗아갔다고 말합니다.

이것은 둘이 비밀히 통하는 이야기입니다. 이삭과 에서의 관계가 잘 보입니다. 두 사람의 관계가 그랬던 가봐요. 이삭이 **"네 아우가 와서 속여 네 복을 빼앗았도다"**라고 말한 것을 보면 얼마나 이삭과 에서가 친했는지 알 수 있어요. 그러니까 에서도 야곱이 옛날에 장자 명분도 빼앗아 갔는데, 지금 복도 빼앗아갔다고 주거니 받거니 둘이

서 은밀한 대화가 이루어집니다.

그것이 36절입니다. 장자 명분을 빼앗겼으면 당연히 축복도 받아 가는 것이 맞잖아요. 만약에 내가 배가 너무 고파서 팥죽 한 그릇 때문에 장자 명분을 팔았으면 가슴이 찢어지도록 회개를 해야 합니다. 축복이 있는데 빼앗기지 말아야 하는데 빼앗겼다면 그냥 울어서는 안 됩니다. 정말 가슴을 치고 찢으며 회개해야 합니다. 회개해서 하나님의 긍휼을 입어야 합니다.

41절에 보면 앞에 26장에 아비멜렉과 이삭과의 관계에서 이삭이 100배의 축복을 받으니까 미움을 받은 것처럼, 야곱의 축복으로 에서가 야곱을 미워합니다. 이삭이 100배의 축복을 받고 미움을 받고 우물 사건이 생겼는데, 그것은 옥에 티 때문에 미움을 받은 겁니다.

그런데 욥기서에 보면 욥은 그렇지 않습니다. 42장에 욥은 갑절의 축복을 받아도 미워하는 사람이 아무도 없었습니다. 모든 이웃들이 금 고리 하나씩을 가지고 와서 다 복을 빌었습니다. 욥기서를 보면 사람들이 참 웃깁니다. 사람들은 남 욕하면 다 욕합니다. 복 빌면 다 복을 빕니다.

남들이 다 욕하고 가난해서 아무것도 없을 때 뭐 좀 갖다 주면 좋을 텐데, 갑절이나 축복을 받았는데도 더 갖다 줍니다. 그래서 성경은 있는 자에게 더 줍니다. 욥이 갑절의 축복을 받았는데도 전부 금 고리를 가지고 와서 복을 빌었습니다. 그냥 와도 될 텐데 옛날에 하나도 없을 때 그렇게 했으면 좋았을 텐데 말입니다. 그런데 거기에서는 욥이 갑절의 축복을 받았다고 시기하고 질투하는 사람들이 하나도 없었습니다.

그런데 이삭과 아비멜렉 사건에서 이삭이 100배의 축복을 받았을 때는 아비멜렉이 '저 놈은 내게 거짓말을 했는데 복을 받는구나'하고 시기를 했습니다. 오늘 여기도 보면 마찬가지입니다. 아버지가 에서에게 줄 것을 야곱에게 주었더니 에서가 시기 질투를 합니다. 이것은 에서가 죄를 짓는 장면입니다. 에서가 왜 죄를 짓습니까? 아버지가 에서를 너무 사랑했기 때문입니다. 그리고 아버지가 에서를 사랑해서 기대가 컸기 때문에 실망도 큰 겁니다.

41절에 에서가 미워서 심중에 동생을 죽이려고 합니다. 얼마나 미웠으면 동생을 죽이려고 합니까? 에서가 심중에 **"아버지를 곡할 때가 가까웠은즉 내가 내 아우 야곱을 죽이리라 하였더니"** 했는데, 42절에 **"맏아들 에서의 이 말이 리브가에게 들리매"**라고 했습니다. 심중에 했는데 너무 화가 나니까 소리를 지르고 했는가 봐요.

43절에 리브가가 아들 야곱을 자기의 친정집, 오라버니의 집으로 보냅니다. 그래서 노가 풀릴 때까지 거기에 있으라고 했습니다. 45절에 **"네 형의 분노가 풀려 네가 자기에게 행한 것을 잊어버리거든 내가 곧 사람을 보내어 너를 거기서 불러오리라 어찌 하루에 너희 둘을 잃으랴"** 그랬더니 46절에 **"리브가가 이삭에게 이르되 내가 헷 사람의 딸들로 말미암아 내 삶이 싫어졌거늘"** 이라고 합니다.

이 말은 에서가 이방 여인과 결혼한 것 때문에 삶이 싫어졌다는 이야기입니다. **"야곱이 만일 이 땅의 딸들 곧 그들과 같은 헷 사람의 딸들 중에서 아내를 맞이하면 내 삶이 내게 무슨 재미가 있으리이까"** 했습니다.

여기서 설명을 좀하면 에서는 처음부터 거기서 애굽이나 가나안 땅 여인을 취했습니다. 현재 부인이 있는 상태입니다. 리브가가 그것이 싫었어요. 그래서 야곱은 그렇게 안 했으면 좋겠다고 이삭에게 은근히 이야기를 합니다. 그런데 그 이야기를 하는 이유는 형에게 죽임을 당할까봐 외삼촌 집으로 도망을 시키려고 하는 겁니다.

상세한 내용은 말하지 않는데 리브가가 똑똑한 거예요. 데리고 올 때부터 똑똑했잖아요. 남편에게 이야기는 하는데 에서에게 죽을 것 같으니까 야곱을 도망시키자는 소리를 안 한 거예요. 그냥 이방인과 결혼한 것이 상처인데 또 이방인과 결혼하는 것은 싫다고 이야기를 슬쩍 띄웁니다.

그러니까 28장에 이삭이 야곱을 불러서 축복하고 당부하면서 보냅니다. 당부하는 내용을 듣고 에서가 화가 나서 또 가나안 여인을 취합니다. 결국 이삭의 사랑은 빗나간 사랑입니다. 성경적인 사랑이 아닙니다. 그래서 자녀를 계속 망치게 됩니다. 계속 이방 여인과 결혼하게 하고 망치게 합니다.

리브가는 배속에 있을 때부터 기도하고 출생시켰잖아요. 그나마 거짓말 좀 하고 속이고 했지만, 속인 대가로 아들 객지 생활 20년 고생도 시켰지만, 그래도 믿음의 자리를 지킬 수 있도록 영향을 끼쳤습니다. 유태인들은 보통 엄마의 모계 신앙이잖아요. 우리도 모계 사회는 아니지만 실제적으로 모계 사회와 같습니다. 엄마의 교육에 의해서 자녀들이 많이 형성되고 있습니다.

그리고 심은 대로, 유전대로 입니다. 그래서 옥에 티도 살피면서 가면 좋을 것 같아요. 나의 옥에 티는 무엇인가? 자기의 옥에 티는 자신이 못 찾아요. 찾는 방법은 '나는 잘 했는데 누가 나를 책망할 때' 그것이 옥의 티라고 찾으면 됩니다.

그래서 누가 뭐라고 해도 조심하고 근신해야 합니다. 남이 내용도 모르고 그런다 싶어도 그 소리를 듣는 것은 내가 들을 짓을 했으니 듣는 거지요. 무언가 지금 행위가 바른 것 같은데도 하나님이 보시기에 그런 소리 들을 만한 것이 있어서 듣는 다는 이야기예요. 그러면 죄를 안 짓게 됩니다.

우리가 들을 짓을 했으니 듣는 거지 아무리 우리가 잘한다고 생각하지만 지금 뭔가 하나님의 마음에 모자란 것이 있으니까 그것을 하나님께서 더 채우기를 원하시는 거지요.

내가 지난 날 잘한 것을 지금 복 받기위해서는 지금 더 완전해야 합니다. 내일의 복을 받을 수 있는 자격을 만들려고, 여러분을 만들고 계시는 과정이에요. 지금 여러분을 고생시키시는 것은, 여러분이 선한 뜻이 있는 것을 귀히 여기셔서 부르셨고, 그리고 고난 가운데 복을 많이 심게 하시려고 부르셨습니다. 복은 고난 가운데 심습니다. 고난 가운데 물질도 심고, 몸도 심고, 마음도 심습니다.

여러분 마음이 가난하고, 돈이 없어 가난하면, 전심으로 사모하게 되고, '하나님을 위해 뭐 할 것 없나, 이런 걸 해야지' 이런 마음이 생기잖아요. 이것은 지금 심는 과정입니다.

물질이 풍족하면 이상하게도 그런 마음이 안 듭니다. 지금 고난 가운데 마음도, 물질도, 몸도 심으십시오. 심어서 나중에 우리가 만들어져서 완벽할 때 다 거둘 수 있는 저와 여러분이 되시기를 바랍니다.

기도하겠습니다.

영광과 존귀와 찬양을 받으시기에 합당하신 내 아버지 하나님, 진실로 고맙고 감사합니다.

하나님께서 우리를 사랑하셔서 뽑아 주셨고, 불러 주셨습니다. 은혜 안에 불러 주셔서 신령한 눈이 열려지고, 신령한 귀가 열려지고 또 미래가 보여지고, 하늘 세계가 보여지고, 스데반이 성령이 충만했을 때, 하늘 문이 열린 것을 보았던 것처럼 우리가 하나님의 뜻을 헤아려 알고 찾아 더듬어 가고자 설교를 듣고 또 듣고, 기도를 하고 또 할 때에 우리는 모르지만 하나님께서 인도하시고, 우리는 못하지만 할 수 있도록 도우심이 넘쳐지게 하셔서, 우리가 주님 뜻대로 고난 받았던 것, 위로로 영광 받게 하기 위해서, 하나님께서 우리를 고치시고 또 고쳐주실 것을 믿사옵고, 데살로니가 후서 1장에 네가 고난을 받은 즉, 환란을 받은 즉 위로도 받게 함이라고 한 것처럼 우리가 고난을 받은 즉 위로도 받는데 손색이 없는, 그렇게 아름답게 만들어져 가는 우리들이 되게 하실 것을 믿사옵고 예수 이름으로 감사하고 기도드리옵나이다. 아멘.

창세기 아흐레

*창세기 31장을 하기 전에 몇 군데만 언급하*고 가겠습니다. 창세기 28장 12절에 보면 야곱이 쌍둥이 형 에서를 무서워해서 도망하면서 돌을 베개로 삼고 누웠는데 **"꿈에 본즉"** 그랬거든요.

옛날이나 지금이나 하나님께서 우리들에게 나타나시는 방법은 여러 가지가 있습니다. 믿음이 적은 자와 은혜가 있는 자에게 나타나시는 방법이 조금은 다른데, 이때도 보면 야곱이 부모를 처음 떠났을 때에는 아마 믿음이 초보였을 거예요. 이때를 보면 주로 꿈으로 나타나셨습니다.

제가 여러분에게 이야기한 것처럼 욥기서에 보면 우리에게 하나님이 나타나시고 응답하시는 방법 중에 제일 초보가 꿈으로 나타나시는 거예요. 지금 야곱에게 나타나신 이때는 어떤 상황인가 하면 외롭고 고독하고 마음이 힘든 시기예요. 이럴 때는 마음이 낮아지는 시기입니다.

막막한 시기에 하나님이 찾아와 주셨고 또 말씀해 주셨는데 자세히 보면 12절은 환상을 보는 내용이고, 13절은 여호와께서 말씀하시는 장면입니다. 13~15절 까지가 꿈속에서 야곱에게 하나님이 말씀하시는 내용입니다. 야곱에게 하나님이 무슨 말씀을 하시려고 나타나셨는지, 야곱이 어떤 상황에서 나타나셨는지 내용을 알 수가 있습니다.

"(13)또 본즉 여호와께서 그 위에 서서 이르시되 나는 여호와니 너의 조부 아브라함의 하나님이요 이삭의 하나님이라 네가 누워 있는 땅을 내가 너와 네 자손에게 주리니 (14)네 자손이 땅의 티끌 같이 되어 네가 서쪽과 동쪽과 북쪽과 남쪽으로 퍼져나갈지며 땅의 모든 족속이 너와 네 자손으로 말미암아 복을 받으리라 (15)내가 너와 함께 있어 네가 어디로 가든지 너를 지키며 너를 이끌어 이 땅으로 돌아오게 할지라 내가 네게 허락한 것을 다 이루기까지 너를 떠나지 아니하리라 하신지라" 했습니다.

이 3절속에 굉장히 중요한 내용이 있는 것을 알 수 있습니다. 13절에 보면 지금 하나님이 누구신지 알 수 있고, 하나님이 이 말을 하시는 이유는 무엇인가, 너희 선조들 때문에 이 말을 한다고 하시면서 '이 땅을 내가 너에게 준다'고 했고, 14절에 가면 '너는 복의 근원'이라고 했습니다.

제가 창세기 12장 2절 이야기 했지요. 아브라함이 갈대아 우르를 떠났을 때에 주겠다는 약속의 복들이 계속 언급되는 것을 알 수 있습니다. 15절에 보면 야곱이 자기 일생에 가야 할 길을 가르쳐 줍니다. 방향 없는 나그네의 삶이 아니라 목적이 있고 목표가 있는 여정이 시작됩니다.

15절에 보면 다시 돌아 올 거라고 합니다. 야곱은 외삼촌 집에 가면서 엄마가 자기를 불러 준다는 말은 들었지만, 하나님께서 '너를 돌아오게 한다'는 말씀을 직접 들었기 때문에 20년 동안 외삼촌에 집에 있으면서 절대로 힘들지 않았을 겁니다.

왜냐하면 '하나님이 나를 돌아오게 할 것이기 때문에 여기는 내가 있을 곳이 아니다, 여기서 힘들고 서러움도 당할 수 있지만 내가 정말 안식하고 돌아 갈 곳이 있다'라는 목적을 알고 고생을 했기 때문에, 야곱은 외삼촌 집에 있으면서 힘들지 않았을 것이라고 생각합니다.

물론 실제로는 힘들었겠지요. 힘이 들었지만 인내하고 참을 수 있었습니다. 사람들이 공부를 해도 목표가 있으면 지구력을 가지고 합니다. 운동을 해도 올림픽에 나가서 우승하겠다는 목표가 있으면 피나는 노력을 참을 수 있잖아요. 내 삶에 힘들고 어려운 것을 참을 수 있는 사람은 목표가 있는 사람입니다. 그래서 사람마다 자기가 원하는 목표를 정하면 어떤 고생과 고난도 이길 수 있는 힘이 생기는 것을 알 수 있습니다.

이렇게 하나님이 야곱에게 '나는 너희 조부의 하나님, 아버지의 하나님'이라고 말씀하시면서 '다시 돌아오게 해서 이 땅도 줄 것이다'라고 하셨습니다. 외삼촌 집에 있을 때 얻는 재물이 다가 아니라는 거지요.

이 3절 속에서 '지금 있는 땅도 주고, 다시 돌아온다'고 했고, '너는 복의 근원이 될 것이다'라고 확실한 이야기를 해 주었기 때문에, 야곱에게는 굉장한 위로가 되고, 용기가 되고, 삶의 어떠한 고난 속에서도 힘을 부여받는 하나님의 말씀이 되는 것을 알 수 있습니다.

야곱은 이 말씀을 듣고 능히 20년 동안 잠도 제대로 못자고 추위와 더위를 견뎠습니다. 우리도 하나님이 우리에게 주신 언약의 말씀을 생각하면 고난이 있고, 가난하기도 하고, 힘들기도 하고, 욕을 먹기도 하고, 억울하기도 하고, 핍박 받기도 하는 것들이 있다 할지라도, 인내하고 참으면서 '결단코 하나님이 나에게 복을 주실 것이다. 하나님이 나를 기억하실 것이다. 하나님이 나의 수고도 보고, 희생도 보실 것이다'라는 그런 확신을 가지면 우리가 욕먹는 것도 부끄럽지 않고, 낮아지는 것도 힘들지 않습니다.

우리가 확신이 있는 환란은 걱정이 되지 않습니다. 왜 우리가 걱정을 하고 속상해 하느냐면, 미래가 보장이 되지 않는다고 생각하기 때문에 화내고 걱정하는 거예요.

내가 미래가 확정되었다고 생각하면, '나는 잘 될 것이다. 나의 아들, 딸도 잘 될 것이다'라는 확신이 있으면 참을 수 있는 마음이 됩니다. 우리가 머리로는 참을 수 있지만 마음으로는 참을 수 없는 경우도 있지만, 머리도 되면서 마음도 되면 능히 우리가 유력하게 나아갈 수 있는 것을 알 수 있습니다.

꿈에 나타났던 하나님은 어떤 자에게나, 빈손으로 내가 낮아졌을 때나, 내가 홀로 있을 때, 내가 고독할 때 찾아와 주셔서 위로의 말씀을 해 주시는 분인 것을 알 수 있습니다.

17절에 보면 여기에서 두려움은 죄를 지어서 두려운 것도 있겠지만 너무나 큰 역사에 놀라는 두려움이 아닌가 생각됩니다. 하나님을 만났기 때문에 두렵고, 상상 못할 미래에 큰 축복을 해 주신 것에 대한 두려움도 됩니다.

성경에 보면 언제나 **"일찍 일어나"**가 굉장히 많습니다. 그래서 믿음의 족장들이나 하나님의 지도자들은 일찍 일어난다고 생각합니다. 여호수아도 그렇고 모두들 그랬거든요.

18절에 보면 야곱도 아침 일찍 일어났습니다. 일찍 일어나서 제일 먼저 한 것은 꿈에 본 것에 대한 반응을 나타냈습니다. 제 남동생이 문자나 사진을 보내면서 제 여동생보고 너희들은 반응이 너무 없다고 해요. 문자를 보내도 답이 없고, 사진을 보내도 답이 없으니까, 옆에서 제 여동생한테 외삼촌에게 '확인 잘 했다고 답장이라도 좀 보내주세요' 하는 거예요. 그래서 요즘은 남동생한테 연락이 오면 "너희는 왜 반응이 없냐?"라고 할 것 같아서 제가 답장을 보내거든요. 그렇게 반응을 보이면 제 동생 같이 애살이 많은 사람은 그 반응을 보고 좋아한단 말이에요.

하나님 앞에서 우리도 반응을 보입시다. 하나님의 응답에 대한 반응을 보입시다. '하나님 축복해 주셔서 감사합니다' 하던지, '할렐루야 감사'하고 부르던지, 춤을 추던지, 감사 헌금을 하던지 이런 반응을 보여야 해요.

'하나님, 제가 하나님의 말씀을 알아들었습니다'하고 반응을 보여야 해요. 그래야 하나님께서도 '어, 그래, 재가 내 말을 알아 들었구나' 하세요. 여러분들도 제가 설교하다가 "책 보지 말고, 저 보세요.

제가 무슨 말하는지 알아들었습니까?" 하면 눈동자가 가만히 있어요. 알아들어서 눈동자가 반짝 빛나거나, 표정이 변하거나 하는 반응이 없으면, 모르는 것 같은데 하는 마음이 들어요.

여러분이 알아듣고 어떤 반응을 하면, 안 물어봐도 그 반응을 보고 아는 거예요. 설교자도 설교 듣는 사람들의 반응을 보면 기분이 좋고, 하나님도 하나님의 축복에 대해서, 위로에 대해서, 사랑의 손길에 대해서 우리들이 반응을 보이면 참 좋아하세요.

오늘 이 야곱은 반응을 나타냈잖아요. 하나님에 대한 반응이 어떤 모양으로 나타났는지 보십시오. 아침 일찍 일어나자마자 그는 하나님께 대한 서원과 기도와 맹세를 하는 거예요. 가지고 있던 것은 잠잘 때 베던 돌 밖에 없어요. 전 소유물인 기름 한 병을 다 붓는 거예요. 베고 자던 돌과 가지고 가던 기름을 다 부었어요.

아마 모르지만 이 사람들이 여행 중에 가지고 다니던 기름은 약과 같은 겁니다. 그것을 다 부은 거예요. 돌을 기둥으로 세우고 그 위에 기름을 다 부었습니다. 그리고는 여기가 "벧엘"이라고 하는 거예요. 이것은 아주 최상의 반응을 나타내는 거잖아요. 그리고 야곱은 야곱입니다. 에서가 야곱보고 뭐라고 했지요. 야곱은 이름이 야곱이 맞다고 했잖아요. 움켜지고 빼앗아 가고 해서 야곱 이름이 맞다고 했잖아요. 이 야곱은 사람에게도 그렇지만, 하나님 앞에서도 야곱의 기질을 가지고 주님 앞에 도전하는 모습이 참 좋습니다.

21절에 보면 야곱의 기질이 드러납니다. **"내가 평안히 아버지 집으로 돌아가게 하시오면 여호와께서 나의 하나님이 되실 것이요"**라고 했습니다. 야곱이 내 하나님이 아니라고 해서 아니고 맞다고 해서 맞습니까? 그런데도 이것은 반응 중에 하나예요.

22절에는 '내가 하나님의 성전을 짓겠습니다'고 했고, 또 '십일조를 바치겠습니다' 하고 아주 최상의 반응을 나타냅니다. 쉽게 말해 하나님께 최고로 잘 하는 것은 예배를 드리는 것입니다. 그리고 서원을 하고 서원을 지키는 것입니다.

여기에서 십일조를 드리고, 하나님의 성전, 즉 집을 짓겠다고 했잖아요. 야곱이 제일 두려워하고 겁냈던 것이 무엇이냐 하면 배고파서 죽을까봐 제일 겁냈던 것 같아요. 20절에 보면 **"나와 함께 계셔서 내가 가는 이 길에서 나를 지키시고 먹을 떡과 입을 옷을 주시어"** 했잖아요. 이것이 제일 문제였습니다.

객지 생활이 20년인지 몰랐겠지요. 3년이나 5년쯤 이라고 생각했겠지요. 그것이 20년이 지나갔습니다. 기대했던 3년이나 5년 동안 자기가 밥 굶지 않고, 입는 것 해결하는 것이 미래에 대한 최고의 걱정이라는 것을 이 장면을 통해 알 수 있습니다. 야곱이 마음 속에 제일 걱정한 것은 무서움과 그리고 뭐 먹고, 뭐 입을까 그것이 두려웠던 거예요.

그 문제에 대한 도움을 요청합니다. '내가 먹을 것, 입을 것을 하나님께서 책임져 주시옵소서' 그런 말을 이렇게 표현하는 것 뿐입니다. 나에게 먹을 것과 입을 옷을 주시고, 하나님이 편안히 돌아오게 하시면 나의 하나님이 될 것입니다. 그러면 내가 십일조도 드리겠고, 성전도 지어드리겠습니다. 이렇게 찰떡 같이 약속을 합니다.

그때는 그 마음이 우리하고 똑 같은 거예요. 그 때는 '내가 다 해줄게'라고 해 놓고 집에 돌아오면 마음이 조금 달라지잖아요. 그러니까 우리는 주님 앞에 무엇이든지 즉시가 좋아요. 말도 하려면 즉시 뱉는 것이 좋고, 안 뱉으면 내가 실천을 안 하거든요. 내가 '이렇게, 이렇게 주님 앞에 하겠습니다' 하고 안 뱉으면 집에 돌아가면 '내 형편에 도저히 못 하겠다, 아무래도 시간이 안 된다, 아무래도 내 몸이 피곤해서 안 되겠다' 이렇게 바뀌는 거예요.

그런데 생각이 났을 때 입으로 바로 고백하는 것이 굉장히 중요한 것 같아요. 야곱은 입으로 고백했는데도 못 지키잖아요. 여러분이 아시는 것처럼 고백했는데도 세겜성에 머물면서 벧엘로 안 돌아오잖아요. 하나님께 고백했는데도 안 돌아옵니다. 사람에게 고백한 것도 지킬까말까 인데, 우리는 당연히 하나님께 약속하고 서원한 것 안 갚은 것 없다고 생각하잖아요. 우리도 이 야곱처럼 하나님 앞에 서원한 것 안 갚은 것도 많고, 서원한 것 잊어버린 것도 많습니다. 기도하면서 우리가 찾아야 합니다.

여기에 서원한 내용을 하나님이 하실 것과 야곱이 할 것 두 가지를 구분해 봅시다. 야곱이 하나님께 기도를 하는데 야곱이 너무 웃기는 것은 자기가 할 것은 한 두가지 밖에 없고, 하나님이 하실 것은 굉장히 많아요.

우리가 그런 것 같아요. 처음에 보면 하나님이 나와 함께 하시고, 길에서 나를 지켜 주실 것, 먹을 것 입을 것 주실 것, 집으로 돌아오게 하실 것 이것들이 다 하나님이 하실 겁니다. 이렇게 해 주시면 하나님은 나의 하나님이 되실 것이다 라고 했습니다.

야곱이 하나님께 하는 것은 한가지 밖에 없습니다. 내가 여기에 성전을 짓고 십일조를 드리겠습니다. 너무 간단하지 않아요? 우리가 할 것은 요만큼인데 하나님께는 이만큼 도와달라고 하는 것 같아요.

그런데 하나님은 어떻게 하십니까? 들어주십니다. 내가 요만한 것 하나만 해도 하나님은 이만한 것을 들어주시는 하나님이십니다. 이것은 하나님이 우리를 향하신 사랑입니다. 요만큼 안 해도 도와주실 하나님인데 이만큼 하면 당연히 그만큼 도와주시지요. 안 해도 고백만 해도 도와주시는 하나님이, 기도하고 회개만 해도 도와주시는 하나님이, 내가 요만큼만 하면 얼마나 많이 도와주시겠습니까?

옛날 우리 시대도 그랬지만 하나님 앞에서도 안 달라지는 것 같아요. 제가 무슨 말을 하려고 하냐면 29장 18절에 **"야곱이 라헬을 더 사랑하므로 대답하되 내가 외삼촌의 작은 딸 라헬을 위하여 외삼촌에게 칠 년을 섬기리이다"**라는 구절에서 야곱의 생각을 소개하려고 합니다. 야곱이 무슨 마음으로 이런 말을 했을까요?

옛날 처음 제단 쌓을 때 '몸으로 때운다'는 말을 했습니다. 옛날 사람들은 돈으로 안하고 몸으로 다 때웠습니다. 요즘 사람들은 다 돈으로 하려고 합니다. 요즘 사람들은 다 입으로 합니다. 행동으로 안하고 입으로 합니다. 입으로 하고는 다 한 줄 압니다. 돈 있으면 돈으로 하고요. 말 잘하면 말로 하고. 옛날 사람들은 말로도 안하고, 입으로도 안하고, 몸으로 했습니다. 고생과 고난을 몸으로 채웠습니다.

야곱도 옛날 시대 사람이니까 외삼촌에게 몸으로 7년을 봉사한다고 했습니다. 돈이 없는 사람, 믿음이 없는 사람, 뭐가 없는 사람은 몸으로 때웁니다. 우리는 그렇게 안하고 싶은데 연단이 시작되면 몸으로 때우게 하십니다.

사람마다 훈련이 다 달라요. 누구는 돈 마구 안 쓰는 훈련합니다.

헌금도 더 하고 싶고, 여러 사람에게 밥도 내고 싶은 데 못하니까 본인은 힘든 거예요. 나중에는 시험에 들려고 해요. 그래서 안하는 훈련, 돈 없이 사는 훈련을 시키십니다. 한턱내고 싶어도, 누구 뭐 사주고 싶어도, 선물하고 싶어도 안 하는 훈련입니다.

반대로 어떤 사람은 손을 펴는 훈련, 손에 쥐고 있는 것을 내어 놓는 훈련을 합니다. 그것이 삭개오예요. 은혜 받으면 돈 주머니가 열린다고 하잖아요. 사람마다 달라요.

어떤 분이 부엌에 들어가서 일하는 것 보면 '노가다'가 몸에 안 배었구나 싶은 생각이 들어요. 하기는 잘 하는데 좀 어색해요. 꼼꼼하고 완벽하게 하려고 하는데 제가 보기엔 몸에 안 베인 것 같아요.

그런데 여러분이 저를 보면 '노가다'가 몸에 안 베인 사람 같아 보이지요? 저는 '노가다 대장'입니다. 못 하는 것이 없어요. 노가다 뿐만 아니라 시멘트도 잘 바릅니다. 여러분, 시멘트 바닥에 바르는 일, 벽에 바르는 일 둘 다 어렵습니다. 물기도 적당해야 하고, 한꺼번에 많이 하면 안돼요. 힘 조절 잘해서 해야 합니다.

저는 옛날에 컵 한번 쓰거나 입 한번 대면 안 먹었는데, 요즘에는 컵 하나가지고 이틀도 씁니다. 왜냐하면 구미시 장천면에서 흙구덩이 속에 굴렀기 때문이에요. 하나님이 저를 그렇게 굴리시는 거예요. 흙도 만지고, 벌레도 만지고, 똥도 만지고, 손톱 밑에 때도 끼고, 그렇게 농사를 하면서 저의 훈련을 위해서 그렇게 생활하게 하신 것 같아요. 장천은 우리에게 훈련 도장이었구나 하는 생각이 들어요.

장천에 있을 때 잡초 하면 정말 진절머리가 납니다. 여기서부터 시작해서 풀을 뽑기 시작하면 1번지를 갔다 오면 풀이 다시 자라있는 거예요. 정말로 감당이 안돼요. 그 풀 중에 제일 감당이 안 되는 것이 쑥입니다. 쑥을 뽑으면 땅 덩어리가 그냥 뽑혀요. 잡초 중에 보면 뿌리털이 있고, 뿌리가 있어요. 못된 풀은 보통 뿌리가 크고, 풀은 조그만 해서 제가 그것을 뽑아서 자로 재서 표본으로 붙여 놓았어요. 그것을 뽑으려고 하면 긴 것은 얼마나 힘이 드는지요. 실 같은 것들이 엉켜서 흙덩어리와 같이 나와요. 잡초는 무서운 겁니다.

우리의 죄도 이렇게 우리의 몸속에, 생각 속에 침투해 들어와요. 뿌리가 깊이 박히거나 아니면 잔잔한 뿌리가 엉켜 붙거나, 전체를 점령하거나, 우리 속에 침투하는 죄성은 그렇게 악한 거예요. 그래서 뿌리 내리기 전에 뽑아 버려야 합니다.

3일에 한번은 마음을 갈아 엎는 기도를 해야 해요. 3일 넘고 일주일이 넘으면 잡초들은 뿌리를 내립니다. 뿌리가 내리기 전에 반드시 다 뽑아내야 해요. 우리가 죄를 짓고 일주일이 되기 전에 크게 한번 회개해야 해요. 안 그러면 그것이 엉켜 붙어서 엉망진창이 됩니다. 피 속에 엉켜 붙어서 돌아다닙니다. 그래서 죄는 정말 지독한 겁니다.

하나님은 은혜 받은 우리를 왜 몸으로 고생하게 하실까요? 창세기 3장에 답이 나오지요. "근원이 된 땅을" 갈아엎어야 해요. 내 몸이 굳어진 것을 갈아엎어야 합니다.

이 몸이 흙이에요. 이 몸을 갈아엎어야 해요. 회개로 갈아엎고, 딱딱하고 굳은 마음을 경작해야 합니다. 그래서 하나님의 복음의 진리가 잘 들어갈 수 있어야 해요. 잡초는 이 땅을 뚫고 들어갑니다. 내 굳은 마음을 뚫고 들어갑니다. 그런데 하나님의 말씀은 안 들어갑니다. 하나님의 진리는 순종을 안 하고 싶은 마음이 드는 겁니다. 그래서 우리의 마음을 갈아엎어야 하는 것을 알 수 있습니다.

29장 21절에 보면 야곱이 외삼촌에게 이야기를 합니다. '외삼촌 내가 7년이 기한이 되었으니 내 아내 라헬을 주세요'라고 했습니다. 제가 이번에 보면서 외삼촌 라반이 나쁘다는 내용이 여러 군데 나온다는 것이 이해가 됐어요. 여태까지 몰랐는데 몇 가지를 소개해 보려고 합니다.

오늘 여기도 보면 7년이 되었는데 라헬을 주려고 생각을 하지 않았어요. 그러니까 야곱이 거꾸로 '7년이 되었으니 라헬을 주세요' 한 거예요. **"내 기한이 찼으니 내 아내를 내게 주소서"** 했잖아요. 그러니까 그제서야 준 거예요. 아마도 더 부려먹을 욕심 때문에 그랬을 것 같아요. 7년 더 해서 14년을 부려먹으려고 레아를 먼저 준 거예요.

31장 5절에 가면 야곱이 외삼촌 집에 있으면서 하나님의 역사들을 설명하고 있는 장면입니다. 20년이 되어서 외삼촌 집을 떠나려는 거예요. 1~4절에 보면 떠나려고 하는데 그 소식을 외삼촌의 아들들이 듣고 아버지에게 고해서 라반의 안색이 변하는 장면입니다.

5절에 보면 **"그들에게(라헬과 레아) 이르되 내가 그대들의 아버지의 안색을 본즉 내게 대하여 전과 같지 아니하도다 그러할지라도 내 아버지의 하나님은 나와 함께 계셨느니라"** 했습니다. 하나님 아버지가 계셔서 도와주셨기 때문에 너희 아버지와 문제가 되지 않았다고 했고요.

7절에 보면 라헬과 레아와 그 식솔들에게 너희의 아버지가 품삯을 열 번이나 변경했다고 합니다. **"그러나 하나님이 그를 막으사 나를 해치지 못하게 하셨으며"**라고 했습니다. 아마도 품삯을 열 번이나 변경

하면서도 그냥 변경 안 한 것 같아요. 무언가 패역하고 불의하게 변경하지 않았나 생각이 듭니다. 그래서 야곱에게는 하나님이 20년 동안 늘 힘이 되어주시고, 도움이 되어 주신 것을 알 수 있습니다.

11절에 보면 야곱이 야비하게 튼튼한 양이 오면 가지를 두어서 임신하게 해서 취한 것으로 생각할 수 있는데, 그것은 하나님의 지시예요. 하나님이 미리 꿈으로 알려주셨어요. 12절에 보면 **"이르시되 네 눈을 들어 보라 양 떼를 탄 숫양은 다 얼룩무늬 있는 것, 점 있는 것과 아롱진 것이니라 라반이 네게 행한 모든 것을 내가 보았노라"**고 했습니다.

이것은 아마도 하나님이 야곱에게 이렇게 하면 된다고 알려 주신 것 같아요. 하나님은 아마도 신풍나무를 갖다 놓지 않아도 튼튼한 것은 야곱의 것이 되게 해 주셨을 겁니다. 왜냐하면 외삼촌이 야곱에게 행한 것과 야곱의 수고를 보았기 때문에, 튼튼한 새끼를 낳으면 네 것을 만들어 줄 것이라고 이야기 하는 장면인 것을 알 수 있습니다.

12절은 현재가 아니고 전에 그렇게 해서 내가 부자가 되었다는 이야기입니다. 그리고 13절에서 **"나는 벧엘의 하나님이라 네가 거기서 기둥에 기름을 붓고 거기서 내게 서원하였으니 지금 일어나 이 곳을 떠나서 네 출생지로 돌아가라 하셨느니라"**하나님이 네 출생지로 돌아가라고 한다고 하나님께 응답 받았다고 합니다.

꿈속에서 현몽을 받았지요. 꿈속에서 지시하심을 받았고 가기 때문에 갈 길이 형통할 것을 믿었겠지요. 믿었는데도 겁이 난거예요. 내용을 보면 야곱의 믿음이 아직도 출중하지 못하니까, 하나님의 응답으로 출생지로 돌아가라고 해서 돌아가는데도 겁이 나서 그냥 못 돌아가는 장면이 뒤에 나옵니다.

20~21절에 보면 그냥 못 나오고 도망합니다. 가만히 떠났고 도망한 지 삼일 만에 도망한 것이 들켰다고 했지요. 그러니까 꿈에서 하나님께 응답 받고 하는 것인데도 걱정합니다. 여러분도 된다고 응답 받았는데도 걱정하지요? 똑 같은 겁니다. 여러분은 하나님의 아들이고 딸이잖아요.

쉽게 말해서 하나님께서 여러분을 너는 내 것이라는 보증과 표시로 성령을 주셨고, 그 성령을 받았기 때문에 여러분이 하나님의 아들의 권세를 누릴 것으로 믿잖아요? 그렇게 믿는데도 걱정하지요? 이 땅에서 하나님의 자녀의 권세를 가지고 잘 살 줄 믿는데도 걱정을 하잖아요. 하나님이 여러분을 도와주실 것으로 믿으면서도 용기가 없잖아요. 지나고 나면 '역시 도와 주시는구나' 생각하더라도 어떤 일을 만날 때 자신이 없어져요.

그래서 저도 '그런 말 하지 말고 혼자 조용히 해보자, 그래서 이루어지면 내가 어제 기도에 응답 받은 거다'라고 생각했어요. 그래서 제가 뒷북을 많이 쳤어요. 환상이나 응답을 받고 여러분에게 이야기를 못 하고 가만히 있다가, 그 일이 이루어지면 '내가 어제 환상봤다 응답 받았다'고 제가 그러잖아요. 그것은 용기가 없고 믿음이 적은 우리의 모습이에요. 야곱도 그랬어요. 하나님의 응답을 받았는데도 불구하고 용기가 없고 자신이 없으니까 몰래 도망을 갔어요.

31장 26~27절에 **"라반이 야곱에게 이르되 네가 나를 속이고 내 딸들을 칼에 사로잡힌 자 같이 끌고 갔으니 어찌 이같이 하였느냐**

내가 즐거움과 노래와 북과 수금으로 너를 보내겠거늘 어찌하여 네가 나를 속이고 가만히 도망하고 내게 알리지 아니하였으며"라고 합니다.

라반의 이야기는 객관적으로 들으면 맞는 이야기인데 실제적으로는 안 맞는 이야기예요. 제가 이것을 삶속에서 너무 많이 경험해서 이것들이 보이기 시작했어요. 제가 어떤 때는 할 말을 못하고 '그건 아닌데' 싶어도 남이 들으면 그 말이 맞아요. 그러나 겉으로 말은 맞지만 실제는 그것이 아닌데 하는 생각을 많이 해요.

26~27절에 라반의 말이 남이 들으면 다 맞아요. 27절에 내가 너를 보내면서 즐겁게 노래하면서 보낼 것인데 왜 도망갔느냐고 했잖아요. 그런데 31장 5절에 보면 '안색이 변했다'고 했잖아요. 안색이 변해서 뭔가 행동이 나올 것 같아서 도망을 왔잖아요.

우리들 중 90% 이상은 어떤 일을 만날 때 마다 염려하고, 걱정하고, 두려워하고, 낙심하면서 도망갑니다. 일을 순종하지 못하고 시행을 못 합니다. 야곱은 그나마 두려워하면서도 시행을 했잖아요. 아마 여기서 야곱이 행동한 것은 믿음 때문에 한 것은 아니고, 외삼촌 집에서의 20년이 너무 혹독해서 도망을 나온 것 같아요.

하나님의 응답에 위로를 받고, 용기를 얻고 그나마 일어서서 움직인 것 같아요. 그런데 외삼촌 라반의 말이 남이 들으면 내 딸을 축복하고 보내야지 어느 부모가 그냥 보내느냐고 한 말은 다 맞는 말이에요. 그런데 야곱의 편에서 보면 그 말이 맞지 않아요. 이런 일들이 우리의 삶 속에 굉장히 많이 있다는 거예요.

30절에 **"이제 네가 네 아버지 집을 사모하여 돌아가려는 것은 옳거**

니와 어찌 내 신을 도둑질하였느냐" 네가 돌아가는 것이 맞다고 합니다. 그런데 하나님은 라반에게 가부를 묻지 말라고 했잖아요. 그렇기 때문에 더 이상 말은 못합니다. 책잡을 것이 없으니까 자기의 드라빔이 없어 졌다고 말합니다.

저는 야곱의 믿음이 없는, 여호와를 경외하는 신앙이 부족한 모습을 31장 31, 32, 36절에서 찾아보려고 합니다.

31절에 보면 야곱이 외삼촌을 '두려워했다'는 것은 아직 담대한 믿음이 없다는 이야기지요. **"외삼촌이 외삼촌의 딸들을 내게서 억지로 빼앗으리라 하여 두려워하였음이니이다"**라는 것은 믿음이 없다는 이야기지요. 30절에 보면 라반이 야곱이 자기 집으로 돌아가는 것을 인정하고 문제를 삼지 않잖아요. 다 문제가 해결이 되었어요. 그런데 외삼촌이 다시 드라빔 사건으로 들고 일어나니까 지금은 야곱이 조금 득세한 상황이에요.

제가 여러분에게 남편과 아내 사이에 득세할 때 권(權)을 쓰지 말라고 했잖아요. 득세할 때 권을 쓰지 않는 것이 좋아요. 다음에 남편이 득세할 때 그것을 써먹을 수 있어요. 저축하는 것이 필요해요. 조금 힘이 있다고 써먹으면 소용이 없어요. 조금 여유가 있을 때 여유를 모으는 것이 중요해요.

외삼촌에게 이때까지 큰소리 못 치다가 드라빔 때문에 큰소리를 치지요. 누구든지 찾으면 그 사람은 살지 못하고 죽는다고 했습니다. 그런데 하나님의 일을 언제나 그렇습니다. 그러면 제일 사랑하는 사람이 그것을 가지고 있어요.

사사 입다도 그랬잖아요. 입다도 전쟁에서 하나님이 이기게 해 주시면, 내가 집에 돌아가서 제일 먼저 나오는 사람을 하나님에게 바친다고 했는데, 제일 사랑하는 무남독녀 외동딸이 나왔잖아요. 우리의 삶이 언제나 그렇습니다.

그러니까 막말을 하면 안 됩니다. '내가 절대 안했다' 이런 말도 해서는 안 되고요. 만약에 찾으면 '네 맘대로 해라' 그렇게 말해도 안돼요. 맘대로 하면 다 빼앗아 가잖아요. 우리는 숨겨진 상황을 모르기 때문에 말을 아끼고 조심해야 해요.

어떤 화가 난 상황에서도 막말을 안 하는 사람이 제일 현명하고 믿음이 있는 사람이에요. 막말 안 하는 것이 제일 좋아요. 그런데 화가 나면 막말을 하지요.

36절에 보면 외삼촌이 찾아보니 드라빔이 없었어요. 이번에는 야곱이 더 득세를 합니다. 득세 했을 때 득세의 권을 쓰지 마세요. 이제 외삼촌에게 거꾸로 화를 내지요. **"야곱이 노하여 라반을 책망할새"** 우리가 아무리 옳다고 생각해도 화를 안 내야 합니다. 우리의 생각은 언제나 좁습니다. 생각을 다 못합니다.

내가 옳다고 큰소리 쳐 봤자 전체 상황을 보면 언제나 옳지 않습니다. 그런 상황을 만나는 것은 옳지 않기 때문에 만나는 거잖아요. 옳다고 내가 득세했을 때 권을 쓰지 말아야 하는 이유는 내가 하는 생각이 좁기 때문입니다. 정말 좁아요.

예를 들면 문학을 하는 사람 중에서 시를 쓰는 사람이 생각이 깊고, 그 보다 철학을 하는 사람이 생각이 더 깊잖아요. 그런데 그보다는 신학을 한 사람이 더 넓고 깊습니다. 성경을 보고 신학을 하는 우리가 생각이 더 넓고 깊어야 합니다.

자기가 보고, 듣고, 깨닫고, 산 것이 여기까지라서 여기까지 밖에 생각 못 합니다. 자신이 생각하지도 못하고 예기치 못하는 일이 많아요. 자기가 생각하는 것이 전부라고 생각하면 절대로 안 됩니다.

판단의 기준도 마찬가지입니다. 야곱이 자신의 생각이 옳다고 생각을 했으니까 외삼촌에게 평소에 안 내던 화를 내면서 책망을 하면서 말하고 있잖아요. 사실 야곱이 화내고 책망하는 말이 전체 내용을 아는 우리가 보기에는 틀렸잖아요. 그런데 야곱은 자기가 맞다고 생각하니까 화를 내고 책망을 하는 거예요. 우리는 화내고 책망하는 것을 조심하고 안 하는 것이 좋아요.

그냥 '그런 것 아닌거 같은데, 내 생각은 안 그런데' 이 정도로 하고 치워야 해요. 아니면 그것가지고 나중에 또 덮어씁니다. 자기가 득세했을 때 득세권을 쓰면 나중에 상대방이 득세 했을 때 득세권의 영향을 받게 됩니다. 특히 이것이 제일 심한 것이 부부관계입니다. 부부간에는 조금 득세 했을 때 조금 참아주고, 너그럽게 봐 줄 필요가 있어요. 그렇게 해야 그 다음에 상대방이 득세 했을 때 내가 긍휼을 입을 수 있어요.

'그렇게 해도 되겠네, 그래야 하지' 혹은 '아니야, 그렇게 하면 안돼, 절대 그러면 안돼'하는 기준이 사람마다 다 다르기 때문에 '이건 꼭 이렇게 해야한다'가 아니라 '그래, 나는 이렇게 해도 되는 줄 알았는데 그렇게 해도 되네' 이 정도로 화내지 말고 책망하지 말아야 해요. 우리의 대화법을 바꾸어야 해요. 그래야 상대방의 마음을 다치지 않아요. 대화법을 바꾸지 않으면 서로의 마음이 다칩니다.

39절에 보면 절대적으로 라반이 잘못한 것이 나옵니다. 여러분 이것은 못 봤을 거예요. **"물려 찢긴 것은 내가 외삼촌에게로 가져가지 아니하고 낮에 도둑을 맞았든지 밤에 도둑을 맞았던지 외삼촌이 그것을 내 손에서 찾았으므로 내가 스스로 그것을 보충하였으며"**라반이 아주 잘못한 일이 여기에 나옵니다.

뭐지요? 야곱을 도둑 취급 했습니다. 물려 찢기거나 도둑을 맞으면 야곱의 집에 찾아가서 여기 있나 저기 있나 찾았던 것 같아요. 그래서 야곱이 훔쳐갔다는 소리 안 들으려고 외삼촌의 양들과 3일 길을 뜨게 했답니다.

내용을 보면 없어지면 찾으러 왔던 것 같아요. 없어지면 야곱 손에서 내 놓으라고 3일 길을 찾아와서 있나 없나 찾았어요. '네가 훔쳐가서 너희 집에 있잖아' 그런 말이에요. 그러니까 이런 일 때문에 드라빔도 훔쳐갔다고 생각하는 거예요.

어떻게 생각하면 라반 자신의 모습을 이야기합니다. 라반이 도둑질 했던 가 봐요. 그러니까 라헬도 도둑질을 하잖아요. 무슨 말인지 알겠습니까? 내가 그러면 남도 그렇다는 생각이 있는 거예요. 그래서 야곱은 그런 소리를 안 들으려고 아예 스스로 물어내고, 없어지면 자기 것 내어놓고, 찢겨 졌으면 자기 것으로 바꿔놓고 했던 가 봐요.

야곱을 외삼촌이 20년 동안 도둑 취급하고, 사위 취급이 아니라 목동 취급을 했어요. 그래서 너무나 혹독하게 구니까 밤에 잠도 못자고 추위와 더위를 견디고 그렇게 20년을 막노동을 한 거예요.

요즘말로 3D(더럽고 힘들고 위험한 분야의 일)입니다. 저도 3D입니다. 사실 우리 모두 3D입니다. 요즘은 간호사도, 교수도 3D라고 합니다. 그래서 어떤 권사 신랑이 우리는 3D라고 하더라고요. 그 사람 말은 정말 맞아요. 열처리하는 일을 하거든요. 모든 제품을 가지고 와서 용광로에서 열처리를 해서 오래 견딜 수 있는 제품을 만든답니다. 요즘에는 3D 아닌 것이 없습니다.

41절에 보면 **"내가 외삼촌의 집에 있는 이 이십 년 동안 외삼촌의 두 딸을 위하여 십사 년, 외삼촌의 양 떼를 위하여 육 년을 외삼촌에게 봉사하였거니와 외삼촌께서 내 품삯을 열 번이나 바꾸셨으며"**에서 또 나옵니다. 먼저는 자기의 아내들에게 한 말이고, 여기는 외삼촌에게 자기의 이야기를 고백하는 겁니다. 외삼촌께서 내 품삯을 열 번이나 바꾸었지 않았느냐고 합니다. 20년 동안 10번을 바꾸었으면 2년에 한 번씩 품삯을 변개한 것 같아요.

42절에 보면 여러분도 이런 사람이 되었으면 좋겠어요. **"우리 아버지의 하나님, 아브라함의 하나님 곧 이삭이 경외하는 이가 나와 함께 계시지 아니하셨더라면"** 했습니다. 이삭은 야곱의 아버지입니다. 그런데 아들이 아버지를 '여호와를 경외하는 자'라고 인정했습니다. 다른 곳에는 없는데 이삭에게만 있잖아요. **"이삭이 경외하는 이가 나와 함께 계시지 아니하셨더라면"** 했잖아요.

여러분의 자녀가 여러분을 이렇게 인정해야 합니다. 우리 아버지는 여호와를 경외한다. 아들이 아버지를 표현할 때, 딸이 엄마를 표현할 때 무엇이라고 표현하는지 봐야 합니다. 초등학생 정도가 되면 물어볼 수 있잖아요. "얘들아, 너희들이 보기에 엄마는 어떤 사람인 것 같니?" 하고 물어 보십시오.

중학생 정도만 돼도 커서 말을 꾸밀 겁니다. 순진한 어린이 정도면 곧이곧대로 말할 거예요. 자녀들이 자라서 청년이 되어서 엄마, 아빠를 평할 때 이렇게 평하면 좋을 것 같아요. 우리 엄마는 '교회 다니는 사람, 예수 믿는 사람' 말고, 정말 '말씀대로 사는 사람'이라고 표현하면 좋을 것 같아요.

오늘 제 자랑 좀 하면, 저도 100% 말씀대로 못 사는 데 저희 어머니는 제가 정말 말씀대로 사는 사람인 줄 알아요. 그래서 목사님보다도 이장로 네가 정말 말씀대로 사는 사람이라고 해요. 그래서 저는 돈은 없고 명예는 없지만 제 인생을 괜찮게 산 것 같아요. 그런데 제가 제 인생을 뒤돌아보면 너무나 부끄러운 인생이에요. 여러분도 이 시점에서 여러분의 뒤를 돌아보면 부끄럽지요? 왜 그렇게 살았는지 부끄럽고 정말 돌아가고 싶지 않잖아요.

여러분, 옛날로 돌아가고 싶다고 하는 사람이 있으면 안돼요. 지금 너무 힘들다고 돌아가고 싶다고 하면 안 됩니다. 삶은 힘든데 내 영혼을 보면 돌아가고 싶지 않아요. 옛날에 돈 가지고 마음대로 쓸 때로 안 돌아가고 싶어요. 돈이 없어도 고맙게 생각하고 살아요. 저는 이래도 전보다 죄를 덜 짓는 지금이 좋지, 지난날은 더 추해서 돌아가고 싶지 않아요.

그래서 제가 감사하는 것은 영광도 부귀영화도 없지만, 우리 어머니가 그렇게 인정했고, 아래위로 인정을 받았어요. 우리 아들도 가끔 엄마가 왜 그러냐고 핀잔을 주긴 줘도 저를 인정해 줘요. 우리 집에서 공부 제일 열심히 한다고요. 아침마다 내내 성경 공부한 것을 열심히 쓰고 있거든요. 자기가 화장실에 드나들어도 보지도 않고 열심히 쓰고 있어요. 어쨌든 어머니가 늘 기도하는 사람으로 열심히 살려고 노력하고, 양보하고 사는 사람인 줄 알아요.

그래서 저는 나가면 별거 없지만 집안에서는 아들과 어머니에게 인정을 받았으니까 제 인생은 성공한 것 같아요. 하지만 그것이 성공이 아니라 하나님 앞에 '네가 이제야 나를 경외하는구나' 인정받는 것이 진짜 성공이예요. 아들과 부모에게도 '너는 착한 사람이구나'가 아니라 '너는 여호와를 경외하는 사람이구나'라고 인정을 받아야 해요.

여러분, 하나님 앞에 '너는 나를 경외하는 구나'라는 소리는 못 들어도 '너는 참 이스라엘 사람'이라는 소리 정도는 들어야 해요. 지금 그 정도가 안 되면 안 됩니다. 예수님께서 나다나엘보고 '너는 참 이스라엘 사람'이라고 했잖아요. 참 이스라엘 사람은 어떤 사람이지요? 네 속에 '간사'가 없다고 했습니다. 속에 간사함이 있는 사람이 오늘 여기 있으면 안찰 받아야 합니다. 간사함이 없습니까? 그러면 그 다음에는 여호와를 경외하는데 까지 가야해요.

사도 바울이 디모데에게 네 나이가 연소하지만 네 관용을 알게 하고, 네 믿음의 진보를 많은 사람들에게 알게 하라고 했잖아요. 내 믿음의 진보가 남들 보기에 보여야 해요.

제가 늘 피아노 이야기를 하잖아요. 피아노 하루 연습 안하면 내가 알고, 이틀 안하면 가족이 알고, 삼일 연습 안하면 대중이 안다고 하잖아요. 대중이 알 수 있도록 믿음의 진보가 있어야 해요. 나 혼자서 보면 바뀐 것 같아요. 그런데 남들이 보면 내가 하나도 안 바뀌었다고 하는 거예요.

제단 다니면서 '내가 많이 바뀌었잖아' 하면 신랑이 '네가 뭐가 바뀌었어?' 합니까? 그런데 신랑이 보고 '너 진짜 바뀌었다' 이 정도까지는 가야 합니다. 가족이 여러분의 믿음이 바뀐 것을 알아줘야 해요. 모 집사도 1~2년이 지나니까 엄마, 아버지가 바뀌었다고 인정을 하더라고요. 엄마, 아버지는 어릴 때 모습을 알기 때문에 인정을 해요.

여러분이 자신의 신앙이 자란 것을 알 수 있는 방법이 뭐라고 했지요? 성경책 읽어보기 예요. 성경책을 읽을 때 한 달 전에 봤던 부분, 아니면 석 달 전에 봤던 부분을 다시 펴서 보십시오. 감동이 똑 같으면 '회개 안했다, 믿음이 아직 변하지 않았다, 내 마음이 안 변했다' 입니다. 일 년 전에 봤던 성경이 달라져야 하는데 똑같다면 이것은 '회개 안했다, 믿음이 자라지 않았다'입니다. '와, 이런 내용이 있었나' 하는 고백이 나와야 해요.

사실 저도 성경 일 년에 일독 이상 하면서 설교 하거든요. 일 년이 안돼서 다시 창세기를 하는데 많이 달라졌잖아요. 작년에 설교 하던 거랑 많이 다르잖아요. 그러면 제가 믿음의 진보가 나타난 겁니다.

다시 말해 제가 그 만큼 회개를 더 한 겁니다. 일 년 안에 회개를 더 한 겁니다. 여러분도 오늘 저녁에 가서 꼭 테스트를 해 보십시오. 여러분의 믿음이 자랐는지, 회개가 됐는지, 깨달음이 바뀌어졌는지 테스트해 보세요.

성경보고 깨달음이 바뀌어졌다고 행동도 바뀌는 것이 아닙니다. 깨달음도 바뀌지 않는데 행동이 바뀌었다는 것은 거짓말입니다. 우선 급한 대로 생각이라도 바뀌라는 겁니다. 그러면 행동도 바뀌어 진다는 이야기지요.

오늘 야곱의 이야기를 중점적으로 많이 했습니다. 야곱은 외롭고 고독할 때 주님이 찾아와 주셔서 삶의 방향을 제시해 주셨습니다. 여러분도 삶의 방향이 정해졌을 겁니다. 삶의 방향은 부자가 되는 것이 아니고, 권력을 얻는 것이 아니고, 내가 하나님께 거룩하게 되는 겁니다.

내가 주님을 기쁘시게 하는 경외자의 모습까지 가는 것이 여러분의 목표가 되어야 합니다. 내가 경건한 사람이 되는 것이 삶의 목표가 되어야 합니다. 그렇게 가다보면 범사가 형통한 자가 됩니다. 하나님 앞에서 인정을 받는 신앙의 사람이 됩니다.

하나님이 내 편만 되어 보십시오. 조카이고 사위인 야곱을 그렇게 혹독하게 부려먹고 도둑놈 취급하는 이런 패역무도한 라반도 하나님이 막아주셨잖아요. 하나님이 나를 인정해 주시면 막아 주시는 거예요. 패역무도한 라반도 막아주신 하나님께서 우리를 어디에서 안 보호해 주시고, 안 도와 주시겠습니까? 하나님 앞에서 거룩하게 사는 것이 삶의 목표가 되어 달려갈 때에, 지금 이 자리에서 옛날로 돌아가고 싶은 마음이 다시 생기지 않아야 합니다.

저는 정말 추악해서 돌아가고 싶지 않아요. 너무나 비루하고 비천하고, 유치찬란해서 정말 생각하고 싶지도 않고, 돌아가고 싶지도 않아요. 아직도 제가 부족해서 말의 실수가 있고, 아직도 남의 생각을 더 깊이 살피지 못하는데, 옛날에는 오죽했겠습니까? 그렇게 무지하게 살고 싶지 않아요. 그래서 하나님 앞에서 내일을 향해서 열심히 달려가는 우리 모두가 되시기를 바랍니다.

기도하겠습니다.

영광과 존귀와 찬양을 받으시기에 합당하신 내 아버지 하나님. 우리가 무엇이관대 이처럼 사랑해 주셔서, 우리에게 성령 주시고 하나님의 거룩한 신을 모신 자가 되게 하시고, 또 그 신을 힘입어서 이 땅에서 범죄하지 아니하고, 하나님을 기쁘시게 하는 믿음의 자리에 유력하게 설 수 있도록 오늘도 인도하시고 양육하시는 아버지 하나님, 진실로 고맙고 감사합니다.

아버지, 아직도 너무나 부족하고 미흡하지만 우리를 인도하여 주시고, 만들어 주시고, 교육하시고, 양육하시고, 가르치시고 인도하심으로 우리가 꼭 하나님을 기쁘시게 하는 믿음의 자리에 굳게 설 수 있도록 도와주실 것을 믿사옵고 예수님의 이름으로 감사하고 기도드리옵나이다. 아멘.

창세기 열흘

*창세기 38장에 보면 유다의 이야기가 나오*고 있습니다. 역사학자들이 역사를 연구하는 이유는 어떤 역사적 배경 속에서 사람들이 이런 행동을 하게 되었는가, 어떤 역사적 배경 속에서 이런 결과가 나오게 되었는가를 이해하기 위해서입니다.

또 어떤 사건과 경로를 통해서 이것들이 왔고, 현재의 우리가 그것을 어떻게 이용하서 미래를 더 발전시킬 것인가를 알기 위해서 입니다. 그래서 과거가 있어야 현재가 있고, 과거를 이해하고 현재를 이해해야, 미래를 만들 수 있기 때문에 열심히 연구하는 것을 알 수 있습니다.

그런 관점을 가지고 이 성경을 보면 언제나 '과거'가 나와 있습니다. 저도 저만의 과거가 있었기 때문에 이만큼 설 수 있었고, 제 과거의 허물과 죄가 많았고, 그로 인해 많은 고통이 있었기 때문에 이렇게 담대하게 설 수 있는 겁니다. 유다의 이야기에서도 그것이 나오고 있습니다.

38장 1절에 보면 유다의 근원적인 이야기가 나옵니다. **"그 후에 유다가 자기 형제들로부터 떠나 내려가서 아둘람 사람 히라와 가까이 하니라"** 유다가 형제를 떠났습니다. 38장 1~2절 때문에 그 다음의 모든 이야기가 전개된다고 해도 과언이 아닙니다.

여러분이 과거에 무엇 때문에 현재 이 죄를 지었는가를 아는 것이 필요합니다. 그것을 결과라고 합시다. 이 죄 때문에 무슨 벌을 받았나? 그것이 원인과 결과입니다. 과거와 현재를 전체적으로 이해하면 아주 쉬워지거든요. 나를 알고 적을 알면 전쟁에 승리한다고 했잖아요. 나의 형편을 알고 과거를 알면, 하나님이 어떻게 하실 것을 알게 되는 거예요. 그러면 우리는 밝은 미래를 만들 수 있습니다.

38장 1~2절 때문에 죄를 지었습니다. 문제가 생겼습니다. 1절은 유다가 형제를 떠났고, 2절은 가나안 땅으로 내려간 것이 문제가 됩니다. 내려가서 유다가 가나안 여자를 취합니다. 유다가 형제들에게 잘하고 요셉에게도 잘 했는데도 불구하고 결점이 여기에서 생깁니다.

2절에 보면 유다가 가나안 여인을 자기 여인으로 취합니다. 에서는 애굽의 여인을 취했잖아요. 아브라함은 이삭을 임신하기 전에 정결케 하는 일을 했다고 했잖아요. 아브라함이 사라가 임신하기 전에 회개도 하고, 정결케 하는 일을 했어요. 그 다음에 임신을 해서 낳은 자식인 이삭은 문제가 없었습니다. 다윗이 죄 짓고 회개하지 않고 낳은 아이는 죽었잖아요. 그 아이가 아플 때 회개했잖아요. 아브라함에게 이삭은 문제가 없었습니다. 상속자가 되고 죽을 뻔 했지만 죽지 않았습니다. 그런데 다윗은 솔로몬 전에 형이 죽었습니다.

그리고 유다를 보면 유다는 가나안 여인을 취해서 회개 안하고 아들을 낳았습니다. 엘과 오난인데 회개 안 해서 둘 다 죽었습니다. 우리는 정말 은혜 속에서 삽니다. 그래서 제가 그러잖아요. 예수 잘 믿으면 반드시 아들을 낳습니다. 상속으로 아들을 낳게 되어 있습니다. 예수 잘 믿고 조금만 회개해도 아들을 낳습니다.

7절에 보면 장자 엘이 하나님 보시기에 악해서 하나님이 죽여버립니다. 10절에 차남도 하나님 보시기에 악해서 죽이십니다. 장자 엘이 죽었을 때 무엇을 했으면 둘째 오난이 안 죽었을까요? 회개했으면 둘째 오난이 안 죽었을 거예요. 그런데 엘이 죽어도 유다가 깨닫지 못한 거예요.

가나안 여인을 취했다는 것은 무슨 말입니까? 구체적인 죄목이 무엇일까요? 우상 숭배하는 몸이 된 거예요. 거기에서 낳은 자식이 믿음으로 바로 살 리가 없지요. 장자가 죽었을 때 깨닫고 회개했으면 좋았는데 그것을 못 깨달아서 둘째 오난까지 죽은 거예요. 하나님 보시기에 악하면 죽입니다.

그런데 여러분은 하나님 보시기에 악한데 죽입니까? 안 죽입니까? 안 죽이잖아요. 고맙잖아요. 그런데 죽을 만큼 고생하고 내가 잘못 알고 잘 몰라서 행동한 것을 수정하는데 죽을 만큼 아파야 해요. 그래야 "절대 그러지 말걸, 그렇게 했으면 이렇게 되지 않았을 텐데"하고 깨닫게 되는 거예요.

내가 똑똑하고 결백하다고, 나는 감추는 것 없이 산다고 솔직하게 말하는 것이 내게 문제가 되는 겁니다. 사람들이 솔직하면 얼마나 솔직하겠습니까? 물론 어떤 문제는 솔직하지만 하나님 보시기에는 '아니올시다' 입니다. 하나님 외에는 그것을 수용할 사람은 아무도 없어요. 그러니까 주님 앞에만 솔직하십시오. 주님 앞에 회개할 때 솔직하게 회개하십시오.

저도 여러분을 놓고 중보기도 하는 사람인데 저도 더불어 가잖아요. 제 허물도 설교 시간에 이야기하고 여러분 허물도 아니까, 우리는 서로 내 허물, 네 허물 아니까 공범자입니다. 공범자이기 때문에 '장로님, 이거 기도해 주세요' 하면 여러분의 허물을 아니까 같이 기도하잖아요. 그렇지 않을 때 오픈하는 것은 나중에 문제가 생길 수 있어요. 그렇게 하는 것은 남을 죄짓게 하고, 나도 죄를 짓고 결국에는 '잘못 했구나'하고 깨닫는 거예요.

그래서 엘과 오난은 죽었는데 우리를 죽이시지는 않아요. 죽을 만큼 해서 돌이키게 하시는 역사, 이것이 바로 사랑입니다. 죽을 만큼 아프게 하는 것은 사랑입니다. 그래서 돌이키게 하는 것을 알 수 있습니다.

10절에 차남도 죽었고, 29~30절에 유다의 며느리 다말은 쌍둥이 베레스와 세라를 낳았습니다. 재미있는 것은 야곱과 에서도 쌍둥이인데 아마도 쌍둥이 유전자를 가진 집안인 모양이예요. 낳을 때 그냥 안 나왔어요. 야곱도 형님 발뒤꿈치 붙들고 나왔잖아요. 여기도 난리가 났어요. 자기가 먼저 나간다고 손을 내미는 거예요. 그래서 붉은 줄을 매니까 내가 형이 맞다고 손을 쑥 넣었어요. 그 다음에 나온 것이 둘째예요.

성경이 참 재미있지요. 그래서 산파가 29절에 **"네가 어찌 터트리고 나오느냐"** 이 말은 터트리고 나와 봐야 네가 둘째잖아, 형처럼 손이나 먼저 내밀지 이런 뜻이 있는 것 같아요. 에서와 야곱이 서로 나오려고 싸움질 한 거나 여기도 서로 나오려고 손 내밀고, 급해서 터트리고 나오는 거나 둘이 똑같은 거 같아요. 뱃속에서부터 열정과 다툼이 있는 것 같아요.

그래서 리브가가 뱃속에서부터 아이 둘이 왜 이런가 했더니 하나님께서 두 민족이 뱃속에서부터 다툰다고 했잖아요. 그런 것은 열정이 있는 사람이에요. 관심도 없고 열정도 없는 사람은 안 싸우는데, 관심이 있고 열정이 있으면 싸우는 거예요. 마음을 비우고 네가 알아서 해라 하면 싸울 것도 없어요.

39장 2절에 요셉은 '하나님께서 함께 하시므로 형통한 자가 되었다'라고 했습니다. 주인 보디발이 보기에도, 이웃사람들이 보기에도 '저 사람은 하나님이 함께 하는구나, 그래서 일이 잘 되는 구나' 이렇게 보여지는 것이 형통입니다.

그냥 자기 혼자만 아는 것 보다는 남들에게 보여지는 것이 하나님께 더 형통한 겁니다. 보디발이 가만히 보니까 요셉은 하나님께서 함께 하심도 보았고, 범사가 형통한 것도 보았습니다. 그렇게 되기까지 가야해요. 하나님께서 요셉 때문에 보디발의 모든 집에 복을 주셨습니다.

그러면 남 집은 세워지는데 내 집은 언제 세우나 그러지요? 하나님이 함께 하시면 내 집이 세워져야 하는데 내 집이 세워지는 것이 아니고 보디발의 집이 세워지는 거예요. 은혜를 받으면 요셉과 같은 일을 우리가 겪어요. 은혜 받고 기도하면 남은 된다고 하면 되고, 아들 낳는다고 하면 낳고, 복 받는다고 하면 복 받고, 월급 오른다고 하면 오르고 하는데 나만 안돼요. 그것이 여러분과 저예요.

지금 은혜도 받고, 기도하면 응답도 받아서 좋은데 실제적으로 내 경제력이나 내 명예나 집안 상태가 상승이 안 되고 있어요. '이것이 뭐가 하나님이 함께 하시는 것인가?' 그런 생각을 하잖아요. 역설적이지만 그것이 바로 하나님이 함께 하시는 거예요.

요셉과 함께 하시는데 본인에게 좋은 것은 하나도 없어요. 한 가지는 알아주는데 나머지는 없어요. 그래서 보디발이 신이 났어요. 요셉 때문에 보디발의 집이 자꾸 잘 되는 거예요. 복을 내려 주셨으니까 보디발에게 요셉은 복 덩이예요. 복덩이라서 가정의 모든 일을 다 맡깁니다. 맡기는데 그 내용을 자세히 보면 지금까지 와는 다르게 우리가 잘못 알고 있는 것이 있어요.

6절을 보면 **"주인이 그의 소유를 다 요셉의 손에 위탁하고 자기가 먹는 음식 외에는 간섭하지 아니하였더라 요셉은 용모가 빼어나고 아름다웠더라"** 여기에 보면 뱀의 유혹으로 선악과를 따 먹을 때와 비슷한 상황이 여기에도 있어요.

아담과 하와가 선악과를 따 먹는 것을 보면 말의 허점이 있어요. 동산 중앙에 있는 나무는 먹되 선악과만 먹지 말라고 했잖아요. 그것이 허점이에요. 중앙에 있는 나무는 먹되 선악과만 먹지 말라고 했는데, 마귀는 우리의 약점을 치고 들어와요.

마귀는 내가 무엇이 가장 약점인지 알아요. 여러분의 무엇을 찌르면 화를 낼 것인지를 알아요. 무엇을 찌르면 거짓말 할 줄 알아요. 그것을 알고 그것만 찌릅니다. 다른 것은 안 찌릅니다. 그런데 아담과 하와는 무엇이 약점이었냐 하면 하나님이 이 선악과를 먹으면 정녕 죽으리라고 한 것은 아담에게 말했어요.

만약에 뱀이 아담을 유혹했으면 안 먹었을 거예요. 그것이 약점이에요. 하와는 아담을 통해 들은 것 같아요. 하나님께 직접 들은 것도 아니고, 사람 말은 내가 직접 전하면서도 바뀌잖아요. 옛날에 그런 놀이 있잖아요. 사람들 줄세워 놓고 말 전달하는 게임 있지요. 처음에 무슨 말을 하면 나중에는 이상한 단어를 말하잖아요. 처음에 전달한 것과 너무나 다른 답이 나오잖아요. 사람의 언어 전달에는 언제나 문제가 있다는 이야기예요. 그대로 전달이 안 됩니다. 왜냐하면 그대로 전달했지만 알아듣는 사람이 그대로 듣지를 못합니다. 그러니까 "소"라고 했는데 나중에는 "신발"이 나오는 거예요. 그렇게 엉뚱하게 나오는 거예요.

그러니까 전달이 안 된 것이 바로 아담부터 안 되었어요. 아담부터가 확실히 그대로 전달하지를 못했어요. 아담이 만약에 '너, 이거 먹으면 절대 안돼. 먹으면 반드시 죽어'라고 했으면 하와가 안 먹었을 거예요. 너무 예뻐서 적당히 말했을 것 같아요. 적당히 알고 있고, 희미하게 아는 것이 약점인 거예요. 그래서 뱀이 하와를 찔러서 선악과를 먹게 한 거예요.

여기서는 요셉이 왜 훌륭합니까? 6절에 보면 '자기가 먹는 음식 외에는' 절대 간섭을 안 했답니다. 그러면 뭐도 간섭을 안 했다고요? 부인도 안했습니다. 부인도 안 된다는 소리는 안 했단 말이에요. 그것이 허점일 수 있어요.

혹시 요셉이 보디발의 아내를 취했잖아요. 보디발이 '왜 네가 나의 부인에게 손을 댔느냐'고 하면 '음식 외에는 괜찮다고 했잖아요' 하고 말할 수 있는 허점이 있는 거예요. 그런데 요셉은 그것을 이겼다는 말이에요. 그 허점을 이용하지 않았다는 거예요. 굳이 말하자면 변명할 말이 있잖아요. 자기 먹는 음식 외에는 간섭을 안했다니까 아내도 간섭을 안 한 거예요.

보디발이 아내를 간섭 안했던 이유는 일에 치중하고 아내를 두 번째로 치중했던 것 같아요. 일을 하니까 보디발과 부인과의 관계에 대한 기록은 하나도 없잖아요. 부인이 특별히 예뻤다든지, 부인을 특별히 사랑했다든지 하는 말이 없어요. 아무런 언급이 없어요.

그러니까 신랑이 여행가고 없으니까 보디발의 부인이 요셉을 유혹했습니다. 자주 그랬다는 이야기는 보디발이 부인을 자주 안 돌보았다는 이야기가 됩니다. 날마다 요셉을 유혹했다고 하잖아요. 쉽게 말하면 보디발의 아내가 성욕이 강했거나 아니면 남편이 안 돌보았거나 이런 약점이 있는 거예요. 여자가 만족을 못하니까 자꾸 젊은 남자를 유혹하는 거예요.

그런데 그것을 요셉이 이겼다는 말이에요. 말의 허점에 걸려 넘어갈 수 있었고, 요셉은 28살 쯤 된 청년이었잖아요. 그런데도 이겼다는 것은 요셉이 정말로 멋진 사람이에요. 객지생활하면서 주인 아내를 유혹해서 주인 행세를 하는 나쁜 사람들도 있잖아요. 뒤에서 권세를 행하는 사람들이 있잖아요. 그런데 그렇게 하도록 해 준다고 해도 안하잖아요.

그래서 죄를 지을 기회, 변명할 기회가 있더라도 죄를 안 짓는 것이 좋은 것 같아요. 우리는 요셉 같지가 않아서 그렇지 못한 것 같아요. 우리는 죄 지을 기회가 있으면 죄를 짓더라고요. 죄를 지을 기회가 있어도 우리가 안 짓도록 하나님께서 역사를 하시는 것 같아요.

10절에 보면 여인이 요셉에게 날마다 그러는 거예요. 요셉이 얼마나 송구스럽겠습니까? 뛰쳐나와서 요셉은 그 시험에 합격했기 때문에 다시는 그런 시험이 오지 않습니다. 요셉은 보디발의 아내를 이겼고, 유혹을 이겼기 때문에 죄의 누명은 썼을 지라도 하나님은 요셉을 절대 여자들이 손 못 대는 남자들만 있는 감옥에 보내셨어요. 아마도 용모가 아름다우니까 모든 여자들이 집적거릴 거 아닙니까?

그래서 감옥이 아니라 '보호소'에서 보호해 주셨어요. 절대로 여자들이 손 못 대고 유혹 못하게요. 보디발의 아내뿐만 아니라 다른 여자들이 유혹해도 죄를 짓는 거잖아요. 그래서 남자들만 있는 감옥에 넣으셨어요. 오래 감추어 두었어요. 성경을 보는 우리는 요셉이 감옥에서 보호 받았구나 라는 생각을 할 수 있습니다.

21절에 보면 **"여호와께서 요셉과 함께 하시고 그에게 인자를 더하사 간수장에게 은혜를 받게 하시매"** 감옥에 갇혔는데도 하나님이 함께 하셨답니다. 하나님이 보호해 주신다는 것이 이해가 됩니까? 그런데 하나님이 함께 하셔도 고생은 있습니다. 하나님이 함께 하셔도 누명을 씁니다.

여러분도 은혜를 받고 나면 누명을 많이 쓰지요. 21절에 보면 하나님이 함께 해도 고생이 있었고, 하나님이 함께 하시고 인자를 더하셔서 간수장에게 은혜도 받게 하셨습니다. 고난과 연단 가운데도 견딜

만하게 넘어가게 하고, 참을 수 있게 하고, 때가 급하면 도움을 받게 하시는 이런 일들이 하나님이 함께 하시는 거예요.

하나님이 함께 하시는 것이 일사천리가 되고, 대박이 터지고 하는 것이 하나님이 함께 하시는 것이 아닙니다. 주로 하나님께 은혜 받았다고 하면 대박 터지는 줄 알아요. 기도하면 '척' 되고, 사모하면 '척' 되는 줄 알아요. 아닙니다. 처음 은혜 받으면 '척' 안 됩니다.

21절에 보면 **"여호와께서 요셉과 함께 하시고"** 했잖아요. '함께 하시고'가 뒤에 있으면 좋은데 앞에 먼저 있어요. 그리고 인자를 더하셨다고 했습니다. 함께 하시는 것은 내 영혼이 죄 안 짓도록 보호받는 겁니다. 우리가 생각하기에 하나님께서 함께 하시면 물질 축복을 받고, 명예가 올라가는 것이 하나님이 함께 하시는 걸로 아는데, 그것이 아니고 함께 하시는 것은 우리가 죄 안 짓도록 보호하시는 것이 하나님이 함께 하시는 것입니다. 죄 안 지으면 나중에 복을 받게 되어 있잖아요. 죄 안 짓고 복 받는 것이 주님께서 함께 하신다는 것을 알 수 있습니다.

인자를 더하신다고 했는데 인자를 더해봤자 감옥소에서 억울하게 누명쓰고 구속된 생활을 한다고 불평하면 끝이 없잖아요. 여러분도 이 속에서 죄 안 짓도록 한정된 생활을 하고 있습니다. 지금 여러분도 감옥에 있습니다. 복음성가 92장에도 있잖아요.

시편에도 **"여호와께서 시온의 포로를 돌려 보내실 때에 우리는 꿈꾸는 것 같았도다"** 했잖아요. 꿈꾸기 전에는 감옥 속입니다. 그래도 지금은 감옥의 책임자가 되었어요. 왕의 죄수들이 있는, 왕의 장관들이 가는 특수 감옥이에요. 거기에서 책임자가 됩니다. 간수장이

다 맡겼다고 했으니까요.

이것만 알면 여러분의 신앙생활의 문제들을 거의 헤쳐 나갈 수 있습니다. 남 탓 하지 말고, 변명하지 말고, 어떤 소리를 듣던지 내가 원인과 결과만 찾으면 됩니다. 그러면 다시는 그 일을 만나지 않습니다.

요셉이 보디발 아내의 일을 이기고 나니까 다시는 그 일을 만나지 않잖아요. 요셉의 첫째 합격은 형님들이 자기를 팔아먹었는데 형님들 원망 안 한 것 합격이고, 두 번째는 여자의 유혹에서 합격입니다. 그 다음에 은혜를 베풀었던 술 맡은 관원장이 2년 동안 자기를 잊어버려도 원망 불평하지 않은 것을 합격해서 결국은 국무총리가 되었습니다.

그런데 여기에 보면 요셉은 전공이 두 개입니다. 첫째는 보디발의 집에서 무엇을 전공 했습니까? 경제학입니다. 두 번째 감옥에서는 무엇을 전공 했습니까? 정치학입니다. 재미있는 것은 보디발의 집에서 집관리에 합격하니까 감옥관리를 했고, 그 다음은 무엇이 되었습니까? 남의 나라의 국무총리가 되었습니다. 점점 커지지요? 집보다는 감옥이 크고, 감옥 보다는 나라가 커요. 감옥도 보통 감옥이 아니에요. 특별 감옥이에요. 여기서 합격을 했을 때 나라관리에 합격을 한 거예요. 작은 일에 충성한 자에게 큰일을 맡기시는 거예요. 점점 커지는 거예요.

성교육도 합격했고 인내도 합격했습니다. 관원장들 속에서 바로가 무엇을 좋아하고, 이 나라의 정치는 어떠한지 하루 종일 들었을 거 아닙니까? 정치가들의 심리나 일들을 파악하는 거예요. 그러니까 나가면 국무총리를 잘 할 수 있지요. 2년을 더 있었다고 했잖아요. 이렇게 더 오래 있지 않았으면 그가 국무총리가 됐을 때 못 다스립니다.

많은 장관들을 다 알아서 인간관계를 잘 할 수 있는 것은 여기에서 다 배웠기 때문입니다. 아는 자가 힘이 있잖아요. 모르면 못 합니다. 아무리 신령하고 감화 감동을 받아도 잘 못 지키기 때문에, 철저하고 상세하게 다 습득하고 난 다음에 총리가 됩니다. 그러니까 굉장히 쉬워지는 거지요.

하나님이 함께 하셔도 훈련은 있습니다. 연단이라고 하잖아요. 고난이 있다는 것은 하나님이 함께 하셔도 힘은 든다는 겁니다. 하나님이 함께 하시면 모두가 힘이 안 든다고 생각하잖아요. 힘듭니다. 하나님이 함께 하면 남에게 칭찬 받는 것이 아니라 욕먹습니다. 도둑놈이라는 욕도 듣습니다.

고난 중에 여호와께서 함께 하신다는 말씀은 불행 중 다행인 삶을 산다고 생각하시면 됩니다. 고난당할 때 하나님이 함께 하신다는 것은, 여호와께서 요셉과 함께 하심으로 그가 형통하였다는 것은 '그냥 순적하게' 가는 겁니다.

어떤 문제를 해결하고 높여지는 것이 아니고, 그 문제에 대해 죄 안 짓고 그냥 넘어가는 것이 '순적'입니다. 죄 안 짓고 그 문제를 그냥 통과하는 것, 거기에서 낙오하지 않고, 떨어지지 않고, 그 문제를 지나가는 것이 하나님이 함께 하시는 겁니다. 우리가 하면 얼마나 하겠습니까?

우리에게 어떤 환란의 문제가 있잖아요. 우리가 아무리 감정을 참으려고 해도 안 참아져요. 화를 참아야지, 내가 죄를 안 지어야지 해도 못 이기는 거예요. 그런데 하나님을 우리를 붙드시고 둥둥 떠서 지나와서 우리가 여기에 서 있는 거예요. 그래서 뒤를 돌아보니까 이것을 어떻게 넘어왔지 하는 생각이 드는 거예요. 점수는 10점, 20점이라도 지나왔어요. 그것이 은혜예요. 그래서 지나고 나면 그때 내가 참으려고 해도 감정이 안 되고, 몰라서 못 참았는데 그래도 그 고난을 넘어는 왔어요.

저도 돌이켜보니 제가 너무 부끄러운 거예요. 내가 왜 그랬나 싶은 거예요. 그리고 그 다음에 가서 또 어떤 일을 만납니다. 그때는 잘 지나갑니다. 원망도 불평도 안하고 잘 지나가요. 이렇게 우리가 지나가는 거예요. 우리 힘으로는 안 되는 거예요. 주님이 함께 하셔도 이렇습니다. 환란과 고난을 우리에게 왜 주시냐고 하면 우리가 참을 수 있는 사람, 감당할 수 있는 사람이 되게 하시려고 하나님이 우리에게 다시 훈련하시고 연단하시는 겁니다.

훈련과 연단이 있어야 큰 사람이 돼요. 연단 안 받은 사람은 큰 사람이 못 돼요. 다른 말로 하면 연단을 통해서 견문이 넓어지고, 고난 때문에 회개함으로 하나님의 뜻을 알게 되고, 이런 것은 싫어하시는구나, 이런 것은 좋아하시는구나, 이렇게 하면 안 되구나 하는 것도 알게 돼요.

내가 깨닫지 못하고 남들이 나에게 하는 것을 보면서, 내가 남에게 화내고 한 것은 우리가 안 보이는데, 남이 나에게 화내고 하는 것은 보여요. 많이 아파서 보여요. 내가 남에게 말을 함부로 툭툭 던지는 것은 안 보이고 무심결에 잊어버려요. 남들이 내게 하는 말은 아파서, '내가 옛날에 그랬구나, 내가 그때 함부로 툭툭 내던지는 말 때문에 아팠겠구나' 이것을 깨닫는 거예요.

내가 아파보니까 남들도 아팠겠네, 내가 이것을 재미있게 기쁘게 가르치려고 했는데 그래도 아팠겠구나 이것을 깨닫게 되더라고요. 여러 가지를 알게 돼요. 당하고 또 당해서 결국은 인내할 수 있는 사람을 만들려고 하나님께서 우리에게 연단을 받게 하신 다는 것을 알 수 있습니다.

23절에 **"여호와께서 요셉과 함께 하심이라"**고 했는데 함께 하신다는 것이 형통이라고 했습니다. 형통은 '경제사정이 좋아진다'가 아닙니다. '지위가 높아진다'도 아닙니다. 그냥 알아주는 거예요. 하나님이 함께 해도 일을 해야 합니다. 노는 거 아닙니다. 일에 대한 큰 소득은 없어요. 그런데 일은 잘 돼가요. 잘 되는데 소득은 없어요.

일단은 교육 기간이니까, 교육 받는 사람이 돈 내고 교육받지 돈 받고 교육받습니까? 아니잖아요. 연단 받는 것은 내가 하나님께 수강료내고 교육 받아야 하지, 부자 되고 교육받는다고 하면 그것은 도둑 아닙니까? 일은 해서 순적하지만 큰 이익은 없는 것을 알 수 있습니다.

하나님이 함께 하신다는 것이 위로는 됩니다. 자신감도 있습니다. 소망이 될 뿐입니다. 하나님과 함께 해서 고난을 통과하고 나면 자신감이 생겨집니다. 면역성이 생겨서 어지간한 어려움이 와도 끄덕 없습니다. 심장이 덜 떨려요. 환란에 대해서, 고난에 대해서, 고생에 대해서 면역이 생기는 것 같아요.

마음이 요동이 안돼요. 이렇게 마음이 단련이 되는 것 같아요. 하나님이 함께 하신다는 것이 위로는 되고, 소망도 되고, 자신감도 있는데 실제적으로 크게 눈에 보이게 범사가 잘되는 것은 아니에요. 영혼이 잘 되는 상태이기 때문에 범사는 못되고 있는 상태인 것을 알 수 있습니다.

여기서 하나님이 우리를 연단속으로 몰아넣으시면 도둑 누명 쓰는 것은 당연한 일입니다. 왜냐하면 우리가 도둑이 맞습니다. 하나님의 것을 하나님께 잘 못 드렸어요. 우리는 열심히 드린다고 생각하는데 제대로 못 드리고 있어요. 그런데 도둑 소리 들으면 기분 나빠 하잖아요. 그것은 억울하지만 우리가 낮아지는 연단의 훈련이에요.

하나님의 연단속에서 도둑소리 듣고, 강도소리 듣고, 저거는 바보다, 멍청이다, 머리도 나쁘다, 무능하다, 가난하다, 무식하다 별소리다 듣습니다. 그런데 연단을 '탁' 통과하면 무식한 자가 안 무식해 집니다. 도둑인데 남을 부요케 하는 자가 됩니다. 그래서 반드시 이 연단을 통과해야 합니다.

다시 말해 그것이 인내의 힘을 기르는 겁니다. 이상하게 옛날에는 머리가 참 좋았는데, 은혜를 받고 나면 머리가 바보 같아요. 머리가 생각이 안 돌아가요. 왜 그런지 몰라요. 꾸중을 너무 듣고, 너무 '육이 죽고 영이 살아'해서 그런지 그 다음은 생각이 안나요. 멍청이가 되는 것 같아요.

그런데 그 때는 내 생각을 내면 꾀를 내는 때이기 때문에 자기 생각을 내면 안 됩니다. 내 사상과 이론을 다 버리기 전에 자기의 생각대로 하면 안 됩니다. 내 생각은 인간의 수단과 방법으로 하기 때문에 아무 생각이 안 나는 것이 맞아요. 멍청이가 되는 것이 맞아요. 가난하고 비루하고 비천한 자 취급도 받고, 무식한 자 취급도 받아요. 어떤 때는 사리 분별없고 경험 없는 어린아이 취급도 받아요.

이런 모든 것을 참는 힘을 기르기를 원하십니다. 인내를 온전히 이루기를 원하십니다. 다시 말해 연단을 통해서 인내를 온전히 이루는 것이 하나님이 우리에게 향하신 뜻 인 것을 알 수 있습니다. 여기에서 잘 통과하면 무식의 반대, 유식이 됩니다. 바보에서 총명이 됩니다. 어린이에서 어른이 됩니다. 하나님은 우리가 반드시 연단을 통과해서 이런 사람이 되기를 원하십니다.

제가 지금 와서 가만히 생각해 보면 저도 많이 배운 사람도 아니고, 책을 많이 보거나, 공부를 많이 한 사람도 아니에요. 교수, 고고학자, 철학자들, 정치인들 공부하는 것 보면 어마어마해요. 그들의 지식이 놀라워요.

그런데 요즘에 와서 보면 저도 깊이는 없지만 잡다한 지식이 꽤 많아진 것 같아요. 인생 경험도 많고 많은 사람들을 경험했기 때문입니다. 많은 고생을 통해서 몸소 겪어 봤기 때문에 조금 유식해져 가는 것 같아요.

제가 교수님에게도 인정을 받았습니다. 대학교수이신 모 장로님께서 10년도 전에 저에게 유식하다고 인정해 주셨어요. 사람이 인정을 해 주는 것이 중요한 것은 아닙니다. 그래도 자기가 자기를 옛날보다 유식해졌다고 인정하는 것은 소용이 없지만, '장로님, 어떻게 그렇게 유식하세요'라는 말을 여러 사람들, 그것도 교수님에게 듣는 것을 보면 조금이라도 느끼는 것이 있으니까 그러지 않겠어요. 전부는 아니지만 옛날에 연단 받기 전보다는 조금 유식해 진 것 같아요. 공부를 많이 했다고 총명한 것이 아니에요. 머리가 좋다고 총명한 것도 아닙니다.

연단을 통과해야 그렇게 되는 거예요. 지금은 저를 갓난아기 취급하는 사람이 없어요. 제 나이가 많다면 많지만 진짜 많은 건 아니잖아요. 요즘은 75세 정도가 넘어야 어른이잖아요. 지금은 그래도 제 얼굴 보고 노인네다 하는 느낌은 안 들잖아요. 저보고 '어르신' 하지는 안잖아요. 그 말은 제가 아직은 그런 대접을 받을 나이가 아닌 데도 제가 어른 대접을 받잖아요. 어른이라고 세워주잖아요.

보통 어른 대접 받는다고 자기가 잘 났다고 생각하면 정말 오산입니다. 대접해 주는 사람의 인격이에요. 누가 제 차문을 열어주고 가방을 들어주면 그것은 그 사람의 인격이에요. 제가 잘나서 라고 생각하지 않습니다. 저 사람이 나를 대접한다고 생각해요.

어떤 때는 제가 가방을 충분히 들 수 있어도 그 사람이 들게 해요. 그것은 그 사람이 나를 대접해 주고 싶어 하는 거니까요. 제가 잘나서가 아니에요. 그 사람의 인격이고 매너예요. 그런데 착각해서 '나는 이런 사람이구나' 이렇게 생각하면 추락을 합니다.

우리가 인생을 오래 살 필요도 있어요. 요즘에 무슨 생각이 드냐면 제가 오랜 산 표시가 나는 거 같아요. 교회에서 성경책을 읽거나 찬송을 부르거나 할 때 어지간한 것은 다 읊어요. 성경책 안 봐도, 찬송가 안 봐도 가사가 좀 바뀌어서 그렇지만 거의 다 읊을 수가 있어요.

그래서 제가 인생을 꽤 오래 살았구나 하는 생각을 합니다. 이 찬송가를 거의 외우는 걸 보면요. 어떤 곡은 보지 않고 찬송가 알토를 해요. 그러면서 '나 인생 많이 살았구나' 그런 생각을 해요. 지휘를 하거나 피아노를 쳐도 제가 인생을 많이 살았구나 생각해요. 만약 여러분들이 지휘를 배우거나 피아노를 치면 지금 저 정도의 나이가 되면 훨씬 더 잘할 거 아니에요. 여러분이 50대에 지휘를 한다, 피아노를 친다고 하면 꽤 잘 할 거예요. 지금 70인데 이것들은 다 경륜에서 나오는 것 뿐이에요. 오래 살았기 때문에 이것저것 습득할 수 있는 시간이 많이 주어진 겁니다.

여러분, 지금 젊은 사람들은 시간을 아끼고, 지금 주어진 시간에 무엇이라도 하십시오. 성경을 읽거나 기도를 열심히 하거나 무엇이나 통달한 달인이 되어야 해요. 세상에 가위질이나, 바느질, 물미역 다듬는 일에도 생활의 달인에 나오는데, 여러분이 성경을 잘 찾는 달인이 되던지, 성경을 잘 읽는 달인이 되던지 해야 해요.

우리가 뭔가 젊었을 때 열심히 해서 십년 후에는 잘하는 것이 있어야 해요. 세월을 그냥 허비하지 마십시오. 저도 지난 세월을 보면 허비한 것이 많은데, 지금부터라도 기회가 주어지면 뭐든 열심히 잘 배워서 80대가 되면 잘 할 수 있을 거라는 생각을 합니다. 여러분 젊었을 때 세월을 아껴서 믿음에 있어서 능수능란하게 '갖춘자'가 되라는 말입니다.

저는 성경을 열심히 봤더니 성경에 조금 나은 사람이 됐잖아요. 은혜자로서 전도를 하면서 나름대로 열심히 한 부분이 20년, 30년이 되니까 빛을 발하잖아요. 각자의 방향은 다르지만 뭔가 성숙된 모습이 나타나잖아요.

하나님은 우리를 연단을 통해 무언가 능수능란한 사람을 만들어요. 제일 먼저 모든 사람에게 평강을 주는 사람이 최고예요. 모든 사람에게 복음을 온유한 심령으로 전하는 자가 첫 번째 예요. 그 정도까지 안 되면 '저 사람 예수 믿어서 참 좋다' 이런 사람이 되도록 만들어요. '저 사람은 예수 믿어서 복 받았네' 이런 사람도 만들어요. 제일 먼저 남에게 평강을 주는 사람, 남에게 복음의 믿음을 도와주는 사람 이것이 최고 먼저예요.

그런데 요셉이 한 일이 뭐였죠? 가족을 먹여 살리는 일 밖에 못했어요. 복음 전하는 일은 못했고, 덕을 끼치고 좋은 영향을 끼치기는 했습니다. 그런데 창세기 제일 마지막에 가면 아버지가 죽고 난 다음에, 고난 끝에 깨달은 믿음의 이야기를 합니다. '형들이여, 형들이 나를 판 것은 하나님의 뜻입니다. 그러니 절대로 두려워하고 겁내지 마세요. 내가 안 죽이고 해를 안 끼칠 겁니다. 당신들을 내가 먹여 살릴 겁니다'라고 합니다. 이것은 요셉의 신앙의 고백이에요. 그런 식으로 신앙의 고백을 합니다. 우리도 나름대로의 신앙고백이 있어야 합니다.

40장 1절에 보면 참 재미있는 이야기가 있습니다. '술 맡은 자'와 '떡 굽는 자'랍니다. 이 사람들이 범죄를 했답니다. 이렇게 알고 그 다음을 보면 문제가 풀려갑니다. 요셉은 죄를 안 지었는데도 감옥에 왔고, 이 사람들은 죄를 지어서 감옥에 왔는데, 2절에 보면 바로가 두 관원장들에게 화를 내서 옥에 갇혔습니다.

7절에 보면 이 감옥이 보디발의 집입니다. 보디발의 개인 집의 감옥에 갇혔습니다. 그 감옥이 장관들이나 큰 인물들이 갇히는 감옥인지는 잘 모르겠지만, 4절에 보면 **"갇힌 지 여러 날"**이라고 해서 이 사람들이 감옥에 갇힌 지 오래되지 않았습니다.

여러 날 있다가 꿈을 꾸고 3일 만에 풀려나서 한 명은 죽었습니다. 감옥에 오래 있지 않았습니다. 6절에 보면 꿈 때문에 근심을 합니다.

41장 8절에도 꿈 때문에 임금이 번민합니다. 모든 사람들이 꿈 때문에 고민하고 번민하네요. 꿈만 꾸면 고민하고 갈등합니다.

우리도 환상을 보면 갈등이 됩니다. 상 받는 것이면 지나가도 되는데, 뭔가 나쁜 일이 오면 대비하라고 꼭 알게 하시잖아요. 6절에도 두 장관들이 꿈 때문에 근심했습니다. 41장 1절에 보면 꿈꾸고 풀려나서 하나가 죽고 난 후에 2년이란 세월이 흘렀습니다.

40장 14절에 요셉이 술 맡은 관원장에게 이야기하기를 당신이 잘되면 나를 꼭 기억해 달라고, 이런 억울한 사정을 알아달라고 이야기합니다. 술 맡은 관원장이 풀려나서 직위가 높여질 것을 요셉은 확신하였습니다. 확신했기 때문에 이 사람에게 이야기를 했습니다. 떡 맡은 관원장이 아니라 술 맡은 관원장에게 요셉이 말했습니다. 그것은 요셉이 꿈과 꿈 해석을 확실히 믿었기 때문입니다.

그랬는데 술 맡은 관원장이 2년 동안 잊어버렸습니다. 그래도 요셉은 사람을 보내서 인편으로 술 맡은 관원장에게 소식을 전하지 않았습니다. 보통 '빽'이 있으면 자기 사정을 전하잖아요. '빽'이 있어도 2년 동안 소식을 전하지 않았어요. 여기에서 요셉은 인내에 합격을 한 것을 알 수 있습니다. 하나님의 뜻을 기다릴 수 있는 인내에 합격을 했습니다.

2년이 지나고 41장 1절에 왕이 꿈을 꿨습니다. 그런데 5절에 꿈을 하나 더 꿔서 두 개나 꿨습니다. 8절에 왕이 그 꿈 때문에 번민을 했습니다. 25절, 28절, 32절에 바로 왕이 꾼 꿈을 요셉이 설명했습니다. 꿈을 겹쳐서 꾼 것은 하나님이 이 일을 하시려고 작정하신 것이고, 빨리 신속하게 시행하려고 똑 같은 꿈을 꾼다고 했습니다.

여러분도 같은 꿈을 꾸지요. 그러면 이렇게 생각하면 됩니다. '같은 꿈을 꿀 때는 반드시 하나님의 뜻이고, 뭔가 말씀하고 계신다, 무슨 말씀을 하고 계시는가, 겹쳐서 꾸는 꿈은 빨리 시행하시는 것이다' 이것을 알면 됩니다.

저는 제일 처음 은혜 받을 때 똑같은 꿈을 3일 꿨습니다. 그 꿈을 해석할 줄 모르고, 회개할 줄 몰라서, 선배 은혜자가 있어서 우리 집에 모시고 와서 예배를 드렸어요. 손을 얹고 기도하면 암을 많이 고쳤던 사람인데, 그 사람이 우리집에 와서 예배를 드렸는데 그때 세 가지 꿈 이야기를 했어요. 예배를 드렸는데도 아팠어요. 회개를 안 하니까 예배를 드리면서 감사는 했는데 아팠어요. 그래서 '이런 꿈은 아프구나' 하는 것을 알게 되었고, 꿈을 겹쳐 꾸는 것은 곧 시행된다는 것을 제일 먼저 경험했습니다.

38~39절에 바로 왕이 말하길, 신에 감동된 사람은 명철과 지혜가 있다고 이야기합니다. 신에 감동된 이런 사람을 어찌 우리가 얻을 수 있겠느냐고 요셉을 너무 귀하게 생각했습니다. 신에 감동된 자를 알고 도움을 구하고 더불어 가는 것은 굉장히 복된 일입니다. 저와 같이 신에 감동된 자에게 지도와 인도를 받는 것은 복입니다. 신에 감동받은 저도 복입니다.

저도 여러분에게 의의 병기로 사용되는 것이 제게 복입니다. 여러분은 저를 사용해서, 혜택을 받아서 복이고, 저는 사용 되어져서 복입니다. 사용되어지면 주님께서 품삯을 주실 것이니까요. 또 저를 충성된 자로 인정하셨기 때문에 저를 하나님께서 의의 병기로 써 주시니까 고맙지요. 버리면 어떻게 하겠습니까? 버리면 끝인데요.

그리고 여러분을 가르치면서 저도 배웁니다. 여러분에게 기도해 주면서 지금도 저는 끈임 없이 배워가는 중입니다. 여러분도 신의 감동을 받잖아요. 이런 사람은 명철과 지혜가 있다고 이야기하고 있습니다.

51절에 요셉이 결혼을 해서 두 아들을 낳았는데 첫째는 므낫세고 둘째는 에브라임을 낳았어요. 첫째 므낫세를 낳았을 때 요셉 왈 **"하나님이 내게 내 모든 고난과 내 아버지의 온 집 일을 잊어버리게 하셨다"**고 합니다. 이 말은 므낫세를 낳기 전까지 아버지의 집에서 행복하던 일을 다 기억하고 있다는 말입니다. 지금 힘든 것을 인내하고 참고 있는 모습을 볼 수 있지요. 여러분들은 무엇이 은혜냐 하면, 옛날에 화려하고 아름다웠던 것들은 잊어버리고 지금 달게 인내하고 가는 것이 복이에요. 그것이 위로예요.

두 번째 **"내가 수고한 땅에서 번성하게 하셨다"** 그것이 에브라임입니다. 여러분이 지금 수고한 것을 주셨다는 것은 축복입니다. 두 번째 은혜입니다. 더 깊은 은혜입니다. 첫째 은혜는 근심 걱정 안하는 것, '나는 왜 이러냐 옛날에는 더 화려했는데' 이 생각을 안 하는 것이 은혜이고, 더 큰 은혜는 수고한 대로 주시는 것이 은혜입니다.

수고한 대로 먹는 것은 세월이 많이 필요합니다. 지금은 수고한 대로 먹는 것이 아닙니다. 지금은 수고한 대로 교육받는 거지요. 지금은 고난 가운데서 교육받는 거지 얻는 기간이 아닙니다. 우리는 지금 하나님에게 교육비를 내고 환란 받는 기간이에요. 교육을 다 받으면 써 먹으면 되잖아요.

그런데 우리가 나이가 어느 정도 돼야 거두는 가 봐요. 그래도 우리가 빨리 시험에 합격하면 젊어서 거둡니다. 저는 27살쯤에 제단에 갔고, 모 권사는 처녀 때부터 은혜를 받았기 때문에 지금 조금씩 거두는 것 같아요. 여러분도 빨리 오고 빨리 연단 받으면 빨리 거둡니다. 그런데 먼저 거두기 이전에 마음에 평화가 있어야 합니다. 옛날을 생각하면서 지금 불편한 마음이 없어야 해요. 내가 고난당한 것을 다 잊어버리는 것, 내가 지금 받는 고난을 힘들다고 생각 안하면 한 고비는 지나간 거예요. 고달프다는 생각이 안 들어야 한 시대가 갑니다.

두 번째 시대는 거두는 시대가 옵니다. 여러분, 거두려고 하면 '고달프다, 힘들다'는 생각이 없어져야 그 다음에 복이 옵니다. 고달프긴 고달픈데 그래도 감사하다, 하나님이 나를 가르치시는 것이다 하고 시인되고, 고백되고, 내가 믿어지면 하나님께서 거두게 하십니다. 하나님께서 요셉이 거두게 하는 시점을 보세요. 베냐민 빼고 제일 막내이고, 형님들보다 나이 차이도 많잖아요. 그런 형님들과 형님들의 아들들을 다 먹여 살렸잖아요. 엄청나게 거두었으니까요.

요셉의 아비 야곱이 거둔 축복도 놀랍잖아요. 거부가 되어서 돌아왔는데 아버지가 사는 땅을 또 받았잖아요. 얼마입니까? 집에 길리운 종이 318명이라면 수 천명이 거하는 땅을 물려받은 것 아닙니까? 밧단아람에서는 소와 염소를 가지고 왔고, 집에 돌아오니까 거할 땅이 있고, 엄청 거두는 역사가 있었어요. 아마도 야곱이 60살 쯤 됐지 않았나 생각이 들어요.

그래서 하나님 앞에서는 세월도 필요하고 경륜도 필요합니다. 가는 길에 부당한 대접을 받고 부당한 취급을 당해도 그것을 잘 참나, 안 참나 보시는 하나님이 옆에 계시는 것을 기억하시고, 소망가운데 즐거이 달려가는 우리 모두가 되시기를 바랍니다.

기도하겠습니다.

영광과 존귀와 찬양을 받으시기에 합당하신 내 아버지 하나님. 진실로 고맙고 감사합니다.

제가 '저 도적 같은 이 몸도'하고 노래 부를 때, '하나님 맞아요 내가 도적입니다', 이 생각을 늘 하고 있습니다. 아버지, 우리의 이 도적 같은 몸을 용납해 주시고 받아 주시고 길러 주신 것 너무 고맙습니다.

주님이 기르심에 부족하지 않는자 되도록, 어느 정도 주님이 보시기에 안심이 되는 자가 될 수 있도록, 더 의로 바르게 달려갈 수 있도록, 하나님께서 우리를 도와 주시고, 은혜 주시고, 능력 주시고, 힘 주시는 것만큼 우리 모두가 주님의 원하시는 모습이 만들어져 가도록 도우시고 함께 해 주실 것을 믿사옵고, 예수님의 이름으로 감사하고 기도드리옵나이다. 아멘

창세기 열하루

*성경에 보면 동서고금을 막론하고 우리나*라 서양인들이나 생각이 비슷한 것 같아요. 우리나라 속담 중에 '자라 보고 놀란 가슴 솥뚜껑보고 놀란다'라는 말이 있잖아요. 야곱도 창세기 42장 4절에 보면, 요셉의 형들이 애굽에 양식을 사러 갔다가 베냐민을 데리고 오지 않으면 양식을 팔지 않겠다는 이야기를 아버지에게 하니까 대답이 4절입니다. **"야곱이 요셉의 아우 베냐민은 그의 형들과 함께 보내지 아니하였으니 이는 그의 생각에 재난이 그에게 미칠까 두려워함이었더라"**

그 말은 같은 라헬의 자녀가 요셉과 베냐민 둘 뿐이잖아요. 그런데 요셉이 없어지고 막내 베냐민 하나밖에 없으니까, 엄마도 없고 불쌍하다고 야곱이 끼고 도는 것 같아요. 엄마가 베냐민을 낳으면서 죽었잖아요. 자기가 좋아하는 라헬이었기 때문에 귀하게 여겼어요. 그래서 요셉과 같이 베냐민도 없어 질까봐 지레짐작으로 보호하는 장면인 것을 알 수 있습니다.

5절에 보면 야곱이 아버지 이삭의 집에 돌아왔을 때, 에서가 떠나고 야곱은 아버지가 거하던 가나안 땅에 살았어요. 아직도 아버지의 기업의 땅에 사는 것을 알 수 있습니다.

7절, 10절, 13절에 보면 요셉이 형들에게 질문했을 때 형들이 대답하는 장면입니다. 애굽의 국무총리로 있으면서 쌀을 사러온 형들에게 요셉이 질문할 때 대답하는 장면입니다.

첫 번째 질문에 대한 대답은 7절 하반부에 **"곡물을 사려고 가나안에서 왔나이다"** 했지요. 두 번째 요셉이 물으니까 10절에 **"그들이 그에게 이르되 내 주여 아니니이다 당신의 종들은 곡물을 사러 왔나이다"** 했어요. 11절에 보면 **"우리는 다 한 사람의 아들들로서 확실한 자들이니 당신의 종들은 정탐꾼이 아니니이다"** 했어요.

정탐꾼이 아니라는 것을 증명하기 위해 한 사람의 아들이라고 했고 나중에는 베냐민까지 드러나잖아요. 첫 번째는 곡물을 사러왔다고 했고, 두 번째는 정탐꾼으로 몰리니까 우리는 정탐꾼이 아니고 곡물을 사러왔고, 우리 모두는 한 아버지의 아들이라고 말했다가 그래도 12절에 요셉이 나라의 틈을 엿보러 왔다고 하니까, 세 번째로 형들이 13절에 하는 말이 **"그들이 이르되 당신의 종 우리들은 열두 형제로서 가나안 땅 한 사람의 아들들이라 막내 아들은 오늘 아버지와 함께 있고 또 하나는 없어졌나이다"**하고 동생이 없어진 이야기도 하고, 베냐민 이야기도 분명히 해서 나중에 문제의 화근이 됩니다.

그러면 너희가 말한 것을 증명하기 위해서 베냐민을 데리고 오라고 하잖아요.

우리가 사람들하고 대화할 때 마다 자꾸 이야기가 술술 나오는거 있잖아요. 처음에 "없어요" 하다가 "없다니까요" 그러다가 나중에 "없는 것은 우리 형편이 어쩌고 저쩌고" 이야기 하면서 자기의 처지와 형편을 자꾸 드러내요. 이것도 동서고금을 통해 사람들이 다 똑같은 가 봐요. 자라보고 놀라면 솥뚜껑 보고 놀라고, 말을 자꾸 하면 들통이 나는 것이 '사람은 다 똑같은 모양이다'라는 생각이 들어요.

18절에 보면 그들을 다 삼 일을 옥에 가둡니다. 형님 열 명을 옥에 다 가둡니다. 삼 일후에 그들을 풀어주고 요셉이 18절에 '나는 하나님을 경외하는 자'라고 당당하게 자신의 신분을 밝힙니다. 보통 목사님들이 '집사, 잡사' 이야기를 하잖아요. 교회 오면 '집사'고, 직장에 가면 '잡사'라고 하잖아요. 직장에 가면 예수 믿는 자기의 신분을 안 밝힌다고요. 우리는 어디에 가도 예수 믿는 사람이라는 것을 밝혀야 해요.

요즘은 그렇지 않지만 옛날에 대중교통 버스를 이용할 때 절대 '집사님, 권사님' 부르지 말라고 했어요. 멀리서 가방 던지고 자리 정해 놓고 '집사님 여기에 앉으세요, 권사님 여기에 앉으세요' 제발 이런 거 좀 하지 말라고요. 그런 얌체 같은 짓을 하면서 권사님 가방을 툭 던지거나 해서 자리가 잡아 놓고, 권사님 여기에 앉으라고 하면 정말 부끄러워서 앉지를 못해요. 제발 그러지 마세요.

옛날에 우리 교회에 어떤 목사님이 계실 때 레노마에서 만든 멋진 롱코트가 있었어요. 세월이 오래되었지요. 그때 양복이 없다고 해서 우리도 돈이 없으니까 여러 명이 같이 모아서 목사님에게 사드리기로 했어요. 목사님을 만나려면 시간이 주일 밖에 없었어요. 절대 목사님거라고 말하지 말라고 신신당부를 했는데, 주일날에 쇼핑을 가서 '전도사님, 목사님' 하고 부른 거예요. 주일 날 백화점에 옷사러 가서 '전도사님, 목사님' 다 부르고, 제발 부르지 말라고 그랬는데 여러 명이 가니까 그만 입으로 툭툭 내뱉는 거예요.

그러니까 우리가 하나님의 보좌 앞에 가면 우리 죄를 우리가 술술 다 불어요. 무섭고 겁나는 사람이 있으면 자기가 자기 말 다 하잖아요. '잘못했습니다, 다시는 안 하겠습니다'하고 고백하는 것처럼 하나님의 보좌 앞에 가면 **"우리 각 사람이 자기 일을 하나님께 직고하리라"**고 했습니다. 감추려고 해도 안 감추어지고 저절로 툭툭 튀어나와요. 그래서 제가 될 수 있는 대로 입 좀 조심하라고 해도 조심이 안 돼요.

그러다가 어떤 때는 '할렐루야'도 하고 '주여'도 하면서 가방 던지고 자리 정하고, 하여간 같이 다녀보면 입장이 곤란할 때가 많아요. 특히 어떤 집사는 '할렐루야, 주여'를 잘 하면서 가방을 잘 던져요. 나이는 저보다 많은데 저보고 앉으라고 해요. 얼마나 입장이 난처하겠습니까. 그냥 '할렐루야, 주여'를 좀 안했으면 좋겠는데요.

우리의 이런 모습들을 나쁜 곳에서는 감추면 좋겠지만 좋은 곳에서는 내 신분을 밝혀야 해요. 쉽게 말하면 직장에 가서 '내가 예수 믿는 사람이요' 밝혀야 해요. 술자리에 가서 '나는 예수 믿는 사람이요' 밝혀야 해요. 술자리에 가면 안 밝히고 주면 홀짝홀짝 받아 마셔요.

우리도 나쁜 짓을 좀 끊어야 합니다. 거짓말도 끊어야 하고, 화도 좀 끊어야 하고, 불평하는 것도 끊어야 하고, 낙심하는 것도 끊어야 하고, 의심하는 것도 끊으면 좋겠어요. 긍정적인 마인드로 갔으면 참 좋겠습니다.

요셉은 이런 신앙이 된 사람이다 싶어요. 처음에 자기를 밝힐 때 한 말이 정말 멋있어요. 처음 형들을 만났을 때 그가 뭐라고 했을지 여러분 상상해 놓으시고요. 18절에 보면 요셉이 나는 '하나님을 경외하는 자'라고 먼저 밝힙니다. 하나님을 믿는 자라고, 경외하는 자라고 밝혀요. 굉장히 멋지잖아요.

20절에 보면 너희가 한 아버지의 아들이고 막내가 집에 있다고 하니까 그 아들을 데리고 와서 너희의 진실함을 보이라고 했습니다. 이스라엘이 베냐민을 특별히 사랑해서 안 보내려고 하니까 형님들도 난리가 나고 아버지도 난리가 났잖아요. 왜 그랬습니까? 베냐민을 안 보내려고 난리가 나서 쌀 사러 한 번 못 갔잖아요. 그 이유는 자식을 너무 사랑해서입니다.

결국은 그 자식 때문에 울고 경급한 일을 만나요. 막내를 너무 끼고 도니까 전부 다 배를 굶어야 하고, 두 번이나 갔다 왔어야 했는데 한 번 못 갔다는 얘기잖아요. 한 번 못 가면서 배도 굶고 아버지는 울고불고, 이런 사건은 자녀를 너무 사랑하면 울고, 겁나게 되고, 걱정되는 일을 만나는 것을 알 수 있습니다.

22절에 **"르우벤이 그들에게 대답하여 이르되 내가 너희에게 그 아이에 대하여 죄를 짓지 말라고 하지 아니하였더냐"** 하고 저희들끼리 싸우고 난리가 났어요. 요셉이 못 듣는 줄 알고요. **"그래도 너희**

가 듣지 아니하였느니라 그러므로 그의 핏값을 치르게 되었도다" 했잖아요.

제가 여기에서 깨달은 것은 내가 그 사람을 권유하고, 그 사람이 말을 안 들어도, 같이 감옥에 갇힙니다. 같이 곤혹을 당합니다. 결국 르우벤도 삼일동안 감옥에 갇혔어요. 제일 형님이고 책임자잖아요. 아버지에게 자기 아들 부탁하고 책임지고 데리고 오겠다고 했지만 문제가 생기는 것은 그때 큰 형님으로 '안돼' 하고 막았어야 했는데 안 막았기 때문입니다. 아무리 선한 생각을 가지고 있어도, 선한 생각이 있는 것과 선한 생각을 실행하는 것은 차이가 나요.

죄짓는 마음은 있는데 죄를 짓는 것 하고, 그냥 입으로 하는 것 하고 다르다는 거예요. 그래서 자신이 아무리 '동생을 안 죽였으면 좋겠다'는 생각을 했어도, 결국은 동생을 팔아먹고, 본인은 '동생이 죽었다'고 생각하고 그에 대한 죄책감이 생기고 징벌이 오는 거잖아요. 우리가 그래야 된다고요.

누가 살인하자고 하면 목숨을 바쳐서까지 막아야 한다고요. 정말로 나쁜 짓을 하려고 하면, 내가 두드려 맞고 경제적으로 손해를 보더라도 그 일을 막아주는 일을 우리가 해야 합니다. 내가 거룩하고 신령하면 신령한 능력을 최대한 다 발휘해서 그들을 죄 짓지 않도록 이끌어 주는 것이 좋은 것입니다. 안 그러면 같이 욕을 먹고, 같이 벌을 받습니다. 오늘 르우벤을 보면 같이 벌을 받고 있잖아요. 제일 책임자로 벌을 더 많이 받고 있지요.

28절에 보면 형제들이 하는 이야기가 참 재미있습니다. **"그가 그 형제에게 말하되 내 돈을 도로 넣었도다 보라 자루 속에 있도다 이**

에 그들이 혼이 나서 떨며 서로 돌아보며 말하되 하나님이 어찌하여 이런 일을 우리에게 행하셨는가 하고" 모두다 이 소리를 하고 있습니다. '하나님이 왜 이런 일을 내게 주셨는가?', '하나님이 어찌해서 저한테 이러십니까?' 우리가 읽어보니 우습지요? 하나님이 우리를 보면 우습습니다.

하나님께서는 '네가 죄를 지으니 그렇지' 이러실 것 아닙니까? '얘야, 답답하다, 네가 네 죄의 소행을 모른단 말이냐?' 이러신단 말이에요. 그러니까 이것은 하나님에 대한 원망이잖아요. 하나님에 대한 불평이잖아요. 나는 이런 벌을 받을 일을 안 했다는 이야기잖아요. 그런데 실상은 우리가 보면 했습니다. 우리가 이렇게 28절 같은 죄를 많이 짓고 있습니다.

내가 무슨 팔자라서 이런 일을 만나는가? 나는 왜 이렇게 사는가? 내가 무슨 사주를 타고나서 이렇게 고생하나? 내가 왜 이렇게 허리가 휘도록 고생하나? 하는 소리를 안 믿는 사람들은 많이 해요.

우리가 하나님을 원망하고 대항하는 말은 하나님이 보시면 '얘야 네가 심었으니 돌아오지' 그러십니다. 우리는 내가 안 심었다고 생각하니까 그런 이야기를 합니다. **"하나님이 어찌하여 이런 일을 우리에게 행하셨는가"** 이렇게 그들도 하나님에 대해서 어느 정도 믿음이 있었어요. 믿음은 있었는데 그런 짓을 한 거예요.

36절에 **"그들의 아버지 야곱이 그들에게 이르되 너희가 나에게 내 자식들을 잃게 하도다"** 했습니다. 이 자식들을 살펴보면 정말 재미있습니다. **"요셉도 없어졌고 시므온도 없어졌거늘 베냐민을 또 빼앗아 가고자 하니 이는 다 나를 해롭게 함이로다"**라고 합니다.

여러분 대략 자식들의 이름을 불러봅시다. 제일 처음에 레아가 낳은 아들은 르우벤, 시므온, 레위, 유다와 잇사갈, 스불론이고, 라헬의 아들들은 요셉과 베냐민이고, 라헬의 여종 빌하의 아들들은 단과 납달리고, 레아의 여종 실바의 아들들은 갓과 아셀입니다.

시므온은 없었으니까 빼고, 르우벤도 아버지에게 권유하니까 빼고 나면 나머지 아들들은 종의 아들들이 대체로 남아있습니다. 유다도 아버지에게 권유하니까 빼고, 가만히 보면 레위가 이상하다는 생각이 들어요. 우리가 보면 레위족속이 유명하잖아요.

그런데 이 레위는 창세기 50장이 끝날 때 까지 바른 일 한 것이 별로 없어요. 그냥 세겜성에서 칼로 죽이는 것 밖에 한 일이 없어요. 그런데 '레위'예요. 하나님이 참 사랑이 많으시다는 생각이 들어요. 레위는 별로 선한 일을 한 것이 없어요.

시므온이나 유다나 르우벤이 맏이는 맏이예요. 요셉에게 곡물을 사러가는 일에 뭔가 앞장서서 해보려고 하고 애쓰는 형제들이예요. 맏이 같은 사람들이예요. 그런데 나머지는 종의 자식들이예요. 아무 말도 없이 반대하고 문제가 생기고 하는 것은, 소리는 없는데 같이 쌀을 사러 갔던 아들들이 종의 자녀들이 대체로 많았어요.

첫 번째 건강할 때 낳은 맏이들 네 명 빼고는 전부 다 있으나 마나 한 자녀들인 것 같아요. 36절에 **"야곱이 그들에게 이르되"** 누구에게 말하고 있겠습니까? 레위를 포함해서 7명의 아들들에게 말하고 있는 것 같아요.

역시 종의 자녀는, 우리나라 역사에도 보면 서자들 언제나 서러움 받고 문제가 생기는 이야기가 나오잖아요. 그런 것처럼 종의 자녀들도 언제나 설움과 그늘에서 사는 모습을 알 수 있습니다. 본 부인 애들의 뒤치다꺼리를 하는 것이 서자들의 이야기인 것 같아요. 종의 자녀라서 그렇겠지요.

43장 6절에 보면 야곱이 원망 불평을 계속 하고 있습니다. **"어찌하여 너희가 나를 괴롭게 하느냐"**고 했습니다. 이것은 회개를 모르고 하는 이야기잖아요. "내 죄 때문에 너희까지 고생시키는구나" 이래야 하잖아요. 물론 자녀들이 잘 했다는 이야기는 아니지만 지금 두 번째 원망이에요. 첫 번째 원망은 42장 36절에 **"다 나를 해롭게 함이로다"** 이렇게 원망 불평했습니다.

34절에 요셉이 자기 형님들을 만나고 베냐민에게는 음식을 다섯 배나 줬습니다. 하나님이 여러분을 특별히 사랑하면 기본이 다섯 배를 주십니다. 하나님께 사랑받을 짓만 하십시오. 여기에서 베냐민은 사랑받을 짓 아무것도 안했어요.

하는 것 없이 아버지의 사랑받으면서 그냥 가만히 있었어요. 앉으라면 앉고, 놀러갔다 오라면 갔다 오고, 그것 밖에 안 했을 것 같아요. 그래도 사랑받아요. 우리가 사랑받을 짓을 특별히 많이 하는 것이 중요한 것이 아니라, 하라면 하고, 가라면 가고, 말라면 말고 이것만 해도 다섯 배의 축복을 줍니다. 굉장히 큰 축복이잖아요.

44장 9절에 **"당신의 종들 중 누구에게서 발견되든지 그는 죽을 것이요 우리는 내 주의 종들이 되리이다"** 고 했습니다. 요셉의 술잔이 없어졌는데, 그 술잔을 요셉이 하인들을 시켜서 베냐민의 쌀자루에 넣었잖아요. 이것은 라헬이 아버지의 드라빔을 훔친 사건과 똑같습니다.

이것은 정말 유전이에요. 말을 정말 조심해야 합니다. 막 말을 하는 것은 아니지만 아무 일이 없다고 큰 소리 치는 겁니다. 우리는 절대로 안 가지고 왔다고, 그것이 들어 있는 사람은 죽어도 좋다고 합니다. 지금 이 형들이 제일 보존하고 살려야 할 사람이 누굽니까? 베냐민이잖아요. 그런데 엉겁결에 베냐민을 죽입니다. '만약에 술잔이 들어 있는 사람은 죽어도 됩니다. 우리 다 종이 될께요' 이런 말을 합니다. 결국은 이 형들 모두가 종은 아니지만 요셉 밑에서 먹고 살았으니까 종들처럼 살았지요. 사실 막내 동생이 최고의 어른 행세를 하잖아요. 언제나 말대로 됩니다. 여기서는 흘려갔던 이야기지만 나중에 말대로 됩니다.

외삼촌과의 만남에서 야곱도 그랬잖아요. 드라빔을 훔친 사람은 반드시 죽는다고 했잖아요. 그런데 라헬이 어떻게 되었습니까? 아버지의 가나안 땅에 들어가기 전에 죽었잖아요. 외삼촌 손에는 안 죽었지만 야곱의 말대로 죽었습니다. 여러분 말 참 조심해야 하는 것 아십니까? 아는데 감정 조절이 안 될 때는 막 나오지요. 주로 감정조절이 안 될 때는 막말을 하잖아요.

옛날 사람들은 '내 말이 맞지 않으면 내 손에 장을 지진다'는 말을 참 많이 했어요. 장 지질 사람 많습니다. 옛날 우리나라 사람들은 막말을 왜 그리 많이 했는지 몰라요. 요즘 사람들도 하겠지요. 조심해야 합니다.

어떤 분이 우리 교회에 오고 나서부터 말이 좀 좋아졌어요. 어느 날은 그 딸이 보니까 어머니가 이모와 전화를 하더랍니다. 전화를 끊고 나더니 "아이고, 말이 사납고 시끄럽네" 하더래요. 그러면서 딸보고 나도 그러냐고 물으니까, 그 딸이 엄마는 옛날에 더 했다고 하더랍니다.

그 어머니가 그래도 예수 물을 먹어서 자기 동생과 전화를 하는데 "아이고 시끄럽고 말을 사납게 하네" 그러더랍니다. 그러니까 벌써 조금씩 예수 물이 든 거예요. 여러분은 물이 더 많이 들어야 해요. 여기 오면 욕도 덜 하고, 화도 덜 내고, 원망불평도 덜 하고, '내 손가락에 장을 지진다' 는 말 하면 안됩니다. 맞으면 맞고 틀리면 틀렸지, 장을 지져서 뭐 할 겁니까?

여러분이 잘 아는 사사 입다도 마찬 가지잖아요. 오늘 성경에 보니까 똑 같아요. 야곱도 막말을 했어요. 급한 마음으로 했어요. 야곱도 외삼촌 앞에서 드라빔 가진 사람 없으니까 있으면 반드시 그 사람은 죽을 거라고 했더니, 제일 사랑하는 라헬이 죽었고, 입다도 제일 사랑하는 무남독녀 외동딸이 죽었잖아요. 무심결에 막말하면 말대로 된다고요. 정말 됩니다. 지금 생각이 나면 빨리 찾아서 회개하셔야 돼요. 회개해도 벌은 받을 건데, 여러분 얼마나 막말을 많이 합니까?

예를 들면 자식들 놓고 묵은 죄 회개해야 합니다. 자식들보면 재는 머리는 좋은데 왜 저렇게 공부를 안 하지 생각하잖아요. 우리가 무심결에 자랑을 많이 해요. 무심결에 한 자랑 때문에 내 자녀가 안 되잖아요. 자녀가 무엇을 잘 한다고 자랑하면 아이는 원래 머리가 좋은데도 못해요. 잘 안 해요.

자녀들이 너무 말 안 듣고, 문제가 있으면 내가 언제 무엇을 했는지 찾으면 그것이 풀어집니다. 보십시오. '그 사람이 반드시 죽을 것이라' 했기 때문에 베냐민이 죽게 생겼습니다. 우리 모두 종이 된다고 해서 결국 종 같은 삶을 살았잖아요. 그래서 '말이 화근이 되니까 말을 함부로 하지 말자' 이것이 창세기 44장 9절 말씀입니다.

16절에 가보면 여기에서 제가 재미있는 이야기를 끄집어 내려고 합니다. **"유다가 말하되 우리가 내 주께 무슨 말을 하오리이까 무슨 설명을 하오리이까 우리가 어떻게 우리의 정직함을 나타내리이까 하나님이 종들의 죄악을 찾아내셨으니 우리와 이 잔이 발견된 자가 다 내 주의 노예가 되겠나이다"**라고 하면서 유다가 우리의 정직함을 무엇으로 증명할 방법이 없다는 거예요. 지금 상황으로는 또 다시 도둑놈이 되었잖아요. 또 다시 베냐민이 죽게 되었고 모두가 종이 되게 생겼습니다.

여러분 생각해 봅시다. 지금 이 상황에서 이 사람들이 우리라고 생각해 봅시다. 지금 현재 내가 억울한 소리 듣고, 거짓말쟁이라는 소리를 들을 때, 내가 거짓말을 했습니까? 안했습니까? 안했습니다. 어떤 사람이 나를 도둑놈이라고 하잖아요. 그때 내가 도둑질을 했습니까? 안했습니까? 안했습니다. 사람들이 나를 보고 사기꾼 이라고 하는데, 지금 나는 사기꾼이 아닙니다. 지금 도둑 취급당하고, 핍박받고, 고난 받고, 정죄 받는 상황이 현재입니다.

오늘 현재 여러분의 상황이 그렇습니다. 내가 열심히 일 했는데 가난해요. 내가 열심히 봉사를 했는데 남들이 안 알아줘요. 열심히 헌금도 많이 했는데 남이 나를 헌금 많이 했다고 안 알아줘요. 그러니까 전부가 억울하다고 생각합니다. 현재 자기가 받는 대접이 억울하다고 생각합니다.

그런데 이런 것들이 어디에서 온다고 했지요? 과거에서 온다고요.

지금 현재에서 온 것이 아닙니다. 과거에서 왔습니다. 여러분 늘 회개를 이렇게 찾으십시오. 지금 유다가 말하기를 '내가 현재 이 일이 정말 억울합니다. 내 정직을 어떻게 나타낼까요' 했잖아요. 우리는 현재의 억울한 일을 만나면 과거의 내 죄를 찾아야 합니다.

옛날에 정직하지 못했던 사건이 있습니다. 옛날의 정직하지 못했던 그 모습 때문에 지금 아무리 정직해 져도 남이 인정을 안 합니다. 아무리 내가 부자라도 가난하다고 해요. 아무리 내가 지금 화를 안 내도 화냈다고 해요. 아무리 남의 말 안하고, 원망불평 안 해도 자꾸 했다는 거예요.

그러면 과거를 찾아봐야 합니다. 그것 때문에 하나님이 우리를 회개시키려고 그 말을 하는 겁니다. 무슨 말인지 이해가 되십니까? 지금 현실은 과거의 내 모습을 회개시키려고 나타난 양상에 불과합니다.

옛날에 거짓말을 했습니다. 옛날에 거짓말 한 것 때문에 지금 이 사람들에게 거짓말쟁이라는 말을 듣습니다. 도둑놈 취급을 당하잖아요. 여기서는 도둑이라는 말을 안 하고 정직이라고 하잖아요. 거짓말 안 했다는 말이잖아요. **"어떻게 우리의 정직함을 나타내리이까"**라고 하잖아요.

이상하게 성경은 '눈은 눈, 이는 이'예요. 지금 상황을 보면 '어떻게 해야 우리가 도둑이 아닙니까?'라고 해야 하는데 '어떻게 해야 우리의 정직을 나타내리이까?'라고 했습니다. 처음에는 정탐꾼이라고 했잖아요. 우리가 어떻게 정직을 나타내리이까, 우리는 정탐꾼이 아닙니다. 계속 그 이야기입니다.

그것이 첫 번째고 지금 두 번째가 나오는데 두 번 다 거짓말하는 것이 있어서 그렇습니다. '우리는 정탐꾼이 아닙니다' 하니까 정탐꾼 아닌 것을 증명하려면 베냐민을 데리고 오라고 했잖아요. '우리가 안 훔쳤어요' 하니까 술잔이 베냐민의 자루에 들어 있어요. 이런 사건들이 전부 베냐민과 연결이 됩니다.

아버지가 베냐민을 사랑하는 문제가 해결되지 않으면 계속 베냐민이 위험에 처하게 됩니다. 여러 가지 죄목이 있습니다만 첫째는 아버지가 라헬과 요셉 때문에 마음이 아프니까 베냐민을 너무 끼고 도는 사랑 때문에 문제가 됩니다.

아들 끼고, 막내 끼고 하면 그 아들 버립니다. 가만히 보면 막내들은 성질이 있어요. 막내 기질이 있어요. 자세히 보면 막내는 다 달라요. 맏이하고 막내는 달라요. 가만히 보니 제 여동생이 막내예요. 제 남동생과 저는 '왜 저러지?' 하는데 막내예요. 다 처신을 잘 하는데 우리 앞에서는 막내 기질을 드러내요.

왜 그런가 하면 자랄 때 엄마, 아빠에게 너희들보다 사랑을 덜 받았다고 생각하는 거예요. 엄마, 아빠가 힘 있고 젊을 때 보살핌이나 양육을 첫째 맏이에게 정성을 다해서 키우잖아요. 그것을 막내에게 안 했으면 무언가 막내가 그런 짓을 해요. 맏이에게는 먹는 것도 교육도 전부 다 잘 시키는데, 막내는 그냥 놔두잖아요. 그런데 제일 막내를 사랑한대요. 데리고 끼고 다녀요. 끼고 다니는 것이 사랑하는 것이 아닙니다.

부모들이 자식 사랑을 잘못하고 있습니다. 생각은 제일 사랑한다고 생각해요. 제일 돕는다고 생각하는데 잘못하고 있어요. 큰 아이에게 어릴 때 했던 것만큼 막내에게 하는 것이 사랑하는 거예요. 자꾸 끌고 다니고 하면 베냐민처럼 자꾸 죽을 일이 생기잖아요. 막내끼고만 있었잖아요.

아마 베냐민은 혼내지도 않았을 걸요. 막내는 잘 꾸중하지도 안잖아요. 막내가 잘못하면 자꾸 언니들을 혼내잖아요. 너희들이 좀 봐주지 하는 거예요. 그러니까 막내들은 막 떼쓰면 되는 줄 알고, 상벌의 규정이 옳고 그른 행동을 못 하는 거예요. 우기고 떼쓰고 자기가 말하면 다 되는 줄 아는 것이 막내예요. 밀어붙이면 되는 줄 알아요.

엄마가 약할 때 낳아서 불쌍하다고 봐 주잖아요. 형들은 다 돌봐줬는데 너는 잘 못 돌봐줘서 미안하니까 잘못 한 것을 덮어줘요. 잘못 한 것 덮어주는 것은 자식을 버리는 겁니다. 옛날에 아이 많은 엄마들은 그렇게 길렀어요.

그러면 무슨 거짓말을 했기 때문에 이런 일을 만납니까? 이들이 잘못한 거짓말은 무엇일까요? 요셉의 '채색옷' 입니다. 채색옷을 가지고 짐승피를 묻혀서 동생 피라고 속였지요. 37장 32절에 **"그의 채색옷을 보내어 그의 아버지에게로 가지고 가서 이르기를 우리가 이것을 발견하였으니 아버지 아들의 옷인가 보소서 하매"** 말은 안했지만 은근히 동생 피인 척 하고 비슷하게 속여 먹었잖아요. 이것도 거짓말입니다.

말 안 해도 거짓말입니다. 그것인 척 알아듣게 하는 것도 거짓말입니다. 죄 안 지으려 하는 것 말고, 죄를 짓고 죄를 가리려고 하는 것은 거짓입니다. 짐승의 피를 발라서 거짓 행위를 했잖아요. 31절에 **"숫염소를 죽여 그 옷을 피에 적시고"** 했잖아요. 그러니까 이미 '이것은 동생의 피 입니다' 하고 속이려고 거짓행위를 했잖아요.

두 번째는 37장 28절에 동생을 팔아먹었잖아요. 팔고 어디로 갔는지 확실하게 알았잖아요. 그런데 모른 척 하잖아요. 자기들의 손으로 동생을 팔아놓고 거처와 행방을 모르는 것처럼, 생사를 모르는 척, 어디 갔는지 모르는 척 거짓행사를 했잖아요.

성경을 자세히 읽어보면 믿음의 족장들이지만 죄 짓는 행동이 은근히 많이 나오더라고요. 아브라함도 그 속에 있잖아요. 그래서 우리도 때를 따라 거짓을 행하는 모습이 있지만 '믿음이 있는 우리들을 긍휼이 여기고 도와주시는가 보다'라는 생각이 들어요. 아브라함이 아비멜렉에게 거짓말을 했는데도 불구하고 순간순간 죄를 짓는 것에 대해서는 크게 문제를 삼지 않으시고 믿음이 없는 자를 문제를 삼으셨어요. 전체적으로 우리가 아직 죄가 더 많은 데도 믿음으로 살려고 하는 모습 때문에 하나님께서는 우리를 귀히 여기시고 언제나 믿지 않는 자들 앞에서는 우리 편을 들어주세요.

예를 들면 여러분은 성령 받아서 회개하고 있잖아요. 우리 제단에 와서 옛날에 안했던 새로운 회개를 구체적으로, 관심을 가지고 찾아서 회개를 하잖아요. 그러면 우리는 특별한 소유물이고 특별한 대접을 받고 있습니다. 받을 수밖에 없잖아요. 하나님은 아브라함이 믿기만 해도 그의 편을 들어주셨는데, 우리는 회개까지 하는데 하나님이 우리 편을 들고 말고 지요.

그리고 성령의 감화 감동을 순종해 보십시오. 얼마나 하나님께서 여러분의 편이 되어주실지요. 예를 들어 제가 어떤 사람에게 심부름을 시켰는데 말을 안 듣고 "장로님, 꼭 그렇게 해야 합니까. 꼭 그렇게 안 해도 됩니다" 이러는 사람과 "네, 알았습니다. 그렇게 해 볼께요" 하는 사람 중에 어느 사람을 좋아하겠습니까? 말대답 또박또박 하면서 "꼭 그렇게 해야 합니까, 그렇게 안 해도 이렇게 하면 되는데" 하는 사람보다는 "장로님, 그렇게 합시다" 이러는 사람을 좋아하잖아요. 모든 부모와 모든 어른과 모든 사람이 그것을 좋아합니다.

그런데 우리 인간은 말하는 것은 틀릴 수 있어요. 그런데 하나님이 하는 이야기는 절대 틀리는 법이 없습니다. 틀림이 없는 하나님의 말씀은 우리가 들을 필요가 있다는 이야기지요. 절대 하나님의 말씀은 틀림이 없어요. 확실합니다. 그러니까 순종해야 하고, 동서남북 몰라도 믿어야 하고, 믿으면 그 다음에 기도해야 하고, 그 다음에는 회개기도 해야 하고, 그 다음에는 회개기도 한만큼 행해야 하고, 이렇게 믿음이 점점 자라서 올라 가야해요.

그냥 '믿습니다' 한다고 되는 것이 아니라고요. '믿습니다'해서 됩니까? 입만 '믿습니다' 해서 할 수 있는 것은 거의 없습니다. 내가 회개하지 않으면 행할 수가 없어집니다. 회개하지 않으면 어떤 상황에 가서 획 돌아가고, 배신합니다. 그것을 가지고 성경 민수기 14장 33절에 보면 **"패역한 죄"**라고 합니다. 우리가 패역합니다. 패역한 것은 주님을 배반하는 것입니다.

저도 어느 순간에는 '어찌 하여 하나님이 이런 일을 행하시는가' 하고 생각하지만, 그 다음에 돌아보면 '아이고, 주님 뜻이 맞네요' 해요. 지금 이 형들도 '어찌하여 우리에게 이런 일이 있을꼬' 했는데, 돌아보니까 자기들의 죄 때문에 그렇잖아요.

44장 33절에 보면 유다가 어떻게 해서라도 베냐민을 지키려고 노력을 하는 모습을 보입니다. 내가 대신할 테니까 내 동생 베냐민을 돌려보내달라고 하잖아요. 이 소리를 듣고 그 형 요셉이 믿어지겠습니까? 안 믿어지겠습니까? 믿어질 꺼예요.

이제는 내가 없어도 내 형들이 베냐민을 해하려고 안 하겠구나. 내가 있을 때는 나를 해하려고 했는데 내가 없어지고 난 다음에 르우벤과 시므온과 유다를 보니까 내 동생 베냐민을 자기들이 종이 되어도 지키려고 하는구나 하는 것을 깨닫는 거예요.

멋있지 않아요? 자기를 해하고 죽이려고 했던 형님들이 믿어지는 마음이에요. 하나님은 회복케 하는 은혜를 주십니다. 하나님께서 우리 마음의 상처를 회복케 하세요. 요셉이 믿음으로 살았고 다 이해하고 용서는 하지만 그 마음속에 상처가 있잖아요. 여러분, 우리가 매일 밤 철야기도 할 때 어떤 사람 옆에는 대여섯 살짜리 아이가 앉아 있어요. 여러분들 마음속에 여러분이 어렸을 때 상처 입었던 모습이 여러분 옆에 붙어 있어요. 그래서 그 사람에게 말해 줬어요. "네가 학교 들어가기 전 어릴 때 네 모습이 보인다. 그때 네가 상처를 받은 무엇이 있는가 보다. 그러니까 어릴 때를 생각해서 회개를 해라. 그러면 네 성격이 회복될 때, 네 아들 같은 밝은 성격으로 회복될 것이다. 지금 네 아들과 같지 않은 것은 네가 네 본성을 잊어버린 것이다" 그렇게 이야기 했어요.

어떤 책의 내용이 '당신 속의 아이가 울고 있어요'라는 책이 있었던 것 같은데, 그 책은 50%만 알고도 베스트셀러가 된 책이에요. 어릴 때 상처받은 그것만 발견해도 전국이 난리가 나잖아요. 그런데 하나님 앞에서 근본 문제 해결을 할 수 있는 방법은 그것이 아니에요. 그때 자기가 지은 죄를 찾아서 회개를 하라고 했잖아요.

제가 이 내용을 책으로 내면 센세이션을 못 일으킬 겁니다. 왜냐하면 사람들이 회개하기를 싫어해서요. 자기 죄를 시인하기가 싫어서요. 자기가 그때 상처를 입었는데 왜 회개를 해야 하나요? 제가 여러분에게 물어보면, 그때에 죄 지었냐고 하면, 그때 상처 받았는데 자기가 무슨 죄를 지었는지 모르겠다고 해요. 지금 생각해서 그때 지었을 것 같은 죄를 찾아서 회개해 보세요.

누가 너를 놀려 먹었으면, 예를 들면 노랑머리라고 놀려서 상처를 많이 받았어요. 그래서 학교에 모자를 쓰고 다녔다고 합시다. 그러면 어릴 때 그렇게 상처를 입어서 내 속에 아이가 지금 50, 60대가 되어도 울고 있어요. 노랑머리라고 놀림 받았던 아이가 이 속에서 울고 있어요. 그때는 무슨 죄를 지었겠습니까? 만약 남들이 노랑머리라고 놀렸으면 여러분들 속에 무슨 마음을 가졌을 것 같아요? 놀린 사람 미워하고, 가서 때리고 싶고, 너희 머리도 노랑머리 되어봐라 싶고, 엄마는 나를 왜 이렇게 낳아서 노랑머리를 만들었냐고 불평하는 이런 죄들을 지었을 법 하잖아요. 그것을 회개하라고요. 내 속에 아이가 울고 있다고 해서 억울하게 상처 입은 것을 생각하지 말고, 그것 때문에 내가 어떤 죄를 지었느냐를 찾으세요.

여기에서 상처를 치료하고 죄를 회개하지 않으면 그 아이가 자라서 초등학교 1학년부터 6학년까지 죄를 짓습니다. 그 죄를 지은 것이 중학교부터 성격이 형성돼 버려요. 그래서 그런 성격으로 평생을 사는 겁니다. 제가 발견한 심리학입니다. 제가 보니까 갈수록 이것이 맞더라고요.

그런데 우리나라 나이로 만 5~7세까지가 죄를 짓는 시기예요. 거기에서 상처를 받고 성격이 형성돼요. 형성된 성격을 회개하거나 선한 마음을 먹지 않으면, 아이가 해코지를 하고, 노랑머리는 다음에 머리 새카만 아이만 괴롭히고 다니는 거예요. 그 아이는 초등학교에서 그런 삶을 삽니다. 그리고 날마다 괜히 이유도 없이 아이들이 꼴 보기 싫다고 합니다. 그렇게 초등학교 세월을 보냅니다.

그렇게 남을 미워하고 말하고 살았으니까 중학교에서는 죄값을 치루면서 성격이 이상하게 형성돼서 뭔가가 잘 안 되는 삶을 살기 시작합니다. 그래서 뭐가 안 풀리고 안 되는 거예요. 어릴 때 내가 정말 부끄럽고 상처 입었던 때를 생각해서, 내가 어떤 마음으로 죄를 지었을 것이라는 추측을 해서 회개를 많이 하면 됩니다. 기억이 안 나면 그것을 찾아서 회개를 해야 합니다.

그래서 요셉도 상처가 있었어요. 믿음으로 다 듣고 있었는데 본인은 모르는 거예요. 여러분도 어릴 때 상처 있는 것 다 모르고 살잖아요. 듣고도 그냥 멀쩡하게 살잖아요. 이 요셉도 멀쩡하게 신앙적으로 넉넉하게 남에게 선행을 베풀면서 살았습니다. 그런데 정말 상처는 '형들이 나를 해하려고 했다. 그러니까 동생도 해하지 않았을까' 그런 의문 속에서 산거예요. 엄마도 없고 나이도 어리고, 저 형님들은 정말 못됐는데 하는 의문점이 있었을 것 아니에요.

그 문제가 지금 다 해결됩니다. 문제가 해결될 때 제일 주도적으로 르우벤, 시므온, 유다가 베냐민을 보호하려고 합니다. 그리고 유다가 말한 것을 확실하게 들었습니다. 그러면서 마음의 상처가 치유가 되는 것 같아요. '아, 내 동생을 해하려고 하지 않았구나. 자기가 종이 되어도 내 동생을 지키려고 하는구나' 이런 그 동안의 불안했던 마음이 해결되는 장면이 아닌가 생각을 해 보았습니다. 베냐민을 지키는 것을 확실히 보았습니다.

그리고 45장 5절에 가보면 정말 재미있는데, 제가 아까 예고편이라고 한 것은 이것을 이야기 한 겁니다. 이제 형들 앞에서 자기가 요셉이라는 것을 밝힙니다. 4~5절을 같이 읽어보겠습니다. **"요셉이 형들에게 이르되 내게로 가까이 오소서 그들이 가까이 가니 이르되 나는 당신들의 아우 요셉이니 당신들이 애굽에 판 자라 당신들이 나를 이곳에 팔았다고 해서 근심하지 마소서 한탄하지 마소서 하나님이 생명을 구원하시려고 나를 당신들보다 먼저 보내셨나이다"** 했습니다.

8절도 읽겠습니다. **"그런즉 나를 이리로 보낸 이는 당신들이 아니요 하나님이시라 하나님이 나를 바로에게 아버지로 삼으시고 그 온 집의 주로 삼으시며 애굽 온 땅의 통치자로 삼으셨나이다"**라고 했어요. 참 요셉이 멋있어요. 저는 이것을 보고 탄복했어요. 요셉이 너무 멋있습니다. 자기가 처음부터 밝히자마자 '당신들이 나를 애굽에 판 것을 근심하지 마소서' 했잖아요. 처음부터 안심을 시킵니다. 만약에 이 말을 안 하고 일 년을 살았으면 형들이 일 년 내내 눈치 보고 얼마나 불편하게 살았겠습니까? 요셉이 언제 자기들을 죽이려는가 싶어서요.

그런데 만나자마자 걱정하지 말라고, 이 모든 일을 하나님이 하셨다고 말하는 것을 보면 요셉은 정말 통이 크고 마음이 넓은 사람 같아요. 아량이 넓은 사람 같아요. 처음부터 걱정하지 말라고 해 놓고 이야기를 시작하는 겁니다.

우리도 이렇게 멋지면 좋아요. 이왕 용서할 거면 그 사람 겁주고 주눅들 시간 주지 말고, 화끈하고 확실하게 바로 하는 것이 좋은 것 같아요. 말 안 하고 일주일만 있어 보세요. 그 열 명의 형제들이 얼마나 주눅이 들겠습니까? 그래서 요셉이 너무 멋지다는 생각이 들어요.

그러면서 5절에 설명해도 안 되니까 8절에 또 보충설명을 합니다. 5절에는 '하나님이 하셨다'는 상황 설명을 하고, 그래도 안 되니까 8절에 더 상세한 보충 설명을 하고 있습니다. 자기가 팔린 이유, 내가 오게 된 이유, 그러면서 형제들이 푹 안심하도록 이야기를 합니다.

그런데도 마지막에 가면 이들이 안심이 안 돼서 아버지가 죽을 때 뭐라고 합니까? 제일 먼저 찾아가서 아버지가 죽으면서 이야기를 했는데 '네가 형님들의 허물과 죄를 용서하라'고 했다고 하잖아요. 아무리 요셉이 용서를 해줘도 본인들의 마음에 자기 지은 죄가 스스로 용서가 안 되는 거예요. 그것은 무엇을 안 했다는 이야기지요? 회개를 안 했다는 이야기입니다. 동생이 자기들을 용서해 주면 옛날 죄가 생각이 나서 회개를 해야 해요.

구약시대에는 구체적으로 회개한 이야기가 잘 안 나와요. 그래서 이 사람들은 이해하고 용서는 했는데 회개를 안했기 때문에 그것에 상당한 대가를 치르고 사는 것이 성경에 보입니다. 오늘 우리는 회개하면 주로 예수 피를 가지고 회개를 하잖아요. 그런데 구약 때는 제사법이 있으니까 회개를 해야 하는데 예수님 피 시대가 오기 전이라 회개를 많이 안 한 것 같아요.

그래서 구약 때 사는 것 보다는 지금 사는 것이 더 복 됩니다. 예수 피를 가지고 회개할 수 있는 은혜를 입은 것이 복 된 거예요. 옛날 구약 때의 제사로는 죄를 없이 할 수 없다고 했는데, 그 사람들은 그것을 믿고 회개를 안 하는 거예요. 지금은 예수 피를 가지고 회개 안하면 회개할 방법이 없으니까 그렇게 회개를 하는 거지요.

구약 때는 제사가 회개라고 생각하는 거예요. 마음이 회개를 안 하는 거예요. 그러니까 문제가 됩니다. 구약 때는 제사장이 대신 회개했고, 신약 때는 예수님 피로, 지금은 내가 내입으로 죄를 고백하면서 예수 피로 회개 하는 것이 복되다는 말이에요. 그것 때문에 실제로 내 삶에 변화가 오는 것을 알아야 합니다.

기도하시겠습니다.

영광과 존귀와 찬양을 받으시기에 합당하신 내 아버지 하나님 진실로 고맙고 감사합니다.

하나님께서 우리를 사랑하여 주셔서 독생자 아들 예수님을 우리에게 보내주셨고, 십자가에서 우리의 죄를 위해서 피 흘려 죽으셨고, 그 피 값으로 우리가 회개할 때 마다 그 피에 뿌림을 받아서 정결케 하는 은혜를 입는 이 시대에 살게 하신 것을 하나님, 진실로 감사하고 감사합니다.

옛날 구약 때 사람들은 한 번 그들이 고백하고 말하면 죄를 안 짓는 시대의 사람들이였지만, 지금은 우리가 죄를 지으면 회개를 하는데도 우리의 마음에 또 나쁜 마음이 들어오고 정말로 입과 마음이 다른 우리들입니다.

생각과 마음이 다른 우리들입니다. 그래서 능력 있는 피를 뿌리지 아니하면 죄를 끊을 수 없는 약한 우리들입니다.

아버지 하나님, 도우시고 역사하여 주시기를 원하옵고 기도드리면서, 거짓말 한 자는 거짓말 하는 자를 만나서 골탕을 먹습니다.

내가 남을 해했으면 나를 해하는 사람을 내가 만납니다.

심은 대로 거둡니다.

내가 하나님보다 자식이나 어떤 것을 더 사랑하면 그것이 나를 괴롭힙니다. 그것이 나를 자꾸 곤고한 곳으로 끌고 갈 수 밖에 없습니다.

아버지 하나님이여, 오늘도 우리를 도우시고 도우셔서, 눈은 눈 이는 이로 역사하시는 하나님 앞에서 구체적인 회개를 하면 놀라운 삶을 만들어 가는 우리들 되게 도우실 것을 믿사옵고, 예수님의 이름으로 감사하고 기도드리옵나이다. 아멘.

창세기 열이틀

47장 2절에 보면 **"그의 형들 중 다섯 명을 택하여 바로에게 보이니"** 해서 요셉이 바로 앞에 나갈 형을 다섯 명을 택했다고 했습니다. 택한 자들 중에 제 생각에는 첩의 자녀들이 아닌 본 자녀들을 택하지 않았나 싶어요. 그러니까 본 자녀들을 택하려면 베냐민 빼고 한 명이 빠져요. 여섯 명이 본 자녀예요. 그중에서 택해서 바로 앞에 나가지 않았나 생각됩니다.

그래서 형제들도 뽑혀진 형제가 있다는 거예요. 여러분들도 형제들 중에 뽑혔잖아요. 에서와 야곱, 요셉과 형제들, 에브라임과 므낫세 이들을 보면 오해하기 쉬워요. '둘째가 장자의 축복을 받네'라고 생각하기 쉬운데 그것은 아닙니다.

아마도 야곱과 에서, 유다와 다말이 낳은 아이들, 하나는 발뒤꿈치 잡고 나오고, 하나는 손가락 쑥 내밀고 나온 쌍둥이도 유전이고, 경쟁력이 강한 것이 유전인 것 같아요. 유전인데 동생이 기가세서 이겨서 그렇지 꼭 차자가 장자의 축복을 받는 것은 아닙니다.

성경을 단면적으로 보면 오해를 하는데, 성경에서는 장자가 장자의 축복을 받는 것이 제일 기본입니다. 거기서 변형되는 것은 문제가 생겨서 그런 것이지 '차남이 더 복을 받구나'라고 생각 하면 안 됩니다. 그것은 상황이 그랬을 뿐이어서 그렇습니다.

그래서 형제들 중에도 뽑혀진다는 것입니다. 형제 중에서 막내도 뽑힐 수 있고 다 뽑힐 수 있어요. 여기도 보면 막내 기질이 있어서 뽑혀지는 것 같기도 해요. 이것이 맞다 싶으면 자기가 취하려고 하는 그런 고집이 있잖아요.

장자는 장자처럼 어질고 막내는 막내처럼 열정을 가지고 있고 각자 장점이 있어요. 그래서 여러분도 뽑혀진 것 중에 뽑혀 진거고요. 하나님께서도 우리가 뽑혀질 만한 인물과 그런 제목이 되기를 원하십니다.

47장 9절 이야기는 좀 시적이라서 여러분에게 소개해 보려고 합니다. 이스라엘이 바로 앞에 나아가 첫 대면을 하는 장면이에요. 바로가 '당신 나이가 얼마요' 하고 물었더니 하는 이야기가 **"내 나그네 길의 세월이 백삼십 년이니이다 내 나이가 얼마 못 되니"** 해서 백삼십 년인데 얼마 못 된다고 했습니다.

"우리 조상의 나그네 길의 연조에 미치지 못하나" 아마 조상들은 더 많이 살았지요. 그러니까 얼마 못 살았고, **"험악한 세월을 보내었나이다"**라고 했습니다. 동서고금을 통해서 사람의 생각과 마음은 똑

같다고 하는 것이, 다들 자기가 힘들게 살았다고 생각해요.

오늘 제 아들과 어디를 다녀오면서 어떤 사람에 대해서 이런저런 이야기를 했습니다. 아버지의 생각과 아들의 생각을 이야기 하는데, 아들들이 아버지를 나쁘다고 이야기 한답니다. '나는 그렇게 생각하지 않는다. 견해차이인 것 같다. 아무도 사람의 생각에 대해서 너는 나와 다르다고 말할 수가 없다'고 했어요.

사람들은 견해 차이가 있어요. 오늘 여기도 보면 야곱이 자기 인생을 돌아보면 '고달프다'고 생각해요. 그런데 은혜는 안 그렇습니다. 저도 힘들게 살았는데 지나고 보면 그렇게 '힘들다, 고달프다, 너무 어렵다' 이런 생각은 안 들어요. 처음 은혜 받았을 때 조금 몸이 아팠던 것 때문에 제단 다니기 힘든 점이 있었지만, 그것 때문에 험악한 세월이라는 생각은 안 들어요.

그리고 젊어서 남편을 잃었기 때문에 좀 부끄러운 생각이 들었습니다. 젊어서 33살에 처음 제단을 쌓기 시작했거든요. 33살에 나이가 어리니까 제단 쌓을 때 남들이 업신여길까봐 머리를 묶어서 올리기도 하고, 나이든 행색도 하고, 혼자니까 '남들에게 이용당하지 않을까, 남이 나를 오해하지 않을까' 싶어서 신경을 좀 썼지, 그렇게 고달프지는 않았어요.

여러분이 고달픈 것도 그럴 꺼예요. 은혜 받았는데 10년이 지나도 금방 뭐가 안 이루어지는 것이 힘들지, '고생 험악하게 했다' 이런 생각은 덜 할 거예요. 지금 돌아보면 물질 축복 안 받고, 명예 축복 안 받아도 마음만 편해도 험악했다는 생각이 안 들어요.

그리고 마음이 평안해 지면 그 다음에는 축복이 와요. 축복 받으면

‘내가 이 만큼 심지도 않았는데 축복을 왜 이리 많이 주시는가’ 이런 생각을 하지, ‘내가 심은 것 보다 적다’ 이런 생각을 하지 않게 하시는 것이 하나님의 역사예요.

여기에 보면 **“험악한 세월을 보내었나이다”** 그랬거든요. 인간 나이가 120년을 살아도 짧다고 생각해요. 노아 홍수시대 이후에는 사람의 수명이 몇 살이라구요? 120이라고 했잖아요. 그런데 아브라함은 좀 많이 살았어요. 175세 살았지요. 아브라함은 노아 홍수 이후의 사람이잖아요. 그러니까 장수한 거예요. 수명이 120살이고 보면 장수 한 거예요.

이스라엘도 130살을 살았으니 이 사람도 성경에서 장수 한 거예요. 기준이 자기 아버지를 보니까 자기가 힘이 많이 빠져서 연로한 느낌이 들었겠지요. 그래서 모든 사람의 개념과 생각이 무엇을 기준으로 하는가에 따라서 다르다는 거예요. ‘저 사람은 나보다 부자야. 저 사람은 나보다 키가 커’ 이런 것들은 기준이 안 되잖아요.

옛날에 어떤 권사가 모 집사는 키가 크다고 날마다 그러는 거예요. 제가 보기에는 키가 작은데 왜 키가 크다고 하는지 잘 몰랐어요. 자기 키에 맞추어 보면 큰 키에요. 그러니까 무엇이 기준이냐에 따라서 다를 뿐이에요.

어느 것이 부자인자, 어느 것이 큰 키인가, 어느 것이 믿음이 좋은 것인가 그것은 각자의 기준에 따라서 다 다른 것 뿐이에요. 우리는 기준을 어디에 둬야하느냐면 성경에 기준을 잡아야 해요. 성경이 120수라고 하면 120수가 많이 산 거예요. 성경에 기준을 잡고, 믿음도 성경에 기준을 잡고, 모든 것을 성경에 기준을 잡아야 해요. 성경이 기준이고 저울이고 잣대라고 했잖아요.

저울과 잣대를 성경 구절에 대어서 살면 '아, 내가 사는 삶이 고달픈 삶이 아니구나'라는 것을 압니다. 성경 말씀에 안 비추어 보니까 자꾸 자기 혼자 힘들고 고달프고 못 견디겠다고 생각하잖아요. 가만히 생각해 보고 성경에 비추어 보면, 우리는 아무것도 아니에요. 너희는 '피 흘린 전쟁'을 안 했다고 했잖아요.

제가 강원도 철원에 한 달 정도 가 있었는데요. 이불에 바느질을 하다가 피 한 방울이 났어요. 그래서 그 다음날 '하나님, 저 피 흘리는 전쟁을 했어요'라고 했어요. 지금 생각하면 웃기지만 그때는 그랬어요.

그 때 거기에 있을 때 이런저런 생각을 해보면 남들은 거기서 몇 년씩 살잖아요. 그런데 저는 거기서 한 달만 있다가 나왔어요. 부산에 원장님도 2년 정도 있었고요. 그런데 제가 거기에 더 오래있었으면 더 큰 기도원을 만들었을지도 몰라요. 그때는 전진 원장님이 살아계실 때예요.

일단 제가 한달 있으면서 수도원이 무엇인지 알게 했어요. 우리가 수도원 제단지기를 하려면 수도원을 알아야 하잖아요. 한 달 쯤 있다가 자가용으로 저를 서울로 데리고 내려왔습니다. 그 때는 제가 약하고 제단지기 은혜 초보 일 때라 그런 대접을 다 받았습니다.

그리고 어느 정도 자라면 '설움구더기'가 됩니다. 그리고 조금 세월이 흐르면 안 그렇습니다. 서럽고 외롭고 고독하고 정말 내가 '설움구더기'가 되어야 진짜 은혜가 들어가요. 내가 '공주 대접'을 받으면 은혜가 안 들어갑니다. 인생의 험악한 세월 속에서 나름대로 깨달음이 많이 생기는 것을 알 수 있습니다.

그 다음 11절에 보면 **"애굽의 좋은 땅 라암셋"**을 그들에게 줬어요. 애굽에서 이스라엘 사람들이 노역을 해서 지은 성 '라암셋'이 있지요? 출애굽기 1장에 '국고성 비돔과 라암셋'을 건축했어요. 이 '라암셋'이 좋은 땅이랍니다. 목축하기 좋은 이 땅을 야곱이 요셉을 통해서 바로에게 받았어요. 그 동네에 국고성을 지었다는 이야기지요. 그 좋은 땅을 소유로 받았습니다.

이것은 요셉의 영향력 때문이고, 요셉의 기지 때문에 이루어졌어요. 왜냐하면 형님들 다섯 명 뽑아 보내면서 너희의 직업이 뭐냐 물을 때, 대답을 이러저러하게 하라고 가르쳐줬잖아요. 혹시 실수할까 봐서 다섯 명을 뽑은 것 같아요. 바로가 묻거든 '우리는 가족 대대로 원래부터 목축을 합니다' 그렇게 이야기 하라고 했잖아요. 그랬더니 목축하기 좋은 땅을 받았어요. 그런데 그것이 국고성이니까 아마도 궁전 가까운 동네가 아닌가 생각을 해 보았습니다.

26절에 보면 요셉이 애굽에 살면서 왕을 대신해서 애굽의 토지법을 만듭니다. 다윗이 전쟁을 해서 노획물을 나누는 법을 만든 것처럼, 요셉은 애굽에 있으면서 애굽의 토지법을 만들었습니다.

이것은 하나님의 지혜이기 때문에 아무도 이의가 없습니다. 지금은 십분의 일인데 그 때는 토지를 빌려 주었으니까 오분의 일을 주는 겁니다. 빌렸을 때는 오분의 일을 주고, 내 것을 할 때는 십분의 일을 국가에 바치는 거예요. 쉽게 말해서 요셉을 통해서 이 법이 정해진 겁니다.

동네마다 법이 있을 수 있기는 한데 이렇게 하면 서로가 이의가 없어져요. 이것을 보면서 요셉은 남의 나라에 가서 법을 만들 수 있을 정도로 하나님의 지혜를 가졌고, 그 많은 나라의 사람들이 이에 대해 이의가 없었구나 하는 생각을 했어요. 왜냐하면 하나님이 주신 지혜는 이의가 없는 거예요. 성경 속에서 삶의 지혜를 배우는 거예요.

48장 1절에 재미있는 것이, 어떤 사람이 소식을 전했습니다. 요셉에게 너희 아버지가 병들었다는 소식을 전했습니다. 그런데 2절에 보면 어떤 사람이 그 아버지에게 네 아들이 온다 하고 전했습니다. 중간에서 누가 소식을 전하는지 모르겠는데 참 재미있더라고요.

아버지하고 아들하고 한 동네에 사는 거 아닙니까? 비둠하고 라암셋이면 가까이 살 건데도 소식을 누가 전해주고 하는 거예요. 요셉이 오면 요셉의 하인들이 전하면 될 텐데 어떤 사람이 소식을 전한다고 하니 요셉의 하인은 아닌 것 같아요. 그래도 아들이 오니까 이스라엘이 힘을 내서 침상에 앉은 것을 알 수 있고요.

3절에 보면 사람들은 한 번 올 때에 하고 싶은 말, 명심할 말, 전할 말을 다 하는 것 같아요. 이번에 왔을 때 이스라엘이 요셉에게 할 말을 다하는 것 같아요.

그래서 우리나라도 일 년에 두 번씩 구정과 추석에 만나는가 봐요. 만날 때 자식들에게 당부하기도 하고, 이러저러한 것을 말하기도 하고 그런 기회인 것 같아요. 1년씩 2년씩 안보면 소식이 두절되어서 아픈지 어쩐지 모르잖아요. 그래서 이런 기회를 잘 쓰면 좋은 고유명절인데, 우리가 잘못 써서 문제예요.

우리나라에 불교사상과 유교사상이 먼저 들어 온 것이 문제예요. 기독교가 나중에 들어왔잖아요. 하지만 지금부터 우리가 열심히 하나님을 믿으면 훗날에는 불교, 유교사상이 없어지고, 기독교 문화 속에서 우리 후손들이 살고 있을 지도 모릅니다.

그래서 우리가 열심히 기독교 문화적인 가정생활을 해야 합니다. 기독교 가정 문화는 평안입니다. 모두의 평안이고 모두가 공평한 겁니다. 불의하고 술수나 얕은 수를 쓰게 되면 그것이 개발 되고 활용됩니다. 그러나 공평하고 평안하면 아무도 술수를 써서 빼앗아 가려는 마음도 없고, 그런 마음을 가지지 않게 됩니다.

저 사람이 훔쳐가는 게 아닌가 생각하면 서로가 불편하잖아요. 그러니까 기독교는 하나님의 평안이고 공의입니다. 우리 후손들도 예수님의 율례와 법칙 안에서 산다면 그들은 평안한 삶을 살 거예요. 형제간에 가족 간에 너무 고달프지 않을 거예요.

3절에 보면 아버지가 요셉에게 말합니다. 축복을 비는 내용을 자세히 보면 첫 번째 3절에는 **"이전에 가나안 땅 루스에서 전능하신 하나님이 내게 나타나사 복을 주시며"** 말씀하셨는데, 4절에 **"내가 너로 생육하고 번성하게 하여 네게서 많은 백성이 나게 하고 내가 이 땅을 네 후손에게 주어 영원한 소유가 되게 하리라 하셨느니라"** 하셨거든요.

그 후손이 요셉입니다. 그 다음에는 재미있습니다. 내가 없을 때 낳은 에브라임과 므낫세는 내 아들이 되고, 이들 다음부터 네 소생이 된다고 합니다. 쉽게 말해서 가나안 땅에 두 기업을 준다는 이야기지요. 요셉은 하나인데 두 아들 에브라임과 므낫세가 되면 두 개, 열두 지파가 되는 거지요. 레위가 빠지니까요.

나중에 이스라엘이 임종하면서 열 두 아들에게 축복 빈 내용을 소개할께요. 축복 빈 이야기는 49장 28절에 **"그들 각 사람의 분량대로 축복하였더라"**는 말을 했지만, 조금 더 상세하게 몇 군데만 언급을 해 보겠습니다.

다시 48장 10절에 보면 이스라엘이 눈이 어두웠어요. 유전이지요. 야곱과 에서의 아버지 이삭도 눈이 어두웠잖아요. 15~16절이 이스라엘이 요셉의 두 아들에게 복을 비는 장면이에요. 15~16절에 **"그가 요셉을 위하여 축복하여 이르되 내 조부 아브라함과 아버지 이삭이 섬기던 하나님, 나의 출생으로부터 지금까지 나를 기르신 하나님, 나를 모든 환란에서 건지신 여호와의 사자께서 이 아이들에게 복을 주시오며 이들로 내 이름과 내 조상 아브라함과 이삭의 이름으로 칭하게 하시오며"** 했습니다.

축복이 무엇이 축복인지 압니까? 아브라함과 이삭과 야곱의 이름으로 칭함을 입는 것이 복입니다. **"이들이 세상에서 번식되게 하시기를 원하나이다"** 쉽게 말해 네가 내 이름으로 명명되는 것이 축복이에요. 너는 이씨 가문의 축복이라고 하잖아요.

다시 말해 아브라함과 이삭과 야곱의 이름으로 요셉과 에브라임과 므낫세가 칭해지는 것이 축복입니다. 너는 누구 자손이냐? 아브라함의 자손입니다. 너는 누구 자손이냐? 이삭의 자손입니다. 이렇게 하는 것이 복이란 말이에요.

그렇게 복을 칭하시면서 하나님께서 아브라함, 이삭, 야곱에게 준 축복이 뭡니까? '생육하고 번성하라' 아니었습니까? 번식하는 그 복이 너희에게 있기를 원한다. 이것이 유전의 축복입니다.

아브라함부터 내려오는 이름의, 믿음의, 가문의 축복이면서 번성하고 생육하는 축복을, 이스라엘이 이들에게 빌었던 것을 알 수 있습니다. 우리가 보면 아무것도 아닌 것 같잖아요. 가문이 뭐 그리 중요하고, 이름이 뭐 그리 중요한가, 그 이름 말고 떼돈 벌면 더 좋겠다 싶은데도 그 이름의 복을 먼저 주시는 것을 알 수 있습니다.

17절에 보면 복을 빌 때 손을 어긋 맞혀서 복을 빌잖아요. 장자와 차자를 바꿔서 복을 비니까 요셉이 '아버지 아닙니다. 바뀌었습니다' 하니까 19절에 **"그의 아버지가 허락하지 아니하며 이르되 나도 안다 내 아들아 나도 안다 그도 한 족속이 되며 그도 크게 되려니와 그의 아우가 그보다 큰 자가 되고 그의 자손이 여러 민족을 이루리라"**고 합니다.

왜 19절의 일이 생겼는지 이해가 됩니까? 무얼 심었다는 얘기지요? 자기가 장자 축복을 빼앗아서 축복을 받았잖아요. 그렇게 심었기 때문에, 물론 그것이 하나님의 뜻이든지 아니든지, 회개가 됐던지 안됐던지 간에 자기가 아버지가 되어보니까 자기 아들에게도 '네가 아버지 돼봐라, 네가 엄마 돼봐라'가 하는 마음이 여기에 나옵니다.

내가 아버지가 되어 보니까 장자가 복 받는 것이 좋단 말이에요. 그런데 아버지가 손을 어긋 맞혀서 복을 빌었잖아요. 그러면서 차자인 므낫세에게 복을 빌고 **"그의 아우가 그보다 큰 자가 되고 그의 자손이 여러 민족을 이루리라"** 했잖아요. 그러니까 야곱이 에서의 축복을 빼앗아서 자기가 큰 자가 되었으니까 자기 자식들도 똑같이 유전으로 내려가면서 그 죄 값을 치르는 모습이고, 아버지의 마음이 조금 짠했던 모습을 생각할 수 있습니다.

49장에 가면 아버지가 임종 직전에 자녀 모두에게 복을 비는 장면입니다. 5절은 시므온과 레위를 향해서 복을 비는 장면이잖아요. 6절에 그들이 '그들의 분노대로, 그들의 혈기대로' 행했기 때문에 저주가 옵니다.

저주의 내용을 자세히 살펴보면 정말 재미있습니다. 이것은 시므온과 레위입니다. 잘 기억하십시오. 레위에 대한 생각을 아침에 깊이 해보았습니다. 레위가 "분노대로 혈기대로" 행했기 때문에 저주가 오는데, 저주를 받는 내용이 구체적으로 나와 있습니다.

어떻게 나와 있지요? 야곱 중에서는 나누어지고요, 이스라엘 중에서는 흩어집니다. 그러니까 갑자기 생각이 복잡해졌어요. '레위'잖아요. 야곱 중에서 나뉜답니다. 그리고 또 이스라엘 중에는 흩어진다는 이야기예요. 칼을 썼기 때문에 이스라엘 중에서 밀려난다는 이야기잖아요. 시므온은 일단 놔두고, 이 내용을 깊이 명심하면서 지금부터 성경을 읽으면 답이 나올 겁니다.

제가 레위에 대해 생각이 나요. 레위는 여러분이 아는 '레위 족속'이잖아요. 그런데 여러분들 생각에는 나누어지고 흩어진 것 같습니까? 아닙니까? 진짜 나누어진 것 같습니다. 우리가 생각하기에 '레위 족속' 굉장히 귀하게 여기잖아요. 하나님의 성막을 옮기고 쌓고 하는데, 실상은 가만히 보면 그들을 거룩하게 구별은 했는데 하는 일이 막노동꾼이에요.

날마다 천막 메고, 기둥 메고, 줄 메고 그런 것만 했습니다. 그러니까 물론 하나님의 종이라고 좋게 봤는데 '종 아닌 종'이잖아요. 그나마도 나가서 일 하는 것 보다는 주의 이름으로 궂은 일하는 것이 나아요. 쉽게 말하면 이들은 열두지파 중에서 축복이 없습니다. 하나님께서 주시는 복 밖에 없지요. 나뉘어서 나갔어요.

그래서 우리는 그렇게 나누어지니까 좋다고 생각했어요. 우리의 삶이 그래요. 내가 어떻게 하면 독립해서 잘 되고 좋다고 생각을 합니다. 좋은 것이 아니란 말이에요. 모두가 뭉치는 것이 좋은 거예요. 더불어 가는 것이 좋은 거예요. 나뉘는 것은 어쨌든 아닌 거예요.

그러니까 야곱이 외삼촌 집에 갔다가 다시 돌아옵니다. 고향으로 돌아와서 아버지, 엄마, 형제들과 더불어 살잖아요. 레위는 날마다 천막 메고, 기둥 메고, 줄 메고 구별해서 따로 가는 것 같은데, 우리가 생각하기에는 구별한 거룩한 성민이라고 생각했는데 실상은 머슴같이 일했어요.

물론 모든 사람들이 자신들의 일이 힘든 일이라고 하잖아요. 전부 다 다 힘들다고 해요. 그러면 할 말은 없고요. 그런데 이 사람들은 내 것도 없이 중노동을 했잖아요. 물론 하나님이 그의 분깃이고, 밭하고 주긴 줬지만요. 우리는 레위가 안 나뉘었다고 생각하는데, 하나님께서 나누고 골라냈다는 것을 알 수 있습니다. 그 다음에는 여러분이 앞으로 성경을 보면서 찾으시면 됩니다. 시므온은 어떻게 나뉘었을까요? 레위도 더 구체적으로 찾아보면 성경 볼 때 재미있어 질 겁니다. 그래서 성경이 더 알아져 가는 거예요.

10절에 가서 유다이야기를 한 번 봅시다. 유다는 요셉을 팔 때부터 시작해서, 쌀사러 가서도 언제나 자기가 다 책임을 지겠다고, 자기 아들을 볼모로 잡고, 자기를 볼모로 잡으라고 했잖아요. 리더의 자격이 있습니다. 자격이 있는 행동, 누가 하라고 하지 않았는데 자기가 책임을 지는 겁니다.

책임자의 정신이 뭡니까? 희생정신과 모두를 사랑하는 마음입니다. 동생을 안 죽이겠다고 하는 것은 사랑하는 마음이고, 자기가 대신 볼모로 잡히겠다고, 자기가 대신 종이 되겠다고 하는 것은 희생정신입니다. 사랑과 희생정신이 있는 사람이 지도자가 됩니다.

그래서 유다는 통치자가 되잖아요. 자기가 행한 대로, 자기가 산 모습대로 복을 빌었다고 했잖아요. 그래서 통치자의 지팡이가 거기에서 나오고 모든 소득이 심는 대로 잘 거두어졌습니다. 나쁜 행동을 안 했기 때문에 자기의 삶의 열매도 엉겅퀴나 가시가 안 났습니다. 우리의 말과 생각에 엉겅퀴와 가시가 나면 우리의 소득에도 엉겅퀴와 가시가 납니다.

16절에 단을 보면 아시아 계통인 우리가 단 지파가 아닌가 생각을 해서 조금 관심 있게 봤습니다. 18절의 말이 너무 멋있었습니다. 독사고 뱀이고 뭐라고 하긴 했지만 18절에 **"여호와여 나는 주의 구원을 기다리나이다"** 참 멋있지 않아요? 우리가 부족하고 허물이 있어도 주의 구원을 기다린다고 합니다. 동양에는 이런 복음의 역사가 있는 것 같아요.

22절에 요셉은 먹여 살리는 요셉이잖아요. 어쨌든 온 가족을 먹여 살렸으니까 풍성해야 해요. 풍성하고, 활도 힘세고, 손도 힘이 있고, 도우시는 복도 있고, 형제 중에 뛰어나고, 그래야 형제들을 다스리고 먹여 살릴 수 있잖아요. 여러분이 자격이 안돼도 어릴 때부터 남을 먹여 살리고 돌보고 하면 지도자의 풍성한 은혜를 입는 것을 알 수 있습니다.

마지막으로 28절은 제가 창세기 49장을 할 때 마다 꼭 집고 넘어

가는 부분입니다. 왜냐하면 이것이 제일 중요한 부분입니다. **"이들은 이스라엘의 열두 지파라 이와 같이 그들의 아버지가 그들에게 말하고 그들에게 축복하였으니 곧 그들 각 사람의 분량대로 축복하였더라"** '분량대로' 축복했다고 했거든요.

만약에 분량보다 넘치게 되면 어떻게 되겠습니까? 자기 분량도 아닌데 축복을 빌어봤자 그것은 저주가 됩니다. 그러니까 자기의 깜냥만큼, 받을 그릇 만큼, 요만큼 주면 받을 수 있겠다 싶은 분량 만큼만 복을 비는 겁니다.

덮어놓고 '횡재하게 해 주세요'하는 기도는 안 들으십니다. 횡재해서 될 일이 아니니까요. 내 믿음이 요만큼 자라면 요만큼 복주고, 내 믿음이 자라는 만큼 평강의 복, 구원의 복, 물질의 복, 자녀의 복, 삶의 사사건건 형통의 복을 주님께서 허락하시는 겁니다. 내 믿음의 분량만큼만 주십니다.

그래서 '네 믿음대로 되리라'고 했잖아요. '네가 믿는 만큼' 된다는 얘기지요. **"네가 믿으면 하나님의 영광을 보리라"** 네가 믿는 만큼 그것이 이루어져서 영광을 받게 한다는 이야기지요. '믿는 자에게는 능치 못 할 일이 없다, 믿는 자에게는 다 된다, 안 될 일이 없다' 이런 뜻입니다.

그래서 정 믿음이 없으면 '믿는 대로 된다, 믿는 대로 된다' 중얼거리면서 자기가 믿으려고 애쓰고 노력하는 거예요. 내가 행하지 않고 뭐가 되겠습니까? 그래서 각자의 분량만큼 축복을 해 줬다는 겁니다. 그러니까 분량 밖에는 복을 빌어주지 않습니다. 하나님이 여러분을 도와주셔도 분량만큼 도와주시지 분량 밖에는 도와주시지 않습니다.

그리고 50장을 가보겠습니다. 15절은 형들의 이야기입니다. 형들이 자기들 스스로 **"우리가 그에게 행한 모든 악"** 이라고 합니다. 자기들이 저지른 것을 입으로 시인합니다. 마지막에 **"우리가 그에게 행한 모든 악을 다 갚지나 아니할까 하고"** 아버지가 살아계실 때, 요셉이 처음 만났을 때 형제들에게 걱정하지 말라고 신신당부 했는데도 불구하고 아버지가 죽으니까 그만 겁이 덜컥 났어요. 아버지가 '빽'이었습니다. 힘없는 아버지도 '빽'입니다. 아버지가 죽으니까 이 형들이 난리가 났습니다. 가나안 땅에서 초상 치르고 애굽 땅으로 다시 돌아왔습니다.

돌아왔을 때 이 형들이 걱정을 하면서 16절에 자기들이 직접 안가고 심부름꾼을 보냅니다. 17절에 보면 요셉에게 이 말을 좀 전해달라고 합니다. **"너희는 이같이 요셉에게 이르라 네 형들이 네게 악을 행하였을지라도 이제 바라건대 그들의 허물과 죄를 용서하라"** 이제 자기들이 요셉에게 악을 행한 것을 인정하고 입으로 시인하고 본인 앞에 고백합니다.

꼭 회개 같잖아요. 자기가 먼저 인정하고 또 죄 지은 사람 앞에 가서 '내가 잘못했다' 인정하고 그렇게 시인을 합니다. **"당신 아버지의 하나님의 종들인 우리 죄를 이제 용서하소서 하매 요셉이 그들이 그에게 하는 말을 들을 때에 울었더라"** 했지요. 이것이 야곱이 얍복강 나루터에서 에서가 무서워서 기도했던 것 하고 똑같습니다.

지금 현재 우리하고 똑같습니다. 부끄러움을 당해도 응답받고 잘될 것을 믿고, 더 복 받을 것을 믿으면서도 지금 용기가 없잖아요. 내가 감동 받은 대로 용기 있게 못 행하잖아요. 다른 건 다 관두더라도 예를 들어 돈 이야기를 해보면, 우리가 모든 문제 중에 제일 시험에 드는 뿌리를 보면 '돈'입니다. 여러분 시험 들어서 찾다 찾으면 돈으로 연결하면 답이 다 나옵니다. 결국 '돈'입니다. 삐친 것도 돈이고, 섭섭한 것도 돈이고 다 돈입니다.

예를 들면 에서 앞에 용기 없었던 야곱이나, 이 형들이 요셉에게 자신이 없었던 것, 응답을 받았는데도 어떤 현실을 만나면 그 현실에서 그들이 용기가 없었잖아요. 지금 현재 우리가 그래요. 우리가 지금 하나님께 응답받고 다 된다고 믿었는데, 어떤 일이 있으면 용기가 없어서 헌금을 못해요. 용기가 없어서 선교를 못해요. 하기는 하는데 풍성하게는 못하더라도 정확하게 십일조와 첫 소산을 잘 못해요. 그리고 첫 소산 드리고, 십일조를 드려도 하나님의 뜻에 맞게 드리지를 못해요. 그것을 우리가 다른 것인 척 하고 드려요. 이런 것은 우리가 용기가 없어서 그래요. 하나님에 대한 믿음이 약해서 그래요. 응답받고 말씀을 믿는데도 불구하고 오늘 이 자리에서 '탁' 믿기가 힘들어요.

여러분만 그런 것이 아니고 저도 그래요. 어떤 때는 이 사람이 일이 안 되는 것은 그것을 못해서 그런가보다 하는 생각을 했어요. 저도 선뜻 즉시가 잘 안된단 말이에요. 저도 안 되는데 여러분도 당연히 안 된다고 저는 생각해요.

내 모습이 저런가 보다 자꾸 모아 놓기도 하고, 미루기도 하고, 선뜻 못 하는 것이 내 모습인가 보다 하는 생각을 해요. 저는 어떤 문제를 봐도 저라고 생각하거든요. '내게 그런 부분이 있지, 맞아 그래' 그런 생각을 하는 거예요. '하나님 제가 저렇습니다, 저를 용서해주세요' 하고 회개하는 거예요.

내가 내 모습을 보게 해 주신 것이 감사하잖아요. 그것은 거울이잖아요. 거울을 보면 내 모습을 알잖아요. 여러분이 내 거울이고, 내가 여러분의 거울이에요. 우리가 거울을 보면서 '내가 이렇구나' 깨닫게 되는 거예요. 여러분을 거울 속에 자꾸 비추어 보십시오. 내가 머리가 내려갔는지 올라갔는지 살펴보잖아요. 말씀의 거울에 자신을 살펴보면서 '내가 무엇이 비뚤어졌는가, 옳은가'를 살펴보는 거예요.

그래서 하나님 앞에서 이 형들이 '아버지가 그랬으니 괜찮으리라' 하는 믿음의 용기가 없었어요. 믿음이 없으니까 기어코 또 뭔가를 해보려고 동생에게 가서 '우리가 죄지었다 용서해 달라'하고 구질구질한 일을 하잖아요. 믿음이 없으면 남에게 빌붙고 구질구질하게 구는 거예요.

우리가 죄를 짓고 하나님 뜻대로 못 살아도 당당해야 해요. 구질구질하면 안돼요. 치사하고, 구질구질하지 말고, 주접떨지 말고, 좀 멋지게 삽시다. 멋지면 좋잖아요. 다 죄인인데 못했다고 구질구질 할 것 뭐 있습니까? 가서 구질구질한 변명할 것 없어요. 그냥 당당하면 되잖아요. 하나님 앞에 기도하면 되고, 하나님 앞에 회개하면 돼요. 사람 앞에 기죽지 말고 하나님 아들딸처럼 당당한 모습을 가지고 사는 것이 중요해요. 그런데 이 형들이 그렇지 못했잖아요. 아마도 회개하지 않아서 담대함이 없었던 모습이 아닌가 생각을 해 봅니다.

20절에 가면 정말 멋있습니다. 같이 읽어 봅시다. **"당신들은 나를 해하려 하였으나 하나님은 그것을 선으로 바꾸사 오늘과 같이 많은**

백성의 생명을 구원하게 하시려 하셨나니" 악을 선으로 바꾸셨다고 했지요. 어떤 사람이 아무리 나를 해하려고 해도 내가 동요되지 않고 맞장구를 안치면 그 사람을 바꿉니다.

악을 선으로 다 바꾸어 주십니다. 하나님은 우리가 그 사람의 악함을 다 알고도 이해하면서 진심으로 대하니까, 우리의 진심이 통해서 그 사람을 바꾸시는 거예요. 여러분도 어떤 악인 앞에서도 여러분의 마음에 진심만 가지십시오.

여러분, 아무리 어떤 사람이 나를 해롭게 하고, 아무리 나를 힘들게 하고, 아무리 그 사람이 내게 짐이 되더라도, 내가 선한 중심을 가지고 주님 앞에 살면 반드시 선한 결론을 지어주십니다. 어떤 힘든 것도 내가 짊어지고 가면 선한 결론을, 어떤 억울한 것도 내가 짊어지고 가면, 내가 바른 중심으로 가면 선한 결론을 지어 주세요.

오늘 이 말씀이 그렇잖아요. '선을 악으로 바꾸어 주신다'고 했잖아요. 남도 아니고 친형들이 자기를 죽이려고 했는데 오히려 내가 너희를 살리는 일이 됐지 않느냐고 말하고 있습니다. 하나님 앞에는 누군가 의인 하나만 있으면 다 사는 거예요. 선한 중심이 있으면 다 사는 거예요. 그러니까 옆의 가족이 다 악해도 여러분 하나라도 선하게 살면 다 삽니다. 온 가족이 살고, 온 집안이 사는 것을 알 수 있습니다. 그리고 요셉이 110세에 죽습니다. 여기서는 단명하지요. 아버지는 130세에 요셉은 110세에 죽습니다. 여기에서 족장시대가 끝납니다. 그리고 출애굽기로 넘어갑니다.

기도하시겠습니다.

영광과 존귀와 찬양을 받으시기에 합당하신 내 아버지 하나님. 오늘도 주의 은혜 가운데서 머리를 숙였습니다.

크신 긍휼 베풀어 주시고, 의의 장중에 꼭 잡아주시고, 눈동자처럼 지키시고 보호하여 주셔서, 하나님, 오늘 이 이스라엘 백성들의 모습을 생각해 보았고, 이스라엘 후손들의 이야기와 그 자녀들의 이야기를 소개해 보았습니다.

하나님, 우리도 주님께서 악을 선으로 바꾸시는 하나님이심을 절대로 믿게 하시고, 행한 대로 복 빌어 주시고, 행한 대로 축복해 주시고, 행한 대로 내 깜냥 만큼 주시는 줄로 믿습니다.

내 믿음을 키우는 것이 제일 우선입니다.

내가 믿음에 굳게 서는 것이 제일 우선입니다.

믿음에 굳게 서는 만큼 삶이 형통하기 때문인 줄 믿습니다.

그래서 우리는 모든 것을 접어두고, 돈 벌로 가지도 않고 모든 것을 접어두고 믿음의 훈련을 하고 있습니다.

이곳에서 능력을 입히울 때까지 이 성에 머물라고 했던 것처럼, 능력을 입히울 때까지 우리가 열심히 기도함으로 나와 내 자녀와 내 가정이 승리하는 가정이 되고, 세상을 다스리고 정복하게 하시고, 마귀들과 싸워 이기는 믿음의 굳센 십자가 군병들이 될 수 있도록 도우실 것을 믿사오면서 예수님의 이름으로 감사하고 기도드리옵나이다.

아멘.

내 삶속의 창세기

인쇄일 2018년 3월 30일
발행일 2018년 4월 3일

지은이 | 이정희
펴낸이 | 김성국
표 지 디자인 | 황보민
펴낸곳 | 코람데오
등 록 | 제300-2009-169호
주 소 | 서울 종로구 세종대로 23길 54, 1006호
전 화 | 02) 2264-3650~1, 010-5415-3650
팩 스 | 02) 2264-3652
이메일 | soho3@chol.com

ISBN | 978-89-97456-58-1 03230
값 12,000원

* 잘못된 책은 바꾸어 드립니다.